문말표현에 관한 연구

卓星淑

머리말

본서는, 문의 말미에 오는 문말표현, 주로 술어부분을 중심으로 일본어와 한국어의 유사점과 상이점을 명확하게 하고자 하는 저자의 문제의식 하에 지금까지 고찰한 논문을 정리한 것이다. 논문의 성격에 따라 Ⅰ부와 Ⅱ부로 구성했다.

Ⅰ부에서는 문장의 종류에 따른 문말표현의 양상을 중심으로 일본어와 한국어의 분석을 행하고 있다.

제 1장에서는 일본 신문의 문장 중에서, 표현의도가 다른 보도문, 칼럼, 사설을 대상으로 문말표현의 표현방식을 보았다. 그 결과, 보도문과 칼럼, 사설의 문말표현의 표현방식에는 상당히 차이가 있었다. 보도문에 있어서는 되도록 문장의 길이를 짧게 하기 위해, 체언 종결의 문말표현이 두드러졌고, 칼럼은 에세이에 가까운 성격으로 문말표현의 양상이 다양하여 어느 한 양식에 편중됨이 다른 문장보다 적다는 특성을 보이고 있다. 사설은 세 개의 문장 중에서 가장 문장체를 견지하고 있다고 말할 수 있다. 「~である」로 끝나는 형식이 다른 문장보다 많고, 체언 종결과 술어의 생략 등의 문말표현은 거의 나타나지 않았다.

제 2장에서는 한국 신문의 문장 중 동일한 보도문, 칼럼, 사설의 문장을 대상으로 분석을 행했다. 한국어의 경우, 보도문에서는 「동사 + 었다」의 표현이 보도문 전체의 문말수의 절반 이상을 차지하고 있다는 것이 특징이고, 칼럼의 문말표현은 보도문과 사설의 중간정도의 분포를 보이고 있다. 사설은 「동사 + ㄴ다」의 형식이 많이 나타나고, 또 「~해야 한다」와 「~것이다」로 끝나는 문말형식ㅣ 빈번하게 사용되고 있는 점이 두드러진다. 이것은 사설이라는 문장이 가지고 있는 성격 때문일 것이다.

제 3장에서는 1장의 일본의 신문문장과 2장의 신문문장의 분석결과를

대조의 관점에서 고찰해 보았다. 공통적으로 보여지는 점은 문장에 따라 그 문말표현의 양상이 달라진다는 점이다. 보도문, 칼럼, 사설 등 문장종류에 따라 I류, II류, III류[1]의 분포가 비슷한 경향을 나타내고 있다. 보도문에는 I류의 문말형식이 많고, 칼럼과 사설에는 II류가 많이 나타난다. 빈번하게 등장하는 문말표현이 「동사 + た」「동사 + 보조동사」, 「동사의 종지형」, 「명사 + 지정사」라는 점과, 문말표현의 품사의 비율이 「동사」와 「명사 + 지정사」, 「형용사」의 순이라는 점이 공통된다. 다음으로 차이점을 생각해 보면, 한국어의 문말표현은 동사, 형용사, 「명사 + 지정사」에 관계없이 「다」로 완료된다. 일본어는 물론 과거와 완료를 나타낼 때에는 「た」를 공통적으로 포함하지만, 종지형은 동사의 그룹, 형용사, 지정사에 따라 각각 어미가 다르다. 이점이 일본어의 문말표현이 다양한 것처럼 느껴지는 하나의 요인이라 생각된다.

또한, 한국어의 「이다」에 상응하는 말이, 일본어의 경우는 「だ」와 「である」로 나뉘어져있고, 과거를 나타낼 때에는 「だった」와 「であった」로, 추량을 나타내는 표현도 「だろう」「であろう」「う, よう」로 나뉘어지게 된다. 이 점도 문말의 어미의 다양함과 밀접한 관련이 있다고 생각된다.

그리고, 부정표현의 비율은 일본어 쪽이 훨씬 높다는 점도 그 분석을 통해 알 수 있었다. 한국어의 경우는 극히 드물게 밖에 나타나지 않았다.

제 4장에서는 일본어 학술연구논문의 문말표현의 특징을 살펴보고 있다.

우선 술어에 나타난 어휘수가 다양하지 않은 것을 특징으로 들 수 있다. 한정된 어휘 수와 관련해서 「(ら)れる」가 붙은 표현 가운데 「考えられる」와 「思われる」의 출현수가 많았던 점도 지적할 수 있다.

다음으로, 가능표현이 많이 보인다는 점을 들 수 있다. 가능표현의 형식은 「가능동사」「～ことができる」「～(ら)れる」의 형태 이외에 「わかる・

---

1) 1부 1장 분석방법 참조.

みえる」 등 의미상의 가능표현도 많았다. 이러한 표현들은 동사의 종지형이 갖는 단정의 강한 느낌을 부드럽게 하기 위한 표현형식으로서 이해할 수 있는 것이 아닐까?

또한, 「である」체가 확고하게 지켜지고 있는 점을 볼 수 있다. 「た」계의 예에서 「だった」가 1예도 출현하지 않은 점과 「명사 + だ」 「な형용사」의 경우도 「だ」로 끝맺는 문말형식은 볼 수 없었다. 단지 「ようだ」 4예와 「そうだ」 3예가 나타날 뿐이다.

또, 「형식명사 + である」의 문말표현도 동사의 종지형으로 끝나는 단정표현을 부드럽게 하기 위해, 또는 필자의 기분을 표현하기 위해 다수 사용되고 있다.

추량표현을 나타내는 표현형식은 상태동사에 「う・よう」가 붙는 경우와 「であろう」와 「だろう」가 붙는 경우가 있다. 「だろう」는 「であろう」에서 왔다는 설과 「だ」의 미연형에 「う」가 붙어있는 형이라는 설이 있다.2) 「だろう」는 「であろう」보다 빈도수가 높지는 않지만, 문장체의 문말표현에 상응하는 위치에 있는 것 같다.

제 5장에서는 한국어 학술연구논문의 문말표현의 양상을 살펴보았다.

그 결과를 보면, 「그 밖의 문말형식」으로 「명사 종결」 등, 술어를 동반하지 않는 표현이 나타나지 않는다. 「동사 + 보조동사」 문말표현인 「~하다」의 류로 분류되는 표현 중 목적의 의도를 나타낼 때, 「~려고 하다」 대신에 「~고자 하다」쪽이 사용되고 있다.

또한, 「보조형용사」의 문말표현 「성싶다, 모양이다」와 같이 구어에 가까운 표현은 보이지 않고, 그 대신에 형용사 종결에 포함된 「것 같다」가 나타났다. 「것 같다」쪽이 문장체에 적합하기 때문일 것이다.

지정사를 동반하는 문말표현 가운데, 「부사」에 지정사가 붙은 형태와 그 이외의 구어체 문장에서 보다 자주 사용되는 표현이 적었던 점도 들

---

2) 『硏究資料日本文法』⑦助辭編(三)助詞・助動詞辭典 「う」 項目參照。

수 있다. 「지정사」를 포함한 문말표현에는 「~것이다」를 포함하고 있는 표현이 많았던 점도 문장체로서의 특징일 것이다.

제 6장에서는, 일본어의 문장체의 문말표현과 한국어의 문장체의 문말표현, 즉, 학술논문의 문말표현의 대조분석을 시도하고 있다. 양쪽에 보이는 공통점은 문장체가 확실하게 지켜지고 있다는 점이지만, 의미적으로 보이는 문말표현의 분포 경향은 대체로 같다고 말할 수 있다. 단지 형태상 각각의 특징이 나타나 있다고 말할 수 있을 것이다. 일본어에서는, 「である」형의 사용실태, 가능표현의 실제의 형태 등에서, 한국어보다 기본술어에 다른 요소를 덧붙이는 경향이 강한 것을 알 수 있었다. 한국어는 「だ」와 「である」의 구별없이, 「이다」라는 하나의 형식으로 「だ」와 「である」의 의미를 커버하고, 문장체 문말의 구별기준을 두지 않으나, 예를 들면 「~しようとする」에 상당하는 표현 「~려고 하다」「~고자 하다」 중, 구어에서는 사용되지 않는 「~고자 하다」가 학술연구논문에는 압도적으로 많이 사용되고 있다. 또, 의문조사 「か」를 동반한 표현은 일본의 학술연구논문에는 빈번하게 출현하나, 한국어의 논문에는 「~가, ~까」를 동반하는 표현은 5개의 논문에 15예(논문19번에 8예)보일 뿐이다. 「~가」와 「~까」는 앞에 오는 술어의 접속형태가 다르다. 예를 들어 「~왜 그런가?」와 「왜 그럴까?」와 같은 예이다. 이와 같은 예문이 논문에 출현빈도가 적다는 사실은 「~가」「~까」를 동반하는 표현이 문장체에 적절하지 않다고 생각되기 때문인 것이라 생각된다.

Ⅱ부에서는 문말표현의 요소가 되는 각 표현을 중심으로 고찰한 논문이 중심이다.

제 1장에서는 현대, 일본 여성의 경어의 실태를 파악하고자, 분석을 시도했다. 여성은 경어표현을 빈번하게 사용한다는 것이 일반론이다. 그러나, 실제의 인터뷰의 분석결과를 보면, 전체적으로 존경표현과 겸양표현인 이른바 경어표현이 적고, 「です・ます」의 정중표현이 주류를 이루고 있다는 사실을 밝혔다.

제 2장에서는, 「れる・られる」의 비정의 수동의 의미와 용법에 대하여 고찰하고 있다. 이 「れる・られる」는, 의미의 경계, 그리고 품사의 규정도 문제가 되고 있는 말이다. 이번에는, 현대어의 극히 좁은 범위에서, 「れる・られる」를 고찰하고 있다. 「と思われる」의 어법, 「れる・られる」 용법의 해석의 불분명함을 시대적 변화를 포함해 명확하게 파악해야 할 것이다.

제 3장에서는, 문말에 「もの, こと, の, はず, わけ」를 동반하는 「だ」로 종지하는 일본어의 판단표현에 관해 생각해 보았다. 실질명사로서의 성격이 강해 보이는 「もの, こと, わけ」, 실질명사의 용법도 있는 반면, 종조사의 용법도 가진 「もの, こと, わけ」의 형식, 그 용법이 거의 한정되어 있지만, 종조사의 용법은 갖지 않은 형식명사 「はず」, 문장뿐만 아니라, 회화에서도 자주 등장하는 「の」의 용법 등 특징적인 면에 관한 고찰을 행했다. 분석결과 실질명사의 의미와 관련이 깊은 것을 알 수 있었다.

제 4장에서는 일본어의 특징이라고 할 수 있는 「だ」와 「である」에 접속하는 형식을 중심으로 어떠한 차이가 있는가를 고찰해 보았다. 그 결과 「だ」와 「である」의 사용은 먼저 문장의 종류에 따라 규범성과 관련해 사용이 선택적으로 이루어지고 있다는 사실을 확인했고, 두 번째는 「だ」와 「である」가 「た」와 연결되어 「だった」와 「であった」가 되면 「だった」가 주로 사용된다고 하는점을 지적할 수 있다. 「非た」계열에서는 「だ」와 「である」의 선택적 사용이 이루어지고 있으나, 「ようだ」와 「そうだ」, 「だろう」와 「であろう」의 사용, 「か」를 동반하는 「だろうか」와 「であろうか」의 경우에는 문장체에서도 「だ」계열의 표현이 사용되고 있다는 점을 확인할 수 있었으며, 「だ」와 「である」와의 접속형식에서는 명사성과 관련이 깊다는 사실도 확인 할 수 있었다.

제 5장에서는, 한국어와 일본어의 문말표현 중에서, 「었」, 「ㄴ다」 그리고 「~た」, 「ている」, 「る」에 관한 선행논문의 결과를 근거로 신문문장과 연구논문 등의 일차자료를 대상으로, 일본어와 한국어의 tense와 aspect의

양상이 어떻게 나타나는가를 「었」, 「ㄴ다」와 「~た」「~る」를 중심으로
고찰해 보았다. 각각 나타내는 의미의 영역이 다르다라는 점을 확인할 수
있었다.

　이상 I 부와 II부의 각 장의 내용을 간단하게 서술하였다. I 부에서는
일본어와 한국어와 문장에 나타난 문말표현의 특징을 보았다. 문말형식의
분류의 경우, 「た(었)」계와 「非た(비었)」계, 그 밖의 세 개를 세 개의 축으
로 하고 있다. 일반적으로 「た」계와 「비た」계가 병행적으로 나타날 것이
라고 예측하지만, 분석의 결과를 보면 반드시 그렇지도 않다라는 것을 알
수 있다. 문장에 있어서 문말표현의 표현방식에서도 그렇고, 각 론에 있어
서도 분석 전에 예상했던 것과 반드시 일치했다고는 말할 수 없다. 이것
은 역시 직접 사용된 자료를 대상으로 분석해야한다라는 점을 인식하게
해 주었다.

　II부에서는 문말표현 가운데에서 개별적으로 고찰을 시도했다. 1장에서
는 구어에 있어서 경어의 표현방식을 보았다. 이 작업은 다른 작업과 다
르게 구어의 실태를 이해하게 해 주었다. 2장, 3장은, 신문의 문장과 연구
논문의 문말에 자주 등장하는 비정의 수동표현과 형식명사를 수반하는 표
현에 대해 상세하게 연구하고 싶다는 생각 때문에 시작했던 것이지만, 아
직 깊이 생각하지 않으면 안 되는 문제가 남아있다. 4장에서는 「だ」계열
과 「である」계열의 사용실태를 살펴보고, 명사성과 관련하여 「だ」와 「で
ある」에 관해 고찰해 보았다. 5장에서는 「~었다」「~ㄴ다」「~고 있다」
와 「た」「~ている」「る」형을 중심으로 고찰했지만, 이것도 좀 더 연구가
필요하다고 생각된다.

　필자는 지금까지의 연구를 통해서, 일본어와 한국어의 문말표현은, 유사
한 점이 있는 한편, 각각 특징적인 면이 있다는 사실을 명확하게 했다고
말할 수 있을 것이다. 양 언어의 품사의 종류와 술어의 구조 등은 대체로
유사하다고 말할 수 있다. 그러나, 공통된 부분 이외에 양 언어간에는 차

이가 있다. 예를 들면, 존재를 나타내는 「ある」와 「いる」가 한국어에서는 하나의 단어 「있다」로 나타난다. 일본어의 「ある」와 「いる」는 동사에 포함되지만, 한국어의 「있다」는 형용사에 포함된다. 이와 같이 어휘에 따라 품사가 다른 단어가 있다. 이것은 일본어의 경우는 형태에 의해 품사가 결정되는데 비해, 한국어의 경우는 형태는 동사와 형용사의 형태에 차이가 없기 때문에 의미에 의해 품사가 결정되기 때문이라 생각된다. 또, 문장에 나타나는 문말표현의 양상을 보면, 그 형식마다 분포가 다르게 나타나고 있다. 예를 들면, 한국어의 「~었다」, 「~고 있다」 「~ㄴ다」의 분포와 일본어의 「~た」, 「~ている」, 「~る」의 분포 양상이 다르다. tense·aspect를 나타내는 형식에 공통적인 부분과 개별적 부분이 있기 때문일 것이다. 일본어의 수동표현을 나타내는 「られる」의 의미와 한국어의 수동표현 중에도 차이가 있고, 판단표현 중에서, 형식명사를 수반하는 표현도 일본어의 「の, もの, こと」와 한국어의 「것」을 포함한 표현을 비교해 보면, 한국어의 「것」이 폭 넓게 사용되고 있음을 알 수 있다.

이 연구를 통해서, 일본어의 문말표현의 양상이, 문장의 종류에 따라, 다른 분포를 보이고 있는 점도 확인했다. 이와 같은 현상은, 한국어의 경우도 같다고 말할 수 있는 것이다. 그러나, 문말표현에 나타난 각 형식이, 같은 비율로 양 언어에 분포하고 있다는 의미는 아니다. 이것은 각각의 언어가 가지고 있는 개별성 때문이라 생각된다. 개별형식의 고찰에서는 일본어와 한국어의 상이한 부분에 관해 명확히 하고자 했다.

2002년 탁성숙

목 차

제 I 부

문장의 종류와 문말표현의 양상

제1장
일본어 신문문장의 문말표현

1. 첫머리

여기에서 우선, 문말표현(文末表現)이라는 용어에 관해 언급하기로 한다. 문말표현이란 문의 말미에 오는 표현으로 주로 술어부분을 가리키는데, 여기에서는 술어의 넓은 의미로 이해하기로 하자.

위와 같이 이해한다면 일본어의 문말표현은 여러 가지 역할을 갖고 있다고 말 할 수 있을 것이다.

요약해 보면, 첫째로 사실 그 자체를 묘사한다.

둘째로 그 사실(사물, 사건)을 긍정하는가, 부정하는가, 이미 실현했는가, 아직 실현하지 않았는가 라고 하는 판단을 나타낸다.

셋째로 사실(사물, 사건)에 대한 화자의 태도, 즉, 확실히 단정하는가, 추량하는가, 의문의 여지가 있는가, 의지가 있는 표현인가 등을 나타낸다.

넷째로 화자의 청중에 대한 태도의 표현을 포함 할 수 있다. 어떠한 행동을 하는 것을 요구하는가, 질문하는가, 단순히 지적하는 것인가 등을 포함 할 수 있다. 그리고 화자 측과 관계된 것인가 , 그렇지 않은가에 따라 나타나는 대우표현(待遇表現) 또한 문말표현의 중요한 요소가 된다.

마지막으로는, 다양한 종조사와 액센트 등으로 섬세하고 미묘한 뉘앙스를 부여하는 역할을 한다.[1]

이상과 같이 일본어의 문말표현은 다양한 요소가 포함되어 있기 때문

에 어려운 표현으로 취급된다. 특히 외국인 일본어 학습자에게는 문말표
현을 어떤 식으로 요령 있게 정리 할 수 있는가, 어떤 식으로 단계를 밟
아 발전시켜 나가는가 하는 점이 일본어를 능숙하게 만드는 포인트라고
할 수 있다.

　이러한 의미에서 일본어의 문말표현이 실제로 어떻게 나타나는가를
신문문장 - 각각 표현의 의도가 다른 보도문·칼럼·사설 - 을 통해 고찰
해 보고자 한다.

2. 분석 대상과 방법

1) 분석대상

　신문문장은 ① 내용에 따른 분류(정치, 경제, 사회, 문화 등) ② 서술 방
법에 따른 분류(보도문, 설명문, 논설문, 광고 등) ③ 기록자에 따른 분류(기
자인가, 기자가 아닌 사람인가) 등으로 구분 할 수 있다.[2)]
　분석 대상은 보도문·칼럼·사설이다. 상기의 분류는 내용적으로는 매
우 광범위하며, 서술 방법 면에서는 보도문, 논설문, 에세이에 가까운 칼
럼을 선택하였고, 기록자는 기자에 의한 것을 선정했다. 분석 대상으로
하고 있는 보도문, 칼럼, 사설의 상세한 사항은 다음과 같다.

　　▷ 신문명 : 朝日, 每日, 読売신문
　　▷ 기　간 : 1986년 7월 1일에서 8월 31일까지의 61일간
　　　　　　　(8월 4일 휴간일 제외)

　여기에서 취급하고 있는 보도문은 제 1면의 톱기사, 내정면(정치면), 경
제면, 사회면의 최초의 기사로 한정하였다. 다만 경제면의 기사는 월요

일에는 게재되지 않기 때문에, 월요일 보도문 기사에는 경제면의 기사가
포함되어 있지 않다.

　사설은 각 신문의 사설이다.

　칼럼은 朝日신문의『天聲人語』, 毎日신문의『余緣』, 読売신문의『編
集手帳』로 모두 제 1면 하단에 게재되어 있다.

2) 분석방법

　3類 21種類[3]을 기본으로 분류하였고, 다시 각각을 하위분류하였다.

Ⅰ류(類) :「た」계열

　① 동사 + た
　　(예: 書いた – 썼다, 述べた – 서술했다 등)
　② 형용사 + た
　　(예: 多かった – 많았다, 大きかった – 컸다 등)
　③ 동사 + 보조동사 + た
　　(예: 予想されていた – 예상되고 있다, 約束してきた – 약속해 왔다 등)
　④ ~보조형용사 + た
　　(예: 平坦ではなかった – 평탄하지 않았다, 語ってほしかった – 말해주었으
　　면 했다 등)
　⑤ ~だった
　　(예: 機会だった – 기회였다, 平気だった – 태연했다, そうだった – 그랬다 등)
　⑥ ~であった
　　(예: 外相であった – 외무장관이었다, 必要であった – 필요했다, 是正できる
　　かであった – 시정할 수 있었을까 였다 등)
　⑦ 조동사[4] + た(「だった」를 제외)
　　(예: 検出された – 검출되었다, 失望させた – 실망시켰다, 登場しなかった –
　　등장하지 않았다 등)

⑧ 형식명사[5] + だった

(예: ~ということだった - ~라고 하는 것이었다, ~を問うものだった -
~을 묻는 것이었다 등)

⑨ 형식명사 + であった

(예: ~を維持したのであった - ~을 유지한 것이었다, 立ち上がったので
あった - 일어선 것이었다 등)

II 류(類) :「非た」계열

⑩ 동사의 종지형

(예: ~という - ~라고 한다, 殘る - 남는다, ある - 있다 등)

⑪ 형용사 종지형

(예: 望ましい - 바람직하다, 大きい - 크다 등)

⑫ 동사 + 보조동사

(「である」를 제외, 예: 分析している - 분석하고 있다, 成り立っている -
성립되었다 등)

⑬ ~보조형용사

(예: 望ましくない - 바라직하지 않다, 平気でない - 태연하지 못하다, 取り
組んでほしい - 열심히 해주었으면 좋겠다 등)

⑭ ~だ

(예: 有用だ - 유용하다, 必要だ - 필요하다, なおさらだ - 한층 더 그렇다,
ひねり出すからだ - 생각을 짜내기 때문이다 등)

⑮ ~である

(예: 是正である - 시정이다, 不可能である - 불가능하다, あいまいなまま
である - 애매한 채이다, 重視していくのかである - 중시되어 가고 있는
가이다,「 」である -「 」이다 등)

⑯ 조동사

(「だ」「た」를 제외) (예 : 缺かせない - 빼놓을 수 없다, ~というべきだ
ろう - ~라 해야 할 것이다, 求めたい - 요구하고 싶다, 讀むべきであろう
- 읽어야 할 것이다 등)

⑰ 형식명사 + だ

(예: ~あってはならないことだ - ~있어서는 안 될 일이다, 起きているわけだ - 일어나고 있는 것이다, 十分知っているはずだ - 충분히 알고 있을 터이다 등)

⑱ 형식명사 + である

(예: 望むべくもないのである - 바랄 수도 없는 것이다, ~行かないということである - ~가지 않는다는 것이다, 浮かび上がってきたわけである - 떠오른 것이다 등)

Ⅲ 류(類) : 특수한 문말표현

⑲ 체언종결

(예: 気配りのいるところ - 배려가 필요한 부분, 確定 - 확정, ~六十億ドル - ~60억 달러, 六三% - 63% 등)

⑳ 조사종결

(예: ~とするのが - ~로 하는 것이, 「　」と - 「　」라고, 崩れるわけはないのだから - 붕괴되는 것은 아니므로 등)

㉑ 기타

(예: ~いらっしゃいます - 계십니다(오(가)십니다)!, おやすみなさい - 안녕히 주무세요 등)

3. 자료와 분석

앞에서 서술한 3類 21種類의 항목으로 보도문, 칼럼, 사설의 문말표현을 분류한 것이 <표1>이다.

<표1>을 통해, 신문의 문말표현은 「동사」의 문말형식이 주류를 이루고 있다는 사실을 알 수 있다. 그에 비해 「형용사」가 사용되는 문말표현의 비율은 「た」계와 「非た」계를 합해 6%이내에 머무르고 있다. 그리

고「た」계열과 「非た」계열을 보면, 장르별(여기에서 장르라고 하는 것은 보도문, 칼럼, 사설을 가리킨다)로 차이가 있기는 하나, 모두 「非た」계의 비율이 높다. 또한, 「た」계의 문말표현 중, 「だった」에 비해 「であった」의 빈도수가 적은 점도 눈에 띈다.

그러면 <표1>에서 장르별로 그 특징에 대해 살펴보도록 하자.

우선, 보도문은 칼럼과 사설에 비해「た」계의 비율이 높다. 이것은 지나간 일을 보도한다라는 보도문의 기본적 기능 때문에 나타나는 현상이라 생각된다.

보도문의 문말형식 중에는「동사 + た」, 「동사(종지형)」, 「동사 + 보조동사」가 전체 문말의 55%를 차지하고 있다. 또「체언」종결이 1,606문이나 나타나, 이 4개의 문말형식이 보도문의 전체 문말표현의 72%에 달한다. 이러한 문말표현의 치우침 현상은 보도문의 문말표현을 단조롭게 하는 요인이라 할 수 있겠다. 또한, 보도문에서는「である(であった)」(⑥, ⑨, ⑮, ⑱형식)계의 문말표현이 총 9,872문 중에서 불과 90문 밖에 되지 않아, 그 출현수가 눈에 띄게 적음을 알 수 있다. (「だ(だった)」(⑤, ⑧, ⑭, ⑰형식)계의 문 615에 비해서)

<표1> 보도문 · 칼럼 · 사설의 문말표현 분포

구분	문말형식	보도문		칼럼		사설	
		출현수	백분율	출현수	백분율	출현수	백분율
I類	① 동사 + た	2,668	27.0	567	16.1	980	9.9
	② 형용사 + た	47	0.5	20	0.6	41	0.4
	③ 동사 + 보조동사 + た	527	5.3	157	4.5	273	2.8
	④ ~보조형용사 + た	4	0.0	7	0.2	10	0.1
	⑤ ~だった	151	1.5	118	3.4	86	0.9
	⑥ ~であった	3	0.0	3	0.1	36	0.4
	⑦ 조동사 + た	373	3.8	67	1.9	179	1.8
	⑧ 형식명사 + だった	6	0.1	4	0.1	21	0.2
	⑨ 형식명사 + であった	0	0.0	0	0.0	5	0.1
	소　계	3,779	38.2	943	26.9	1,631	16.6

II類	⑩ 동사의 종지형 (이하동일)	1,121	11.4	738	21.0	1,351	13.7
	⑪ 형용사	171	1.7	138	3.9	492	5.0
	⑫ 동사 + 보조동사	1,709	17.3	408	11.6	1,274	12.9
	⑬ ～보조형용사	19	0.2	58	1.6	387	3.9
	⑭ ～だ	413	4.2	244	6.9	406	4.1
	⑮ ～である	80	0.8	106	3.0	955	9.7
	⑯ 조동사	770	7.8	399	11.3	2,247	22.8
	⑰ 형식명사 + だ	45	0.5	45	1.3	236	2.4
	⑱ 형식명사 + である	7	0.1	14	0.4	394	4.0
	소 계	4,335	44.0	2,150	61.0	7,742	78.5
III類	⑲ 체언종결	1,606	16.3	251	7.1	96	1.0
	⑳ 조사종결	104	1.0	164	4.7	387	3.9
	㉑ 기타	48	0.5	9	0.3	0	0.0
	소 계	1,758	17.8	424	12.1	483	4.9
총 계		9,872	100.0	3,517	100.0	9,856	100.0

이번에는 칼럼의 전체적인 문말표현의 분석 결과를 살펴보자. 칼럼의 문말표현은 보도문과 사설에 비해서, 그 3類 21種類에 고루 분포되어 있음을 알 수 있다. I類, II類, III類의 비율도 보도문과 사설만큼 치우쳐 있지 않고 다양성을 띠고 있다. 그 중에서는 「동사」종지형 종결이 가장 자주 사용되고 있다. 「조동사」로 종결되는 문말표현은 보도문보다 많고 사설보다는 적다. 「체언」종결은 사설보다는 많고 보도문보다는 적다. 「だ」에 대한 「である」의 사용 비율도 보도문과 사설과는 어느 정도 차이가 있다. 이러한 칼럼의 문말표현 양상은 간결하고 구어적이며 수식이 적은 명쾌한 칼럼 문체와 밀접한 관계가 있는 것 같다.

사설은 3개의 장르 중, 어떤 사건이나 사안에 관한 신문사의 입장과 주장이, 가장 잘 정리된 형태로 표현되는 문장이다. 그 때문에 사설은 논리적이고 이해하기 쉬우면서ᅵ 인상적인 문장의 형태를 갖추어야 한다. 이러한 사설의 문말형식 양상을 보면 우선, 「조동사」의 존재가 눈에 띈다. 「조동사」로 끝맺는 표현은 사설 전체의 문말 중 22%를 차지하고 있

다. 다음으로는 사설이 다른 2개의 장르와는 달리 「(형식명사)である」(⑮, ⑱형식)이 「(형식명사)だ」(⑭, ⑰형식)보다 많이 사용되고 있는 점을 들 수 있다. 이는 「だ」를 사용하는 문(文)과 「である」를 사용하는 문은 문체의 차를 인식해서 구분되어 사용되고 있다고 볼 수 있을 것이다.

그러나, 「た」계열의 문말표현에 「~であった」가 「~だった」보다 적은 점을 눈여겨봐야 한다. 보도문, 칼럼은 물론, 사설도 「だった」 107문(文)에 대해 「であった」는 41문 밖에 출현하지 않는다. 이는 신문의 문장에 있어서 「た」계열인 「だった」와 「であった」의 구분이 거의 없어진다라는 점을 시사하고 있는 것이 아닐까?

또, 보도문과 칼럼에는 거의 사용되지 않는 「형식명사 + だ(である)」형 식이 630문이나 나타나고 있는데 이 점도 사설의 문말표현이 갖는 특징 의 하나라고 말할 수 있을 것이다.

다음에는 3개의 장르에 어떠한 공통점과 차이점이 보여지는지에 대해 생각해 보고자 한다. 보도문은, 그 특징으로서 중립주의, 시간의 제약, 지 면의 제약을 들 수 있다. 사건이나 사안을 가능한 한 객관적으로 민첩하 고 간결하게 표현하기 위해 어미를 생략하고 또 문(文)을 연결하기 위해 장문(長文)적 표현이 되는 경향이 있고, 문말에는 체언 종결, 수동표현, 인용표현, 전문(伝文)표현이 빈번하게 나타나게 된다.[6] 칼럼인 「天聲人 語」「余錄」「編集手帳」은 모두 신문의 제1면의 하단에 게재되고 있고, 한 행(行)에 30자(子)씩 약 60행으로 이루어져 있다. 정해진 글자수 내에 읽기 쉽게 논지를 확실히 나타내고, 결론은 가능한 한 모두(冒頭)에 가져 와 독자들이 잘 알 수 있도록 하고 있다. 칼럼에서 다루는 내용은 신선 도가 떨어지지 않는 시간 내에 독자에게 빠르고 바르게 내용을 파악시키 려는 것을 목표로 하고 있다.[7]

사설도 지면의 제한이라는 면에서는 칼럼의 경우와 같지만, 사설과 칼

럼을 쓸 때의 필자의 태도는 사람들이 제복을 입었을 때와 평상복을 입
었을 때의 심리적 변화와 비슷하다고 생각된다. 기자가 사설을 쓸 때는
개인의 입장보다는 신문사의 입장에서 기사를 접하고 판단하여 독자에
게 전하기 때문이다.

이상과 같이 각각 성격의 차(差)를 갖는 보도문, 칼럼, 사설의 문말표
현이 어떠한 차이를 보이고 있는가를 분석 자료를 통해 자세히 살펴보기
로 한다.

<표 2> 장르별 동사의 분포

( )안의 숫자는 백분율을 나타냄

문말형식 (た계열)	보도문 출현수	칼럼 출현수	사설 출현수	문말형식 (비た계열)	보도문 출현수	칼럼 출현수	사설 출현수
なった	351(13.2)	53(9.3)	130(13.3)	なる	167(15.0)	44(6.0)	102(7.6)
した	919(34.4)	102(18.0)	344(35.1)	する	183(16.5)	70(9.5)	151(11.2)
あった	43(1.6)	74(13.1)	62(6.3)	ある	159(14.2)	185(25.1)	404(29.9)
いった	3(0.1)	15(2.6)	3(0.3)	いう	216(19.3)	146(19.9)	115(8.5)
기타 동사 + た	1,044(39.1)	274(48.3)	338(34.5)	그 외의 동사	315(27.8)	239(32.2)	495(36.6)
합성동사 + た	308(11.6)	49(8.7)	103(10.5)	합성동사	81(7.2)	54(7.3)	84(6.2)
소 계	2,668(100.0)	567(100.0)	980(100.0)	소 계	1,121(100.0)	738(100.0)	1,351(100.0)

1)「동사 + た」와「동사(종지형)」

보도문, 칼럼, 사설에서 각각 사용되고 있는 동사를 정리해 본 것이
<표 2>이다.

<표 2>에서 공통적으로 말할 수 있는 것은 보도문, 칼럼, 사설 모두
사용되고 있는 동사의 총 수(數)중「なる、する、ある、いう」(되다, 하다,
있다, 말하다) 등의 특정 동사의 빈도가 높다는 것이다. 그러나「た」계와
「非た」를 비교해 보면,「ある」는 빈도가 높지만「あった」(있었다)는 그
사용수가 적고,「いう」는「～という」(~라고 한다)의 형태로 자주 출현하
지만「～といった」(~라고 했다)의 형태로는 거의 나타나지 않는다.「～と

いう」는 이미 인용표현으로서 관용 어구화 되어 있기 때문에「~といっ
た」와 단순 비교 할 수 없을지도 모른다. 그리고「ある」도 3개의 장르에
서 많이 보여지는 동사이다. 이「ある」라고 하는 동사는, 보통 한국어
「있다」로 번역되지만「있다」에 비해「ある」의 의미는 광범위한 것이어
서 한국인 학습자가 유의해야 하는 동사이다. 그 외 동사의 비율은「非
た」계가 칼럼과 사설에서 높게 나타난다. 보도문은 어느 정도 상투적인
(정해진 문구적인)표현이 많기 때문에 사용되는 문말의 동사도 고정화되
어 있는 경향이 짙다. 그에 비해 칼럼과 사설도 보도문과의 관계 때문에,
어느 정도 고정화되어 있는 동사도 있지만 보도문의 기사를 자료로 필자
나름의 사고방식을 나타내는 문장이라고 하는 점에서 선택되어지는 동
사의 범위는 보도문 보다 넓다고 할 수 있다. 그러나,「た」계에 있어서
는 보도문 쪽이 사설보다 비율이 조금 높다. 그것은「なる、する、ある、
いう」(되다, 하다, 있다, 말하다) 외에 보도문에서 자주 등장하는「述べる、
予想する、示す、話す、語る」(서술하다, 예상하다, 나타내다, 이야기하다, 말하
다) 등의 동사를「그 외의 동사」에 포함시키고 있기 때문이지, 보도문 쪽
이 사설보다「た」계에 있어서 다양한 동사가 사용되고 있기 때문은 아
니라고 판단된다.

그리고, 합성동사를 하나의 항목으로 한 것은 일상회화 속에 합성동사
가 많이 포함되어 있다고 생각되어, 문장체의 경우는 어떠한 양상을 띄
고 있는가를 보기 위해서이다. 결과를 보면, 3개의 장르에 그다지 큰 차
(差) 없이, 7~8%대에 머무르고 있다.

다음으로,「なる」와「する」동사는 조사, 명사, 활용어미와 결합한 형태
로 출현한다. 그것을 상세하게 분류해 본 것이 <표3>과 <표4>이다.

<표3> 장르별 「なる」동사의 분포

문 말 형 식 (た계열)	보도문 출현수	칼럼 출현수	사설 출현수	문 말 형 식 (비た계열)	보도문 출현수	칼럼 출현수	사설 출현수
명사 + になった	44	24	20	명사 + になる	43	18	36
형식명사 + になった	77	5	22	형식명사 + になる	56	13	2
형용동사(어간) + になった	54	4	8	형용동사(어간) + になる	11	3	13
~ように(そうに)なった	5	6	22	~ように(そうに)なる	1	2	5
~なくなった	4	4	7	~なくなる	1	1	7
~(でなくなった)			2	~でなくなる			
명사 + となった	138	2	37	명사 + となる	44	3	23
형식명사 + となった	4	0	4	형식명사 + となる	1	0	2
형용동사(어간) + となった	9	0	0	형용동사(어간) + となる	5	0	6
형용사(어간) + くなった	16	8	8	형용사(어간) + くなる	5	4	8
소 계	351	53	130	소 계	167	44	102

<표3-1> 「형식명사 + なる」의 분포

문말형식 (た계열)	보도문 출현수	칼럼 출현수	사설 출현수	문말형식 (비た계열)	보도문 출현수	칼럼 출현수	사설 출현수
ことになった	76	5	20	ことになる	54	13	1
ものになった	1	0	2	ものになる	2	0	1
소 계	77	5	22	소 계	56	13	2
こととなった	1	0	2	こととなる	1	0	0
ものとなった	3	0	2	ものとなる	0	0	2
소 계	4	0	4	소 계	1	0	20

동사 「なる」는, 우선 앞에 오는 조사 「に」와 「と」를 기준으로 나누어 보았다. 「非た」계에 있어서 명사 또는 형식명사는 「になる」쪽이 많이 보인다. 다만 「명사 + となる」도 「명사 + になる」와 병행해서 자주 사용되고 있다. 「た」계는 「非た」계와 조금 다른 분포를 보이고 있다. 「명사 + となった」가 보도문에서 138문, 사설에서 37문이고, 「명사 + になった」가 보도문에서 44문, 사설에서 20문으로 「명사 + となった」가 좀 더 많이 보여진다. 그러나, 칼럼에서는 「명사 + になった」쪽이 많다. 이 분포에서 생각할 수 있는 것은, 동사 「なる」가 조사 「に」와 「と」를

취할 경우, 「非た」계에서는 그다지 확실한 구별이 없지만, 「た」계에서는
「~になった」(~이 되었다)와 「~となった」(~이 되었다)가 아직 구분되어
사용되고 있을 것이라는 점이다. 이 점에 대해서는 한층 자세하게 고찰
할 필요가 있을 것이다.

그러나, 「なる」의 앞에 형식명사가 오는 경우, 「~となる」(~이 되다)는
드물고, 조사 「に」를 받아서, 「~になる」(~이 되다)의 형태가 된다.

「형식명사」에 「なる」가 붙어서 술어가 된 것을 자세히 살펴 본 것이
<표 3-1>이다. <표 3-1>에서 보는 것같이, 「ことになる」가 대부분이다.
그리고 「ものになる、こととなった、ものとなった」가 소수(小數) 보일
뿐이고, 그 외의 형식명사 「はず、わけ、ところ」 등에 「なる」가 연결되
는 문말형식은 나타나지 않는다.

다음에 <표4>의 「する」의 분포를 보자.

<표4> 장르별 동사 「する」의 분포

문 말 형 식 (た계열)	보도문 출현수	칼럼 출현수	사설 출현수	문 말 형 식 (비た계열)	보도문 출현수	칼럼 출현수	사설 출현수
한자 1자 + した	22	6	17	한자 1자 + する	15	3	10
한자 2자 + した	691	78	274	한자 2자 + する	129	45	103
한자 3자 + した	12	0	3	한자 3자 + する	8	2	3
한자 4자 + した	14	0	0	한자 4자 + する	4	0	1
한자 5자 + した	0	0	0	한자 5자 + する	1	0	0
명사·부사 + した	18	6	9	명사·부사 + する	9	4	5
が、を + した	15	4	13	が、を + する	5	1	15
명사 + にした	8	3	2	명사 + にする	2	6	4
형식명사 + にした	13	0	3	형식명사 + にする	0	0	0
형용동사어간 + にした	104	1	13	형용동사어간 + にする	1	0	2
조동사어간 + にした	0	0	0	조동사어간 + にする	3	0	0
명사 + とした	5	1	2	명사 + とする	4	0	2
형식명사 + とした	1	0	1	형식명사 + とする	0	0	0
조동사어간 + とした	4	1	5	조동사어간 + とする	0	2	5
とした	9	1	1	とする	0	0	0
형용사어간 + くした	1	0	1	형용사어간 + くする	0	0	0

~たりした	1	1	0	~たりする	0	6	0
기타	1	0	0	기타	1	0	0
소 계	919	102	344	소 계	183	70	151

동사 「する」는, 신문의 문장에서 「~した」의 형태가 많다. 특히 「한자
2자 + する(した)」가 주류를 이룬다. 「した/する」전체의 「한자2자 + し
た/する」는 보도문, 칼럼, 사설의 「する」 총 수의 {691/919 / 129/183 ·
78/102 / 45/70 · 274/344 / 103/151}로 평균 60%이상을 차지하고 있다.
이렇게 높은 비율을 보이는 것이 분석대상이 신문문장이기 때문인지, 아
니면 「한자2자 + した/する」가 다른 문장에 있어서도 빈번히 사용되기
때문인지의 판단은 다음 기회로 보류하기로 한다.

한자이외의 외래어에 「する」가 접속되는 형태가 거의 보이지 않는 것
은 의외였다. {외래어 + した/する, 보도문 5문/7문, 칼럼 1문/3문, 사설 3
문/0문} 외래어의 범람은 아직 광고문, 서구에서 들어온 요리, 패션 등의
영역에 머무르고 있는 것 같다.

보도문에 104문 출현하고 있는 「형용동사 어간 + にした」는 「~明ら
かにした」가 대부분이다. 그 외에, 부사, 조사 등과 결합된 형태는 「 」と
する(「 」라고 한다), ~う(よう)とする(~하고자 한다), ~ことにする(~할 예
정이다) 등의 용법이다.

2) 「형용사 + た」와 「형용사」

형용사의 「た」계의 출현은 1%미만으로 매우 적다. 「非た」계의 비율
은 보도문 1.7%, 칼럼 3.9%, 사설 5%로, 보도문에서 사설 쪽으로 갈수
록 많아진다. 보도문에서의 형용사 비율이 칼럼이나 사설보다 낮은 것은
「~いい」(~좋다)라든지 「惡い」(나쁘다)라든지 감정의 표현이나 속성의

표현 등이 보도문의 성격과 동떨어져 있기 때문일 것이다.

<표5> 사설의 「형용사」의 분포

문말형식(た계열)	출현수	문말형식(비た계열)	출현수
～かった	38	～い	363
		～ほうがいい	6
		～ようがない	4
		～までもない	21
		～ほかない	17
しかなかった	3	～しかない	13
		なくはない	4
		べくもない	1
		間違いない	11
		違いない	20
		～そうにない	3
やすかった		～やすい	29
		にくい	
소 계	41	소 계	492

<표5>는 사설에 보이는 형용사의 분포이다. 일반적인 형용사 <大き
い、多い、望ましい、…>(크다, 많다, 바람직하다) 외에 「～がいい」(～가 좋
다)「～ようがない」「～までもない」(～할 것까지도 없다)「～に違いない」
(～에 틀림없다) 등 다른 형식과 결합된 형태로도 자주 출현하고 있다. 이
러한 류(類)의 형용사군(群)은 그 의미면에서 조동사적인 요소를 갖고 있
으므로 관용어구적 조동사의 틀에 넣어야 한다고 생각된다.

3)「동사 + 보조동사 + た」와 「동사 + 보조동사」

이 문말형식은 일본어의 문말형식 중에서, 특히 신문문장의 문말형식
으로 주류를 이루는 형식이라고 말 할 수 있다.「동사 + 보조동사」의 문
말형식은, 지나간 사실을 「た」로 나타내는데 비해, 현재의 상태를 「～て
いる(ある…)」(～하고 있다)로 나타내는 일본어 동사의 용법 때문에 신문

의 보도문, 칼럼, 사설에 매우 많이 출현한다고 생각된다. 보도문에서는 「동사 + た」가 2,668문 나타나고 다음으로 「동사 + 보조동사」가 1,709 문 출현하고 있다.

3개 장르의 「동사 + 보조동사」를 정리한 것이 <표6>이다.

<표6> 장르 별 「동사 + 보조동사」의 분포

문 말 형 식 (た계열)		보도문 출현수	칼럼 출현수	사설 출현수	문 말 형 식 (비た계열)		보도문 출현수	칼럼 출현수	사설 출현수
동사 연용형 + ていた		377	101	85	동사 연용형 + ている		1,694	361	1,213
〃	+ てきた	129	39	150	〃	+ てくる	3	18	24
〃	+ てしまった	8	7	30	〃	+ てしまう		11	20
〃	+ てくれた	1	4	2	〃	+ てくれる		3	1
〃	+ ていった	4	2	6	〃	+ ていく	10	9	9
〃	+ てみせた	2	1						
〃	+ てあった	3	1		동사 연용형 + てある		2	2	4
〃	+ てみた	2	1		〃	+ てみる		1	1
〃	+ てやった	1	1		〃	+ ておく		3	2
소 계		527	157	273	소 계		1,709	408	1,274

「~ている、~てくる、~てしまう、~てくれる、~ていく、~てある、~てみる、~ておく、~てやる」(~하고 있다, ~해 오다, ~해 버리다, ~해 주다, ~해 가다, ~해 있다, ~해 보다, ~해 두다, ~해 주다) 중에서 「~ている/いた」가 압도적으로 많이 보인다. 「~ている」는 앞에 오는 동사에 따라 그 의미가 달라지는데, 신문문장에서 많은 것은 「檢討している、予想されている」(검토하고 있다, 예상하고 있다) 등 현재의 상황을 표현하는 동사군(動詞群)이다.

이 문말형식의 용법은 외국인 학습자가 자신의 문장을 쓸 때 가장 기본이 되는 것이라고 생각되어진다.

그러면, 가장 많이 보여지는 「~ている」앞에 어떠한 형식이 오는가를 상세하게 살펴보자. (<표7>참조)

<표7> 보도문의 「~ている」의 분포

문 말 형 식(た계열)	출현수	문 말 형 식(비た계열)	출현수
		한자 2자 + させている	4
동사 + (さ)せていた	5	동사 + (さ)せている	7
합성동사 + (さ)せていた	4	합성동사 + (さ)せている	
한자 1자 + されていた		한자 1자 + されている	
한자 2자 + されていた	15	한자 2자 + されている	48
한자 3자 + されていた		한자 3자 + されている	7
~されていた	2	~されている	4
とされていた	3	~とされている	7
にされていた		~にされている	
동사 + (ら)れていた	29	동사 + (ら)れている	105
합성동사 + (ら)れていた	5	합성동사 + (ら)れている	20
동사 + (ら)れ + 동사 +ていた	1	동사 + (ら)れ + 동사 +ている	1
한자 1자 + していた	1	한자 1자 + している	10
한자 2자 + していた	54	한자 2자 + している	303
한자 3자 + していた		한자 3자 + している	6
한자 4자 + していた		한자 4자 + している	2
していた	17	~している	16
としていた	4	~としている	125
にしていた	5	~にしている	38
~を、が、していた		~を、が、している	
~したりしていた	1	~したりしている	1
~くしていた		~くしている	2
~となっていた	6	~となっている	91
~になっていた	18	~になっている	71
~からなっていた		~からなっている	1
~くなっていた	2	~くなっている	8
~なっていた	1		
동사 + ていた	169	동사 + ている	705
합성동사 + ていた	35	합성동사 + ている	112
소 계	377	소 계	1,694

　　「~ている」는、「(さ)せる、(ら)れる」를 동반하는 경우와 「동사 + てい
る」의 경우로 나뉘어지는데、사역의 의미 때문에 의미의 특성상 「(さ)せ
る」를 동반하는 경우는 적다. 「(ら)れる」를 동반하는 경우는 보도문、칼
럼、사설에서 각각 「(ら)れていた/(ら)れている」가 55/377문・192/1694
문・11/101문・41/361문・21/85문・1213/221문씩 나타난다. 이는 「~てい
る」문의 전체 문말 수의 10%이상을 차지하고 있다. 「(ら)れる」는 신문문

장에서 문말표현에 많이 나타난다.

한자 2자에「ている、(ら)れている」가 붙는 형태는 3개 중 보도문이 가장 상위를 차지한다. 칼럼은「する、なる」이외의 동사에「ている」가 접속한 형태가 많이 보여진다.

이것과 대조적으로 보도문에서「한자 + ている」의 형태는 55문으로 전체의 15%정도이다.

칼럼과 사설의 경우는「~になっている」가 대부분이지만, 보도문에는 「~となっている」도 91문(「~になっている」 71문에 대해)이나 나타나 있다.「~となる」는「~になる」보다 보도문이 의도하는 명확성 또는 결과를 중시하는 성격과 일치하는 것이라고 생각된다.

4)「~보조형용사 + た」와「~보조 형용사」

보조형용사로는 우선,「長くない、本物でない、健康的でない」(길지 않다, 진짜가 아니다, 건강하지 않다) 등 형용사와 형용동사의 부정형을 들 수 있겠다. 보도문과 칼럼은 이러한 종류의 보조형용사가 대부분이었다. 부정형 외에「~てほしい、~ばいい、~ていい」(~하고 싶다, ~면 좋다, ~해서 좋다)의 형태도 여기에 넣어 분류했다. 이러한 종류는 사설에 가장 많이 보여지는데,「~てほしい」가 77문,「~て(ば、たら)いい」가 59문 나타났다. 사설의 전체 문말수에서 보면 소수이지만, 이러한 문말이 사설에 특징적으로 나타난다고 하는 것은 중요한 포인트라고 말할 수 있을 것이다.

5)「조동사 + た」와「조동사」

조동사의 형태적 특징은, 항상 다른 말(語)에 붙어 사용되면서도 활용이 가능하다는 것이다. 특히 동사의 뒤에 붙어서, 표현주체의 갖가지 판단을 더하는 경우가 많다라는 점에서 「조동사」라고 하는 명칭이 붙여진 것이라고 한다.[8] 그러나, 조동사의 판단기준은 매우 어려운 문제이다. 여기에서 조동사로 취급하는 것은 <표8>에 나타나는 것들이다.

각 장르별로 조동사의 출현수를 보면, 보도문 770문(7.8%), 칼럼 399문(11.3%), 사설 2,247문(22.8%)으로 사설이 단연 두드러진다. 차례로 살펴보자.

보도문에서는 객관적 표현이라는 성격으로 인해, 「수동표현, 인용표현, 전문표현」이 자주 사용된다. 수동의 조동사 「(ら)れる」를 보면, 「(ら)れる」는 364문(47.3%), 「(ら)れた」는 263문(70.5%)을 차지하고 있다. 보도문에는 「(ら)れている、られていない、られるらしい、られるようだ」 등의 형태가 많이 출현하고 있다. 객관적 표현과 「(ら)れる」가 일치하는 것이라 생각된다.

田中章夫의 「어법에서 본 현대 동경어의 특징」 『國語學』(s.33.9) 등에 의하면, 「비정(非情)의 수동」 중 「～と言われる、～と見られる、～期待される」(～라고 말하여진다, ～로 보여진다, ～기대된다) 등 현대어에서 많이 사용되고, 다수의 인물이나 집단이 동작의 주체가 되고, 서술내용이 매우 객관적이고 사무적으로 서술되는 용법은, 수동의 의식이 약하여 「자연가능한 수동」이라고도 불려진다. 이러한 종류의 용법은, 明治 10, 20년대 이후, 외국어의 영향과 함께 연설, 강연 등 공용어의 세계에서 많이 사용되었던 것에서 영향을 받은 것으로 보여진다고 서술하고 있다.

실제로, 보도문에서 보여지는 문말표현은, 「みられる、予想される、注目される、実施される、いわれる」(보여진다, 예상된다, 주목된다, 실시된다, 말하여진다) 등 이른바 「비정(非情)의 수동」이 대부분을 차지하고 있지만, 「～と思われる、考えられる」(～라고 생각된다, 생각된다) 등의 자발(自發)도 소수 보인다. 사람들은 비정의 수동과 자발의 의미의 차를 어느 정도

염두에 두고 있는 것일까? 「思われる」는 자발로 여겨지지만, 객관적이며 완곡하고 무난(無難)하게 일(사건, 사물)을 표현하고 싶을 때도 「思われる」가 사용되므로 그 경계선을 긋는 일은 어려운 일이라 생각된다.

신문의 보도문에 나타나는 수동표현에는 일본어 본래의 미혹(迷惑)수동의 의미가 거의 보이지 않으므로, 신문문장이 객관적이고 사무적으로 서술하는 상투화된 표현으로 굳어진 것이 아닌가 하는 생각도 든다.

칼럼에 보이는 「られた/られる」는 「た」계의 조동사의 대부분을 나타내고, 「非た」계는 46문밖에 나타나지 않는다. 사설 쪽도 188문으로 조동사의 10%미만에 지나지 않는다. 이것은 「(ら)れる」라고 하는 조동사가 갖는 의미가, 조동사적 성질이 약하다라는 것을 드러내고 있는 것이라고 생각된다. 바꿔 말하면, 개인, 또는 신문사의 의견대로 써 내려가는 사설과 칼럼에는 많이 사용되지 않는 조동사라는 것이다.

다음에는 추정, 추량의 조동사 「そうだ、ようだ、らしい」를 보자. 보도문은 「そうだ、ようだ、らしい」의 순으로, 칼럼은 「らしい、ようだ、そうだ」의 순으로, 사설은 「ようだ、そうだ、らしい」의 순으로 많이 사용되고 있다. (표8 참조)

<표8> 장르 별 「조동사」의 분포

문말형식 (た계열)	보도문 출현수	칼럼 출현수	사설 출현수	문말형식 (비た계열)	보도문 출현수	칼럼 출현수	사설 출현수
(さ)せた	41	3	12	(さ)せる	11	9	18
(ら)れた	263	46	126	(ら)れる	364	46	188
なかった	68	17	37	ない	110	133	714
				らしい	33	31	4
				そうだ(추정)	153	4	15
ようだった	1			ようだ	51	7	49
				だろう	8	121	373
				う、よう	40	7	274
				たい		11	411
たかった			2	ごとし		1	

					2	
			みたいだ まい そうだ(伝聞) べきだ		3 24	131 4 66
べきだった		1	2			
소 계	373	67	179	소 계	770	399	2,247

추정의 조동사「そうだ」는 칼럼과 사설에는 그다지 사용되지 않고, 보도문에서 많이 보여지는데「동사」의 연용형에「そうだ」가 붙는 것이 일반적이다.

<표9> 장르 별 조동사「そうだ(추정)」의 분포

문 말 형 식	보도문 출현수	칼 럼 출현수	사 설 출현수
동사 연용형 + そうだ	84	3	6
~ことになりそうだ	19		1
명사 + になりそうだ	23		
명사 + となりそうだ	2		1
형용사(く) + なりそうだ	2		
형용동사 + になりそうだ	2		
형용사 + そうだ (보조형용사)	1	1	4
~ことができそうだ	1		
~て + 보조동사 + そうだ	6		3
~されそうだ	12		
~させそうだ	1		
소 계	153	4	15

특히「なりそうだ」의 형태가 자주 출현하고 있다. 조동사「そうだ」가 사설, 칼럼에 비해 보도문에 많이 보이는 것은, 추정 조동사「そうだ」가 정보가 확실하고 그 일(사건, 사물)의 구체적 표현을 추정할 수 있을 때 자주 선택되는 조동사이기 때문이 아닐까 생각된다.

다음은「ようだ」이다.「ようだ」는 보도문과 사설에서 소수 존재하지만, 거의 같은 수치를 나타내고 있다. 그러나 칼럼에는 7문 밖에 나타나지 않는다. 칼럼에는 「そうだ」도 4문밖에 나타나지 않는다. 거기에 비해 보도문에 「そうだ、ようだ」가 「153문, 51문」 출현하는 것은 보도문과 칼럼의 문체와도 관련이 있는 것 같다. (표10 참조)

「らしい」의 분포는 <표11>과 같다. 사설에는 거의 없고, 보도문과 칼럼에 33문, 31문씩 보여진다. 전체 문말수에서 생각하면 칼럼의 「らしい」의 비율이 가장 높다고 할 수 있다. 또, 칼럼은 「そうだ」「ようだ」에 비해서도 「らしい」의 출현수가 많다. 조동사 「らしい」로 개인의 판단여지를 가장 잘 나타낼 수 있기 때문이 아닐까.

<표10> 장르 별 조동사 「ようだ」의 분포

문 말 형 식	보도문 출현수	칼럼 출현수	사설 출현수	문 말 형 식	보도문 출현수	칼럼 출현수	사설 출현수
명사 + のようだ	6	1	4	명사 +			
동사, 형용사 + ようだ	10	1	11	だった(であった)ようだ		1	2
~ているようだ	13	2	11	동사, 형용사 + たようだ	16	1	9
~ではないようだ	1		1	~ていたようだ	1		1
~ないようだ	2	1	6				
たいようだ			1	~なかったようだ	1		1
				~られたようだ	1		2
				소 계	51	7	49

<표11> 장르 별 조동사 「らしい」의 분포

문 말 형 식	보도문 출현수	칼럼 출현수	사설 출현수	문 말 형 식	사설 출현수	칼럼 출현수	사설 출현수
명사 + らしい	1	7	1	명사 + だったらしい		2	1
동사, 형용사 + らしい		6	2	동사, 형용사 + たらしい	20	6	
であるらしい		2					
ているらしい	4	2		~ていたらしい	3	2	
ではないらしい		1					
ないらしい		2		なかったらしい		1	
				(ら)れたらしい	5		
				소 계	33	31	4

「らしい」가 칼럼에 많이 보여지고, 「사설」에 거의 보여지지 않는다고 하는 것은, 칼럼과 사설의 성격에 비추어 생각해봤을 때, 추정 조동사 「らしい」는 객관적이고 조금 완곡적(婉曲的)인 이미지의 「ようだ」에 비해, 직접적으로 쓰는 개인이 추정하는 것이 아닐까 생각된다.

보도문에 전문(傳聞)형식이 많이 보여지긴 하나, 전문을 나타내는 조동사 「そうだ」가 1예도 나타나지 않는 것으로 보아서, 「そうだ」는 적절한 표현형식이 아닌 것 같다. 그러나, 칼럼에 이 형식이 24문이나 사용되고 있는 것은, 정보가 명확하지 않아도 칼럼의 화제가 될 수 있기 때문이라고 생각된다.

다음으로 「だろう、う・よう」를 보자.

<표12>는 사설에 나타나는 「だろう、う・よう」를 분류한 것이다.

「う、よう」의 의미용법으로는 추량 이외에 의지, 권유가 있지만, 보도문, 칼럼, 사설에는 추량의 용법이 대부분이었다.

보도문의 경우 이 추량 조동사인 「だろう」가 8문인데 비해 「う、よう」가 40문이었다. 보도문에 추량의 조동사가 출현하는 것은 상식적으로 예상할 수 없지만, 岩淵説太郎씨가 지적하고 있듯이 예전에는 보도문이 단순히 사실만을 충실히 기술하고자 했으나, 요즘에는 독자를 의식하고, 독자에게 작용하고, 독자에게 설명하고자 하는 태도로 쓰여지고 있기 때문이 아닐까 생각된다.[9] 이러한 경향은 사회면의 기사에서 특히 두드러지는 것 같다. 사회면의 기사는 제 1면의 기사나 내정(內政), 경제면의 기사와 그 취지가 다르고, 우리들의 매우 가까운 곳에서 일어나는 사건이 많다. 그러한 사건들 중에서 매우 크고, 매우 쇼킹한 사건에는 아무래도 쓰는 사람의 기분이 노출되기도 한다. 실제 독자의 한 사람으로서 나 자신도 그러한 문(文)을 접하면 친근함과 동시에 신선함을 느끼곤 한다. 앞으로 기사를 쓰는 방법도 조금씩 변하지 않을까 생각된다.

<표12> 사설의 조동사 「だろう、う、よう」의 분포

문 말 형 식	출현수	문 말 형 식	출현수
명사 + だろう	41	명사 + であろう	38
형식명사 + だろう	60	형식명사 + であろう	25
형용동사어간 + だろう	30	형용동사어간 + であろう	13
何、なぜ(의문) + だろう	7	부사 + であろう	1
동사 + だろう	80	동사 + う、よう	124
동사 + 보조동사 + だろう	17	동사 + 보조동사 + よう	10
형용사 + だろう	32	てよかろう	6
ないだろう	33	형용사어간 + かろう	2
なかっただろう	1		
ではないだろう	8	なかったろう	2
られるだろう	2	ではなかろう	4
べきだろう	50	(ら)れよう	20
조사+だろう	12	べきであろう	25
		명사 + だったろう	2
		명사 + であったろう	1
		형용동사어간 + だったろう	1
소 계	373	소 계	274

보도문은 「だろう」에 비해, 「う、よう」쪽이 많은데, 칼럼은 정반대의 양상을 보이고 있다. 「う・よう」는 7문, 「だろう」는 121문이다. 만약 「だろう」를 구어적 표현, 「う、よう」를 문장어적 표현이라고 한다면, 칼럼은 완전히 구어(口語)에 가까운 문장이 된다.

사설은 <표12>와 같다. 「だろう」가 많이 출현하고 있지만, 아직 「う・よう」쪽도 건재하다.

3개의 장르에서 「だろう、う・よう」의 분포는 「う・よう」에 비해 「だろう」쪽이 많이 사용되고 있는 것과 동시에 「だろう」와 「う・よう」의 구별이 존재하고 있다는 사실을 확인했다.

그 외에, 사설에 보이는 조동사를 보면, 「～べきだ、～なければならない、～てはいけない、～たい」(～해야만 한다, ～하지 않으면 안 된다, ～해서는 안 된다, ～하고 싶다) 등이 눈에 띈다. 이 표현들은 사설에 있어서 가장 기본적으로 필요한 문말표현이다. 사설은 어떤 사건이나 사안을 해설

하고, 신문사 나름의 사고를 독자에게 나타내고, 독자에게 주장하거나, 독자에게 기대하거나, 어떤 방향성을 유도하거나 하는 것이다. 사설에 조동사의 비율이 높은 것은, 쓰는 사람의 사건, 사안에 대한 태도, 독자에 대한 태도가 조동사의 비율만큼 표현되기 때문이라 생각된다.

6)「だった/であった」「だ/である」

문말형식「だった」와「であった」는 3개의 모든 장르에 상당히 낮은 비율로 나타난다.「형식명사 + だった/であった」를 포함해도 사용도가 가장 높은 칼럼이 3.6%이고, 보도문과 사설은 1%에도 미치지 못한다. 게다가「であった」로 끝나는 문말형식은 3개의 장르의 총문수 23,245문 중에, 겨우 47문에 지나지 않는다.「だった」의 문은 386문 출현하고 있다. (<표1>을 참조)

그러나,「だ/である」의 분포를 보면 보도문과 칼럼은「だ」쪽이「である」보다 빈번히 사용되어 있다. 보도문에「だ」형식이 많은 것은 조금 의외였지만, 칼럼의 경우,「である」보다「だ」쪽이 많이 사용되고 있는 것은, 가능한 한 짧고 명쾌한 문장을 위한 것이라 생각된다.

그러나 사설의 경우에는「だ/である」의 양상이 반대로 된다.(<표13>을 참조)

<표13> 사설의「だ / である」의 분포

문 말 형 식(た계열)	출현수	문 말 형 식(비た계열)	출현수
명사 + だった	68	명사 + だ	242
형용동사어간 + だった	13	형용동사	86
부사 + だった	1	부사 + だ	4
조사 + だった	2	조사 + だ	69
文 + だった	2	文 + だ	5
소 계	86	소 계	406

명사 + であった	25	명사 + である	608
형용동사어간 + であった	7	형용동사어간 + である	134
부사 + であった	1	부사 + である	12
조사 + であった	1	조사 + である	85
文 + であった	1	文 + である	32
べきであった	1	べきである	61
		ようである	16
		そうである	7
소　계	36	소　계	955

「である」쪽이 「だ」의 거의 배 이상 사용되고 있다.

「だった」와 「であった」중에서 「であった」는 3개의 모든 장르에서 거의 보여지지 않는 것에 대해, 「だ/である」는 장르에 따라, 「だ」쪽을 선호하는 경우와 「である」를 선호하는 경우로 나뉘어지고 있는 것이다.

일반적으로 「だ」는 회화체에서, 「である」는 문장체라는 인식이 있지만, 실제, 사용되고 있는 자료를 보면, 「だった」와 「であった」는 그 구별이 거의 없어지고, 문장에서도 「だった」쪽으로 기울어 가는 경향이 있는 것 같다. 하지만 「だ/である」는 이전부터 그 구분이 있었고, 현재도 보다 규범적인 문체에 많이 나타나고 있다고 할 수 있다.

7) 「형식명사 + だった/であった」와 「형식명사 + だ/である」

「형식명사 + だ/である」의 항목은, 문(文)을 일단 성립시킬 수 있는 상태 즉 동사, 형용사, 동사술어의 종지형에 「こと、もの、の、はず、わけ、ところ」가 「だ」 또는 「である」를 동반하여 완결되는 문을 가리킨다. 이러한 종류의 문은 형태적으로도 또한, 의미적으로도 하나의 특징을 갖기 때문에 여기에서 하나의 항목으로 들고 있다.

이 형식은 <표1>에서도 알 수 있듯이 「た」계열에는 거의 출현하지 않고, 그나마 가장 많은 사설에서조차 26문에 지나지 않는다. 이것은 이 문말형식이 갖는 의미 때문에 「た」계열에서의 출현빈도가 적은 것이라 생각된다. 이것은 「조동사 + た」의 용법이 적은 사실과 같은 맥락이라 볼 수 있다.

3개의 장르에 나타나는 「非た」계열에서의 이 형식의 분포를 보면, 보도문과 칼럼은 0.6%, 1.7%의 비율을 나타내고, 사설은 6.4%를 나타낸다.

보도문에 이러한 종류의 형식이 어떻게 나타나는 것일까 의문이 생기지만, 그 예를 보면 「~が違っているわけた、補なうというわけだ、表面化したわけだ、~方法を探るというものだ、その眞意が問われるところだ」(~가 틀린 것이다, 보충한다는 것이다, 표면화한 것이다, ~방법을 찾는다는 것이다, 그 진의가 무엇인지 궁금하다) 등이 있다. 형식명사가 갖는 각각의 의미는 조금씩 다르지만, 공통적으로 말할 수 있는 것은, 필자가 일단 정리한 문(文)에 대해 한번 더 필자의 태도를 나타낸다는 것이다.

중립적인 입장에서 객관적으로 쓰는 보도문의 성격 상, 이러한 종류의 문말형식을 기대하지 않았기 때문에 다소 의외라고 생각되었다. 보도문의 기사를 쓰는 방식도 그 내용에 따라 쓰는 이가 해설하거나, 강조하는 등 쓰는 이의 사건, 사안에 대한 태도가 불거져 나오는 경우도 있는 것 같다.

칼럼의 경우는 「だ」계 45문, 「である」가 41문 나타난다. 동사의 종지형 종결이 많은 것과 대조적으로 이러한 종류의 문말형식은 결코 많다고 할 수 없는 비율이다. 그것은 칼럼자체가 가능한한 짧은 문장을 지향한다고 하는 성질에서 오는 당연한 결과일지 모른다.

「형식명사 + だ/である」의 문말 중에서 「~のだ/のである」가 17문, 「はずだ/である」가 17문으로 대부분을 차지한다. 「はずだ」는 어느 정도 자신이 판단의 중심이 되는 형식이고, 「のだ」는 어떤 상태를 독자와 함께 이해하고자 하거나, 또는 상대에게 이해시키고자 하는, 쓰는 이의 기

분이 포함되어 있는 형식이기 때문에, 다른 형식보다 칼럼에 비교적 많이 보이고 있는 것 같다.

사설에는 예상대로 「형식명사 + だ」가 236문, 「형식명사 + である」가 394문으로 많이 나타났다. 「である」계가 많은 것은 앞에서도 지적한 바 있는데, 이는 이 형식이 사설에 매우 적합한 표현이라는 것을 반영하고 있는 것이다. 사설에서 사안이나 사건 등에 관해서 독자에게 무엇인가를 주장하고 싶고, 또는 생각하게 하고 싶을 때, 「もの、の、こと、はず、ところ、わけ」 등의 형식을 이용해서 해설적으로, 논리적으로 설명하여 그 의도하는 바를 효과적으로 표현하고 있다고 보여진다.[10]

<표14> 「형식명사 + だ」

문말형식	출현수	문말형식	출현수
ものだった	10	ものだ	48
ことだった	8	ことだ	88
のだった	1	のだ	30
ところだった		ところだ	11
わけだった		わけだ	16
はずだった	2	はずだ	43
소 계	21	소 계	236

<표15> 「형식명사 + である」

문말형식	출현수	문말형식	출현수
ものであった		ものである	50
ことであった	2	ことである	152
のであった	1	のである	138
ところであった	2	ところである	8
わけであった		わけである	9
はずであった		はずである	37
소 계	5	소 계	394

<표14, 15>를 보면 사설에 「ことだ/である」240문, 「のだ/である」168문, 「はずだ/である」가 80문, 「ところだ/である」는 19문, 「わけだ/であ

る」가 25문씩 출현하고 있다. 표에서 보면, 형식명사 「こと、の」는 「である」와 접속하는 경우가 많다. 「もの、ところ、わけ、はず」는 「だ」와 접속하는 경우가 조금 많거나 「である」와 접속하는 경우가 많거나 하지만 그다지 눈에 띄는 차이는 없다.

보도문은 앞에 서술한 바와 같이 「だ」쪽이 대부분이다. (「のだ」는 1문, 「のである」는 2문이지만 예문이 적기 때문에 판단할 수 없다) 특히 「ものだ」가 29문인 것에 비해 「のである」는 2문밖에 보이지 않는다.

칼럼도 「だ」계가 많지만, 「もの」는 「だ」계의 「ものだ」가 많고, 「のだ」와 「のである」는 9문, 8문으로 큰 차이가 없다.

그 외의 형식명사도 「だ」와 「である」가 각각 결합하고 있다.

이상의 사실에서, 형식명사 뒤에 「だ」가 오는지, 「である」가 오는지는 역시 그 문체에 따라 결정되는 사안이라고 할 수 있겠다.

8) 체언 종결

체언 종결은, 신문문장의 하나의 대표적 문말표현이라 여겨진다. 각 장르별 「체언종결」의 비율은 <표1>을 보면 각각의 문말 총 수에 대해, 보도문 16.3%, 칼럼 7.1%, 사설 1%이다. 보도문은 신문에 있어서 대표적 문장이라고 말할 수 있기 때문에, 「체언종결」은 신문문장의 가장 대표적 문말형식 이라고 말할 수 있는지도 모른다.

<표16>은 보도문의 「체언종결」을 분류한 것이다. 「명사」로 분류한 것은, 고유명사, 보통명사(方針, 一言, 特徵, 理由, 正念 場) 등의 류(類)이다. 「수사」에 들어간 것은 三千百四十六人, ~萬円, 六十集, 四人 등의 수사를 포함한 것이다.

<표16> 「체언종결」 (보도문)

문말형식	출현수
명사	666
수사	284
형식명사	81
형용동사어간	41
サ행동사어간	409
동사의 명사형	125
소 계	1,606

「동사의 명사형」이라는 것은 동사의 연용형이 명사의 용법으로서 사용되는 것으로, 예를 들면 見直し(재고), 見通し(전망), 疑い(의문), 割れ(깨어짐), 引き上げ(인상) 등이다. 이러한 종류도 명사로 생각되어지지만, 형태적으로 동사의 연용형의 형태를 하고 있으므로 별도의 분류항목으로 나누었다.

「サ행 동사어간」은 「한자 2자 ~ 4자」의 단어에 「する」또는 「した」가 생략되었다고 여겨지는 것이 대부분이고, 외래어 スタート(스타트), Vサイン(V사인), エスカレート(에스컬레이터)와 ガッカリ(실망), ビックリ(놀라움) 등을 포함한다. 동사 「する」의 항목에서도 한자 2자와 결합한 형태가 다수 있었지만, 체언 종결에도 「한자 2자」는 많이 포함되어 있다.

칼럼의 「체언종결」에 「サ행 동사어간」이 적은 것이 보도문과 다른 경향이었다. 그 중에서도 특히, 「한자 2자」의 체언종결은 9문 밖에 출현하지 않았다. 동일하게 체언종결이 사용되고 있지만 보도문과 칼럼이 선호하는 체언은 서로 다르다는 것을 알 수 있었다. 사설에는 수사로 끝맺는 체언종결이 많은 반면, 「サ행 동사어간」종결도 적었고, 전체적으로 「체언」종결이 적었다. 이것은 사설이 추구하는, 체재(體裁)를 갖춘 규범적 문장과 밀접한 관계가 있을 것이라 생각된다.

9)「조사종결」

조사종결의 비율은 <표1>을 보면, 칼럼, 사설, 보도문의 순이 된다.

보도문에 보여지는 조사는 격조사(から、に、と、へ、で), 부조사(も、まで、くらい、ばかり、だけ、ほど、のみ), 병렬조사(とか), 종조사(か) 등이다.

컬럼에는 격조사, 부조사, 접속조사, 병렬조사, 종조사가 나타나지만, 가장 많은 것은 의문을 나타내는「~か、~のか、~だろうか、ではないか」(~까, ~일까, ~일 것인가, 아닌가) 등이었다.

사설은「조사종결」387문 중,「か」가 376문이었다. 상세히 살펴보면 다음과 같다.

<표17>사설의「조사종결」

문말형식	출현수
격조사	
から	3
と	3
접속조사	
のに	2
たり	2
부조사	
など	1
종조사	
~か	53
のか	76
だろうか	115
ではないか	120
~か、どうか	12
소 계	387

칼럼에도「か」는 다수 보이지만, 사설에 있어서의「か」의 수에 비하면 훨씬 적다. 그것은 사설이 항상 독자를 의식하고, 독자에게 말을 걸거나, 질문을 하거나 하는 식으로 쓰여지기 때문에 이러한 종류의 문말형식이 많이 보여지는 것 같다.

10) 기타 문말형식

보도문에서는, 의문기호(?), 부사,「동사의 연용형 + そう」로 끝나는 문말표현을 이 항목에 넣었다.

칼럼에는 9문 나타나는데, 그것은「お忘れなく、ありますか、〜にな りました、〜汗かきでいらっしゃいます、出てくれ、〜?」(잊지않고, 있습 니까?, 〜이 되었습니다, 유난히 땀을 많이 흘리십니다, 나가줘, 〜?) 등의 표현 이다. 이는 칼럼 특유의 자유롭고 재치있는 표현이다.

4. 마무리

이상 보도문과 칼럼, 사설이라고 하는 각각 다른 의도에서 쓰여진 3종 류의 문장을「た」계열과「非た」계열,「특수」한 경우로 분류하고 이것을 21종류로 분류해 보았다. 그 결과, 각각의 문말표현에 다음과 같은 특징 이 나타났다. 보도문의 대표적인 문말표현은「동사+た」「동사+ている」 「체언종결」인데, 이 문말표현이 지나간 사건이나 일을 독자에게, 감정 을 배제하고 중립적인 입장으로 전하기에 알맞은 문말표현이라는 것을 이 분석을 통해 알 수 있었다.

칼럼에는「동사의 종지형」이 가장 많이 보여진다. 간결하고 압축된 느 낌을 주는 이 표현은 칼럼의 문체에 없어서는 안 되는 존재이다. 그 외 의 21종의 문말표현은 3개의 장르 중 칼럼에 가장 평균적으로 분산되어 있다. 이를 통해 칼럼이 다채로운 문말형식을 구사하고 있고, 독특하고 매력적인 문체를 만들고 있다는 것을 알 수 있었다.

사설은 보도문, 칼럼에 비해 가장 체재를 갖춘 문장으로서, 그 특징이 문말표현에 잘 나타나고 있다. 그것은「だ」계보다「である」계의 문말이 선호되고 사용되고 있는 점, 체언종결이 적게 사용되고 있는 점 등에서 엿볼 수 있다.

그리고, 사설에는 「조동사」의 문말표현이 두드러지게 나타난다. 사설은 「(ら)れる、~しなければならない(いけない)、べきだ、~たい、~てほしい、~ていいようだ、そうだ、~ものだ、ことだ、のだ、~だろうか、~ではないか、~ではないだろうか」(되어지다, ~하지 않으면 안 된다, 해야 만 한다, ~하고 싶다, ~해 주었으면 한다, 해도 좋을 것 같다, ~듯 하다, ~것이다, 것이다, 것이다, ~일 까, ~은 아닌가, ~은 아닐까) 등 조동사 또는 조동사적 어구를 사용하여, 사설이 원래 의도하는 바를 독자가 받아들일 수 있도록 능숙하게 표현하고 있는 것이다.

■주

1) 南不二男「敬語」『紫田武編現代日本語』, 32~33面.
2) 鈴木英夫「新聞の文体」『講座日本語』8, 175~179面,
   小林英夫「冗語率をどうすべきか 新聞文章教室(3)」『新聞研究』143호.
3) 이 분류의 체계는 市川考 著『文章論概説』(教育出版) 문말표현의 분류를 참고해서 필자가 항목을 세운 것인데, 한층 더 세심한 고려가 필요하다고 생각된다. 특히 분류항목으로서 세운「ーだった」「ーだ」「ーであった」「ーである」의 항목과 조동사 항목은 미진한 점이 남아있다.
4) 조동사의 범주는 모두 학교문법에 포함된 것을 근간으로 하고 있다.
5) 형식명사는「の」「もの」「こと」「ところ」「はず」「わけ」의 6개를 대상으로 하고 있다. 이것은 寺村秀夫『日本語のシンタクスⅡ』의 설명에서 들고 있는 것을 참고하였다.
6) 鈴木英夫, 위에 기록한 논문.
7) 藤倉輝夫『新聞の文章』, 130~136面.
8)『日本語教育事典』조동사 항목, 144~146면.
9) 岩淵悦太郎「新聞文章教室(1) 報道文章の変化」,『新聞研究』141호.
10) 寺村秀夫『日本語のシンタクスと意味』, 261~305面.

제2장
한국어 신문문장의 문말표현

1. 첫머리

신문의 문장은, 다른 문장에 비해, 시간적 공간적 제약을 받기 때문에, 간결하고 정형화되어 있으며, 어휘면에서도 특징이 보여진다.[1)2)3)] 2장에서는, 1장의 일본어의 신문문장의 분석에 이어, 한국어의 신문문장 중, 각각 표현의도가 다른 보도문·칼럼·사설의 문말표현의 양상을 살펴보고자 한다.

2. 분석대상과 분석방법

1) 분석대상

분석대상은 신문문장 중에서, 보도문, 칼럼, 사설이다. 그 신문사에 속한 기자가 쓴 문장이 대상이고, 그 상세한 사항은 다음과 같다.

신문명 : 중앙일보(일간지)
기　간 : 1997년 4월 1일부터 4월 31일
(4월 10일과 4월 29일은 휴간일이라　29일간의 기사가 대상이 된다.)
내　용 : 보도문은, 제 1면의 톱기사와 사회면, 경제면, 스포츠면 첫 번째 기사에 한정했다.
사설은 중앙일보의 사설이다. 보통 3개의 테마로 나뉘어 있으나, 테마가 2개인 날도 있다.

칼럼은 「분수대(噴水臺)」를 대상으로 했다.

2) 분석방법

3類 16種을 기본으로 하고, 16種을 다시 하위 분류한다.

I류 : 「었」類

① 동사 + 었다

② 동사 + 보조동사 + 었다

③ 형용사 + 었다

④ 보조형용사 + 었다

⑤ 명사 + 이 + 었다

⑥ 형식명사 + 이 + 었다

⑦ ~이었다

II類 : 非 「었」類

⑧ 동사 + ㄴ다

⑨ 동사 + 보조동사

⑩ 형용사

⑪ 보조형용사

⑫ 명사 + 이다

⑬ 형식명사 + 이다

⑭ ~이다

III類 : 특수한 문말표현

⑮ 체언종결

⑯ 기타 문말표현

3. 자료의 분석

<표1>보도문 · 칼럼 · 사설의 문말표현 분포

문 말 형 식		보도문		칼럼		사설	
		출현수	백분율	출현수	백분율	출현수	백분율
Ⅰ類	① 동사 + 었(았)다	783	58.4	110	20.4	132	9.1
	② 동사 + 보조동사 + 었(았)다	42	3.1	14	2.6	30	2.1
	③ 형용사 + 었(았)다	20	1.5	13	2.5	16	1.1
	④ 보조형용사 + 었(았)다	0	0	3	0.6	2	0.1
	⑤ 명사 +이었다	31	2.3	33	6.1	18	1.2
	⑥ 형식명사 +이었다	0	0	4	0.7	1	0.1
	⑦ ~이었다	2	0.2	0	0	0	0
	소 계	878	65.5%	179	32.9%	199	13.7%
Ⅱ類	⑧ 동사 + ㄴ다	79	5.9	89	16.3	374	25.7
	⑨ 동사 + 보조동사	148	11.0	40	7.3	152	10.4
	⑩ 형용사	20	1.5	46	8.5	141	9.7
	⑪ 보조형용사	11	0.8	24	4.4	148	10.2
	⑫ 명사 + 이다	83	6.2	86	15.8	245	16.8
	⑬ 형식명사 + 이다	31	2.3	34	6.3	149	10.2
	⑭ ~이다	17	1.3	2	0.4	7	0.5
	소 계	389	29.0%	321	59.0%	1,216	83.5%
Ⅲ類	⑮ 체언종결	70	5.20	3	0.6	0	0
	⑯ 기타 문말표현	3	0.3	41	7.5	41	2.8
	소 계	73	5.5%	44	8.1%	41	2.8%
총 계		1,340	100.0%	544	100.0%	1,456	100.0%

<표1>은 29일간의 보도문, 칼럼, 사설의 문말표현을 3類 16種類로 정리한 것이다. 보도문이 1,340文, 칼럼이 544文, 사설이 1,456文이다. 칼럼의 文數는 보도문과 사설에 비해 적은데, 그것은 기자가 쓴 칼럼으로 제한했기 때문이다.

<표1>에서 신문문장 문말표현의 전체적인 양상을 보면, 문장의 종류에 따라 그 양상이 명확하게 다르다는 것을 알 수 있다. 보도문과 사설은, Ⅰ類와 Ⅱ類의 분포가 반대로 나타나고, 칼럼은 보도문과 사설의 중간 정도로 나타난다.

우선 보도문부터 살펴보자.

보도문의 문말표현의 양상을 보면, Ⅰ類의 「었」을 포함하는 문말표현이 65.5%이고, 그 중에서 「동사 + 었다」가 878문 중 783문으로 「동사 + 었다」형식에 치우쳐 있음을 알 수 있다. 「동사 + 보조동사 + 었다」는, 42문밖에 출현하지 않으며, 명사에 「이었다」이 붙은 문말표현도 31예 밖에 출현하지 않는다. Ⅰ類의 문말표현의 양상은 「동사 + 었다」가 58.4%로 주류를 이루고 있다고 할 수 있다.

Ⅱ類의 분포에서는 「동사 + ㄴ다」와 「동사 + 보조동사」가 5.9%, 11%로 동사문에 속하는 문말형식이 16.9%를 차지하고 있다는 것을 지적할 수 있다.

Ⅰ類의 「명사 + 이었다」가 2.3%, Ⅱ類의 「명사 + 이다」「형식명사 + 이다」가 각각 6.2%, 2.3%, Ⅲ類의 「체언종결」이 5.2%인 것을 생각해 보면 명사문이 총 문말수의 16%를 차지하고 있다는 것을 알 수 있다.

문말표현을 중심이 되는 술어의 품사에 따라 분류해 보면, 동사문이 전체의 78.4%, 명사문이 16%, 형용사문이 3.8%로 다른 품사에 비해, 동사문이 압도적으로 많은 것을 알 수 있다. 체언종결이 70문으로 5.2%에 이르는 것을 특기할만한 점이다.

칼럼의 문말표현의 양상은 앞에서 말한 바와 같이 보도문과 사설의 중간정도에 위치하고 있다고 할 수 있지만, Ⅲ類의 그 외의 문말표현, 예를 들면 「~이 아닌가, ~일까」 등으로 끝나는 문이 7.5%로 다른 장르(보도문, 사설)에 비해 높은 비율로 나타나는 것이 눈에 띈다. Ⅰ類, Ⅱ類의 분포가 보도문과 사설에 비해 비교적 고르게 나타나는 것도 칼럼의 문말표현의 특색이다. <표2>에서 보면 동사문이 46.6%로 가장 많고, 명사문과 형용사문이 각각 28.9%, 16%로 그 뒤를 잇는다.

사설의 문말표현의 분포는, 보도문과는 확연한 차이를 보이고 있다. Ⅰ類의 「었」계가 13.7%밖에 나타나지 않는 반면, Ⅱ類의 문말형식은 83.5%

나 차지하고 있다. 그리고, 체언종결의 문말형식이 1例도 출현하지 않는
점도 보도문이나 칼럼과는 다른 양상이라 할 수 있다. 사설의 문말형식
은 II類가 주류를 이루고 있고,「동사 + ㄴ다」와「동사 + 보조동사」,
「형용사」,「보조형용사」,「명사 + 이다」와「형식명사 + 이다」가 고르게
나타나 있다.「동사 + 보조동사」,「보조형용사」,「명사 + 이다」,「형식명
사 + 이다」의 문말표현이 10%대로 출현하고 있는 점을 사설의 문말표
현의 특징이라고 볼 수 있을 것이다. 품사별 비율은 동사문, 형용사문,
명사문이 47.3%, 21.1%, 28.3%로 다른 장르에 비해 형용사문의 비율이
높은데 이는 뒤에서 자세히 보기로 하겠다.

<표2>장르 별 문말표현의 품사별 분포

	동사문	형용사문	명사문
보도문	78.4%	3.8%	10.8%
칼 럼	46.6%	16.0%	28.9%
사 설	47.3%	21.1%	28.3%

장르 별(보도문, 칼럼, 사설)로 살펴보도록 하자.

3-1. 보도문의 문말표현

3-1-1.「동사 + 었다」

<표3>은「동사 + 었다」를 하위 분류한 것이다. 한국어의「었」은, 과
거, 완료, 결과, 상태 등의 의미를 갖고 있다.「동사 + 었다」는 783문에
달하는데 이것은 보도문의 전체 문말 수가 1,340문이라는 것을 생각해
보면 상당히 많은 수라 할 수 있다.「그 외의 동사」는 198예 출현하고
있는데, 이것은 중복되는 동사가 많이 때문에 어휘수가 많다고는 말 할
수 없다. 또한,「~됐다」「밝혔다」「밝혀졌다」가 반복적으로 나타나 각

각 66문, 60문, 55문 출현했다. 「~됐다」는 66문중, 수동의 의미를 갖는 경우가 많고, 「밝혀졌다」도 수동의 의미를 표현하고 있다. 이것은, 신문 문장 중에서, 특히 보도문의 성격과 깊은 관계가 있다. 보도문이라는 것은 이미 일어난 사건을 중립적인 입장에서 보도하는 것이기 때문에 이러한 문말표현이 많이 사용되고 있는 것이다. 또한 보도문은 시간적 추이에 따라 쓰여지는 특성 때문에 어휘 사용의 다양성이 거의 없고, 상투적인 표현이 많이 보인다고 생각된다.

<표3> 보도문의 「동사 + 었다」의 분포

문말형식	출현수	백분율
~했다	67	8.5%
기타 + 했다	337	43.1%
기타 동사 + 었다	198	25.3%
밝혔다	66	8.4%
됐다	60	7.7%
밝혀졌다	55	7.0%
합 계	783	100.0%

「~했다」는 단독동사로서 「했다」가 있고, 또 「~로 했다」「~게 했다」「~록 했다」「~도 했다」「~야 했다」「~고 했다」와 같은 용법이 있다. 「~로 했다」가 67문 중 29문으로 가장 빈도수가 많았다. 이처럼 「~했다」는 특별한 의미를 갖고 있다. 여기에서는 단순히 형태상의 분류를 했으나, 「했다」의 용법과 의미에 관해 재고할 필요가 있다.

「기타 + 했다」를 자세하게 살펴보자. <표4>를 보면 한자 2자에 「했다」가 붙은 것이 242문으로 많다. 함께 사용되는 한자의 예를 보면 「指示」「報告」「發表」「要求」「提出」「說明」「促求」「記錄」「否認」「論議」 등과 같이 어휘였다. 단지 242문중 「풀이했다」라는 순수한 한국어

숙어가 1예 포함되어 있다. 의미가 함축적인 한자가 신문의 제한된 지면
에는 적합한 듯 하다.

<표4> 「기타 + 했다」의 분포

문말표현	출현수	백분율
한자2字 + 했다	242	71.8%
말했다	85	25.2%
전했다	7	2.1%
달했다	1	0.3%
처했다	1	0.3%
당했다	1	0.3%
합 계	337	100.0%

또 인용을 나타내는 「말했다」 「전했다」 등은 각각 85문, 7문 나타나
고, 「당했다」 「달했다」 「처했다」는 극소수만 나타났다. 「한자 + 했다」와
함께 「말했다」도 신문용어로서 자리 매김하고 있는 듯 하다.

3-1-2. 「동사 + ㄴ다」

「동사 + ㄴ다」는 , 한국어의 술어 중에서 현재와 현재진행을 나타내
는 문말형식이다. 보도문에서 「동사 + ㄴ다」는 79문밖에 나타나 있지 않
는데, 이는 「동사 + 었다」의 출현수의 1/10에 해당한다. 이러한 사용빈
도는 이미 일어난 사건을 전달한다라고 하는 보도문의 성격 때문이라고
할 수 있겠다. <표5>는, 「동사 + ㄴ다」의 분포인데, 그것을 보면, 「~한
다」보다 「~된다」의 비율이 높은 것을 알 수 있다. 이것은 보도문의 성
격상 기자의 주관이나 주장보다 객관적이고 중립적인 입장을 견지하기
위한 어휘 선택이라 생각된다. 그 외에 「~게 된다」와 「명사 + 된다」가
각각 11예, 20예, 그리고 「보인다」가 6예 출현하고 있다.

「명사 + 된다」의 구체적인 예를 보면, 「예상된다, 전망된다, 우려된

다, 주목된다, 풀이된다」 등이다. 「~게 된다」의 예는 「이곳에서 경기를 치루게 된다, 한층 어렵게 된다」 등과 같은 것이다. 「보인다」의 의미도 적극적인 주장을 나타내기보다는 자연스러운 형편과 간접적인 표현의 양식이라고 할 수 있다. 여기에서 보도문 기사의 술어의 성격을 엿볼 수 있다.

「~한다」는 7예 나오지만, 그 중에 「~야 한다」의 「갖춰야 한다. 사용해야 한다. 끝내야 한다」와 같은 예에서, 「~야 한다」의 앞에 오는 술어의 의미가 쓰는 사람의 의도와 주장보다는 서술과 설명을 나타내고 있다고 말 할 수 있다. 하지만 이는 보도문에 사용되는 표현으로는 강한 것이다.

그 외에 「~고 한다」는 3예가 나온다. 이것은 전언(傳言)을 나타내는 표현이기 때문에 보도문에 적합한 것이라 보인다.

<표5> 「동사 + ㄴ다」의 분포

문말형식	출현수	백분율
~한다	7	8.9%
기타 + 한다	13	16.5%
~게 된다	11	13.9%
명사 + 된다	20	25.3%
보인다	6	7.6%
그 외의 동사	22	27.8%
합 계	79	100.0%

3-1-3 「보조동사」의 문말표현

한국어의 보조동사의 정의는 학자에 따라 상당한 차이가 있다. 범주를 좁게 한정시키고 있는 학자도 있고, 넓게 인정하고 있는 학자도 있다. 여기에서는, 「~고 있다」의 류와 「~지 않다」의 동사의 부정표현을 포함시키고 있다. 「한다」를 동반하는 표현 중, 「~야 한다, ~게 한다, ~고

「한다」 등의 류도 이 범주에 넣어야 하는 게 아닐까 생각해 보았지만, 여기에서는 「~고 있다」류와 「~지 않다」로 한정시킨다.

보도문의 문말형식의 분포는 <표1>을 참조하면, I 類에 있어서 「동사 + 었다」와 「동사 + 보조동사 + 었다」가 783문에 대해 42문이지만, II류에 있어서 「동사 + ㄴ다」와 「동사 + 보조동사」의 출현수는 72문에 대해 148문이다. 이것은 I 類와 II類의 출현분포의 경향이 비례하고 있지 않다는 것을 말한다. 또한, 보도문에 있어서 「동사 + 었다」와 「동사 + 보조동사」가 적합한 문말형식이라는 것을 나타내는 것이기도 하다.

<표6> 「동사 + 보조동사」의 분포

문말형식	출현수	백분율
~고 있다	128	86.5%
~어 있다	16	10.8%
~어 준다	2	1.35%
~지 않는다	2	1.35%
합 계	148	100.00%

<표6>은 보도문에 나타난 「동사 + 보조동사」의 분포이다. 표를 보면 「~고 있다」가 128예로 보조동사 중에서 대표적인 존재임을 알 수 있다. I 類인 「동사 + 보조동사 + 었다」는 출현 수는 적지만, 보조동사의 종류는 다양하다. 그 예를 보면 「~보았다, ~왔다, ~놓았다, ~말았다, ~갔다, ~있다, ~버렸다, ~주었다」가 1예에서 9예에 걸쳐 출현하고 있다. II類의 종류는 다양하지 않은 분포를 보이고 있다. 한국어에 있어서 「~고 있다」와 「~어 있다」는, 일본어에 있어서 「~ている」와 「~た」의 의미에 걸쳐 있다고 할 수 있다. 또한, 부정표현이 적게 사용되는 것도 이 표를 통해 알 수 있다.

3-1-4. 「형용사」와 「보조형용사」의 문말표현

<표1>을 참고하면, 1類의 「형용사 + 었다」와 「보조형용사 + 었다」는 각각 20예, 0예이고 Ⅱ類의 「형용사」와 「보조형용사」는 각각 20예, 11예 출현하고 있다. 「형용사」의 Ⅰ類와 Ⅱ類 즉, 「었」계와 「非었」계의 차는 인정되지 않는다. 그러나 「보조형용사」는, Ⅰ類는 1예도 없고, Ⅱ類가 11예 출현하고 있다.

형용사의 경우는, Ⅰ類의 「있었다, 없었다」가 11예 이고, Ⅱ類에 있어서도 「있다, 없다, 적다」 등의 형용사만이 소수 사용되고 있다.

보조형용사로는 「~수 있다, ~수 없다, ~기는 하다」와 같은 표현이다.

3-1-5. 「명사 + 이다」, 「형식명사 + 이다」, 「~이다」의 문말표현

「이다」는, 앞에 명사, 형식명사, 부사 등이 오지만, 보통은 명사와 함께 명사술어를 이루는 경우가 많다. 명사술어는 한국어 文의 술어 속에서 동사술어 다음으로 많이 사용된다. 신문문장에 있어서도 예외 없이, 동사술어에 이어 명사술어의 빈도 수가 높다. 이번 분류에서는 「명사 + 이다」, 「형식명사 + 이다」, 「~이다」로 나누고 있는데 여기에서 형식명사라고 칭하고 있는 것은 「것」에 한하고 있다. 「~이다」는 부사와 조사 등에 「이다」가 결합된 것을 말한다.

<표1>을 참고로 하면서 보도문 중, 「이다」를 포함하고 있는 문말표현의 분포를 보자. Ⅰ類에는 「명사 + 이었다」가 31예이고, 「형식명사 + 이었다」와 「~이었다」의 예가 각각 0예, 2예 밖에 없다.

Ⅱ類를 보면, 「명사 + 이다」가 83예(6.2%), 「형식명사 + 이다」가 31예(2.3%), 그 외의 품사에 「이다」가 붙은 표현이 17예(1.3%) 나타나고 있다. 「이다」를 포함하고 있는 문말표현이 전체 문말의 9.8%를 차지하고 있

음을 알 수 있다. 이는 동사술어, 명사술어, 형용사 술어와 비교해 볼 때 적게 보이나, III類의「체언종결」의 문말표현의 비율과 관계가 있는 듯 하다.「체언종결」문은 5.2%의 점유율을 보이고 있다. 물론「체언종결」문 이 모두 명사문이 생략된 문이라고는 말할 수 없지만, 명사문의 생략이 라고 보이는 문이 많기 때문에, 명사문의 비율에 이것을 포함하여 생각 해 보면, 그다지 낮은 것만은 아닌 것 같다. 또, 보도문의 문말양상 중, I類와 II類의 분포에서,「었」의 점유율이 높은 것과 같은 경향은 아니 다.「었」계열은 동사술어에 있어서 비율이 높았고,「非었」계열은 명사술 어에 있어서「었」의 4배 정도의 분포를 보이고 있다.

「형식명사」를 포함하고 있는 문말표현도 2.3% 출현하나, 한국어에서 의「것 + 이다」로 끝나는 문말표현은, 장르에 관계없이 사용되고 있는 것 같다.

3-1-6. 기타 문말표현

그 외의 문말표현은,「체언종결」이 70문이고, 기타 표현이 3문이다. 기 타 표현으로는「지켜봐도 좋았으리라, 쌓았을까, ~와 함께」등이 있다.

<표7>「체언종결」의 분포

문말형식	출현수
것	14
명사	56
소　계	70

체언종결 70문 중,「명사」가 56문,「것」이 14문으로 4대 1의 비율이다. 「명사 + 이다」와「~것이다」의 비율 차이가 있지만, 한국어에 있어서 형식명사「것」의 존재는 크다고 할 수 있다.

신문의 보도문을 읽으면 매우 단조롭게 느껴진다. 그 가장 큰 원인으로 생각되는 것은, 한정된 어휘의 선택(같은 어휘의 중복)과 함께 문말표현에서의 「~했다」와 「것」의 빈번한 사용에 있는 것이 아닐까?

3-2. 칼럼의 문말표현

칼럼의 문말표현의 총 수는 544문으로 보도문과 사설에 비해, 문수가 적다. 그것은, 기자에 의해, 자유롭고 고정적으로 쓰인 것을 선택한다라는 기준으로 기사선택에 제한을 두었기 때문이다.

<표1>에서 칼럼 전체의 경향을 볼 수 있지만, <표11>에서는 칼럼을 2가지로 나눠서 정리해 보았다. 「분수대」는 글쓴이를 기록하지 않는 칼럼이고, 「기자수첩」은 글쓴이를 명기하고 있는 칼럼이다. 이 차이점에 관해서는 뒤에서 논하기로 한다. 그럼 우선 문말형식 순으로 칼럼의 특징을 살펴보기로 한다.

3-2-1. 「동사 + 었다」와 「동사 + ㄴ다」

<표8> 「동사 + 었다」의 분포

문말형식	출현수	백분율
~했다	7	6.4%
기타 + 했다	36	32.7%
~됐다	13	11.8%
~졌다	9	8.2%
기타동사 + 었다	45	40.9%
합　계	110	100.0%

<표1>을 보면, 칼럼도 「동사 + 었다」의 비율이 16종류의 문말형식 중에서 가장 높다. 하지만, 20.4%의 비율로 보도문과 같이 편중되어 있지는 않다. 「동사 + 었다」를 상세하게 살펴본 것이 <표8>이다.

<표8>을 보면,「했다」가 포함되어 있는 문말형식이 43예, 기타동사가 45예이다. 이 비율은, 보도문의 경우와는 상당한 차이를 보이는 것이다.

「했다」가 많기는 하나, 그 외의 동사가 「했다」보다 2예 많이 출현 한 다. 칼럼이 보도문 보다 어휘선택에 있어서는 다양함을 보이고 있다고 할 수 있는 것이다. 또한,「기타 + 했다」가 36예 보인다. 이「기타 + 했 다」를 살펴보면,「한자 2자어 + 했다」가 29예,「말했다」가 6예,「자연사 했다」가 1예로「한자 2자어 + 했다」가 대부분이다.

칼럼의「동사 + 었다」의 양상은 어휘 선택 면에서 보도문보다 다양하 다고 말할 수 있지만, 전체적인 경향에서는 보도문과 그다지 차이가 없 다. 이것은 아마도 신문의 문장이라는 카테고리 때문일 것이다. 신문의 칼럼은 어느 정도 에세이에 가깝다고 할 수 있지만 일반적인 에세이와는 차이가 있다.

<표9> 「동사 + ㄴ다」의 분포

문말형식	출현수	백분율
~한다	28	31.5%
기타 + 한다	18	20.2%
~된다	10	11.2%
~진다	5	5.6%
기타동사 + ㄴ다	28	31.5%
합 계	89	100.0%

「동사 + ㄴ다」는「동사 + 었다」와 거의 같은 경향을 보인다.「한자2 자 + 한다」와「~된다」「~진다」가 출현하는 빈도 수는 비슷하다. 전체 문말 수에서 보면,「동사 + ㄴ다」쪽이「동사 + 었다」보다 빈도수가 약간 적다. Ⅱ類에서는 Ⅰ類와 달리,「~한다」를 포함하고 있는 문말형식이 「기타동사 + ㄴ다」보다 많이 출현한다. 이것은 한국어에 있어서「하 다」의 생산성이 높기 때문일 것이다. 다른 문장에 있어서의 분포와도 비

교하면 이것이 신문문장의 특성인지, 한국어 문장의 일반적인 특성인지
가 좀더 명확해 지리라 생각된다.

3-2-2.「보조동사」의 문말표현

보조동사를 포함하고 있는 문말표현은 I類에 14예, II類에 40예 출현
하고 있다. I類의 14예는, 보도문에서의 예문과 같이「~고 있었다, ~
어 왔다, ~어 줬다, ~어 버렸다, ~고 갔다, ~어 있다, ~어 보였다」등
으로 다양하지만, 각각의 형식의 빈도는 높지 않다. II類의「보조동사」
40예의 자세한 사항은 <표10>과 같다.

<표10>「동사 + 보조동사」의 분포

문말형식	출현수	백분율
~고 있다	17	42.5%
~어 있다	13	32.5%
~어준다(버린다)	3	7.5%
~지 않는다	7	17.5%
합 계	40	100.0%

<표10>을 보면,「~고 있다」와「~어 있다」와「~지 않는다」가 각각
17예, 13예, 7예이다. 칼럼에서「~고 있다」와「~어 있다」의 출현 수는
그다지 차이가 없지만, 보도문에서는 각각 128예, 16예의 출현수를 보이
고 있다. 이에 비해,「~지 않는다」는 칼럼에서 7예가 보이지만 보도문
에서는 2예밖에 나타나지 않는다.

3-2-3.「형용사」와「보조형용사」의 문말표현

I類에「형용사」와「보조형용사」의 문말표현은, 13문, 3문으로 아주
적다. II類에는 각각 46문, 24문이 출현하고 있다. I類의 형용사와 보조

형용사의 분포는 보도문과 사설에 비해 높은 편이지만, II類의 칼럼의 형용사와 보조형용사의 분포는, 보도문보다 높고, 사설보다는 적은 양상을 보이고 있다.

　형용사의 구체적인 예를 보자. I 類에는 「있었다」와 「없었다」가 10문, 「늦었다」와 「옳았다」, 「아름다웠다」가 1문 씩 나오고, 보조형용사는 「~수 있었다」, 「~수 없었다」가 각각 1문, 2문 나타난다.

　II類의 형용사는, 46문으로 다양한 형용사가 사용되고 있다. 사설에도 형용사가 많이 나타나지만, 그 구체적인 어휘의 양상은 다르다. 칼럼의 형용사는 「있다」, 「없다」와 같이 빈도가 높은 것도 있지만, 다양한 어휘를 사용하여 독자에게 신선함을 느끼게 해 주는 역할을 담당하고 있다. 예를 들면 다음과 같이 보도문에는 보이지 않는 형용사들이 있다.

예) * 많다　　　　* 흥미롭다　　　* 아쉽다
　　* 옳다　　　　* 같다　　　　　* 똑같다
　　* 이채롭다　　* 어지럽다　　　* 당연하다
　　* 중요하다　　* 부족하다　　　* 비슷하다
　　* 필요하다　　* 유명하다　　　* 격렬하다
　　* 가능하다　　* 무성하다　　　* 요란하다
　　* 분명하다　　* 명백하다　　　* 확실하다
　　* 불과하다　　* 기구하다　　　* 궁금하다
　　* 불공정하다

　이러한 형용사를 보면 「~하다」의 생산성이 높다는 것을 알 수 있다. 이것은 한자를 빌려서 만든 일본어의 형용동사와 비슷한 성향이다.

　보조형용사는 「~만 하다」, 「~기는 하다」, 「~직 하다」, 「~기 쉽다」, 「~기 어렵다」, 「~지 않다」, 「~수 있다」, 「~수 없다」, 「~게 아니다」, 「~만 못하다」, 「~에 틀림없다」, 「~것 같다」 등이다. 이 표현도 칼럼에 다양한 느낌을 주는 역할을 하고 있다고 말할 수 있을 것이다.

3-2-4.「이다」를 포함하는 문말표현

Ⅰ類의「명사 + 이었다」가 33문,「형식명사 + 이었다」가 4문 출현하고 있다. Ⅱ類에는,「명사 + 이다」가 86문,「형식명사 + 이다」가 3문,「이다」로 끝나는 것이 2문이 있다.

「명사 + 이다」로 끝나는 86문을 보면, 24문이「때문이다」(15문)와「점이다, 셈이다, 모양이다, 뿐이다, 따름이다」(9문)이다. 이것들은 넓은 의미의「명사」에 들어가는 것이지만,「것」과 같은「형식명사」로서 생각 할 수 있는 여지가 있는 말이다.「것이다」와 합치면 58문으로, 순수한 명사문 64문과 그다지 차이가 없다. 명사문으로 끝나는 문은 2문 중 1문이 쓰는 사람의 의도가 들어있는 문이라는 것을 알 수 있다. 그러나 칼럼에서도「것이다」의 빈번함 출현은 구태의연한 느낌을 주는 하나의 요인이 되고 있다.

3-2-5.「체언종결」과 기타 문말표현

Ⅲ類의 그 밖의 것을 보면,「체언종결」은 3文밖에 없고, 그 외의 표현이 41文이나 출현하고 있다. 이것은 보도문과 사설과는 다른 양상이다. 사설에도 그 외의 출현은 2.8%나타나지만, 칼럼에는 7.5%나 나타나고 있다 이것은 칼럼의 문말표현의 한가지 특성이라고 말할 수 있을 것이다. 예를 보면 다음과 같다.

예) *--가 없을 수밖에   *--이 아니겠는가.
　　*--같다고?   *--될 법이나 할 소리인가
　　*--천국은 아닐는지   *--피곤하랴
　　*--하라   *--남긴 채

　　*--없었느냐고　　　　　　　*--남기지 않는가

　예문을 보면, 술어를 생략한 것, 술어와 위치를 바꾼 것, 의문, 감탄 등이 있다. 이것은 쓰는 사람이 독자에게 말을 걸거나, 호소하는 듯한 표현이다. 이는 독자에게 친근감을 주는 표현으로, 칼럼 특유의 표현 양식일 것이다.

　형식별로 칼럼에서의 문말표현의 모습을 조사해 보았다. 여기에서 대상으로 하고 있는 칼럼인「분수대」는 글쓴이 이름을 기록하지 않은 칼럼이다. 이것은 총 문말수도 보도문과 사설에 비해 적기 때문에, 하나 더 기자가 쓴 칼럼「기자수첩」의 문말표현을 조사해 보고,「분수대」의 문말표현의 양상과 비교하였는데 그것이 <표11>이다.

　「분수대」는 글쓴이를 기록하지 않는 문장이고, 기자수첩은 글쓴이를 밝힌 문장이다. 그 양상을 보자.

　우선, 전체적인 분포는, 동일한 경향이라고 말할 수 있다.「분수대」는 I類, II類, III類가 32.9%, 59.0%, 8.1%의 분포를,「기자수첩」은 29.1%, 63.6%, 7.3%를 보이고 있다.

　3%이상의 차이를 보이고 있는 문말형식은, II類의「명사 + 이다」의 형식과「동사 + ㄴ다」의 형식이다.「명사 + 이다」를 보면,「분수대」에는 I類의「명사 + 이었다」가 많은 반면, II類의「명사 + 이다」쪽이 적다. 그것에 비해「기자수첩」에는「명사 + 이었다」가 적고,「명사 + 이다」의 비율이 높다.

　「동사 + ㄴ다」의 비율은「기자수첩」이 적지만,「보조형용사」의 형식은「기자수첩」쪽이 많다. 글쓴이를 기록하고 있는「기자수첩」에「보조형용사」가 많은 것은「분수대」보다 다양한 표현을 하고 있다는 것이다. 글쓴이를 기록하는 경우는 가능한 한 자신의 감정을 표현하지 않을 것이라고 추측했지만, 오히려 글쓴이를 기록하는 경우, 보다 강하게 자신의 생각을 명확하게 표출하고 있는 것을 알 수 있었다.

<표11> 2가지 칼럼의 문말표현 분포

구분	문 말 형 식	噴水台(분수대) 출현수	噴水台(분수대) 백분율	記者手帳(기자수첩) 출현수	記者手帳(기자수첩) 백분율
I類	① 동사 + 었(았)다	110	20.4	128	19.2
	② 동사 + 보조동사 + 었(았)다	14	2.6	20	3.0
	③ 형용사 + 었(았)다	13	2.5	14	2.1
	④ 보조형용사 + 었(았)다	3	0.6	6	0.9
	⑤ 명사 + 이었다	33	6.1	24	3.6
	⑥ 형식명사 + 이었다	4	0.7	2	0.3
	⑦ ~이었다	0	0.0	0	0.0
	소 계	179	32.9	194	29.1
II類	⑧ 동사 + ㄴ다	89	16.3	75	11.2
	⑨ 동사 + 보조동사	40	7.3	52	7.8
	⑩ 형용사	46	8.5	63	9.4
	⑪ 보조형용사	24	4.4	57	8.6
	⑫ 명사 + 이다	86	15.8	128	9.2
	⑬ 형식명사 + 이다	34	6.3	47	7.1
	⑭ ~이다	2	0.4	2	0.3
	소 계	321	59.0	424	63.6
III類	⑮ 체언종결	3	0.6	6	0.9
	⑯ 기타 문말표현	41	7.5	43	6.4
	소 계	44	8.1	49	7.3
	총 계	544	100.0	667	100.0

3-3. 사설의 문말표현

사설의 문말표현을 보도록 하자. 총 문수 1,456문으로 I類가 199문 (13.7%), II類는 1,216문(83.5%) III類는 41문(2.8%) 나타나고 있다. I類의 「었」을 포함하는 문말표현이 적은 것은, 사설이 보도문과 같이 이미 일어난 사건을 보도하는 문장이 아니고, 글쓴이의 생각과 주장을 명확히 나타낸다는 사설 문장이 갖는 특성 때문인 것 같다. 또, 칼럼과 비교해 보아도, 칼럼의 II類의 비율은 59%인 것에 비해, 사설은 83.5%이다. 이 것은 칼럼과 사설의 성격이 다르다는 것을 나타내고 있는 것이다. 그러므로 각 문말형식별로 고찰할 필요가 있겠다. II類의 문말표현에서 모든 형식이 평균적으로 칼럼보다 높은 비율이지만, 특히 「동사 + ㄴ다」가 눈에 띄고 있다. 그리고 「보조형용사」도 10%이상이고, 「명사 + 이다」와 「형식명사 + 이다」의 문말표현과 「~이다」로 끝나는 문말표현도 꽤 높은 빈도수를 보인다. 칼럼이 비교적 자유스런 에세이에 가깝다고 한다면, 사설은 공적인 입장의 칼럼, 규범적인 칼럼이라고 말할 수 있다. 규범적인 문장인 만큼 III類의 문말표현의 비율이 2.8%로 보도문과 칼럼에 비해 그 비율이 가장 낮다. 게다가 명사 등으로 종결되는 「체언종결」문이 1문도 나타나고 있지 않다. 그러면 각 문말형식에 관해 살펴보도록 하자.

3-3-1. 「동사 + 었다」와 「동사 + ㄴ다」

사설에는, 「동사 + ㄴ다」가 374문(25.7%), 「동사 + 었다」가 132문 (9.1%) 출현하고 있다.

「동사 + 었다」는 I類중에서 가장 그 비율이 높은데 이는 사설의 11문중 1문의 비율이다. 「동사 + 었다」의 비율이 보도문과 칼럼에 비해서 높은 편은 아니지만, 사설의 I類중에서 다른 문말형식의 분포가 아주 적은 것에 비하면 높은 편이라고 말할 수 있을 것이다. 「동사 + 었다」의 분포를 <표12>에서 살펴보았다.

<표12> 「동사 + 었다」의 분포

문 말 형 식	출현수	백분율
~했다	14	10.6%
기타 + 했다	38	28.8%
~됐다	24	18.2%
~졌다	11	8.3%
기타동사 + 었다	45	34.1%
합 계	132	100.0%

<표12>를 보면, 우선「~했다」를 포함하고 있는 문말수가 14문과 38
문이다. 여기에서「~했다」라는 것은「~로 했다」「~게 했다」「~도 했
다」「~야 했다」「~고 했다」「~지 못했다」와 같은 표현이다. 이러한
표현은 단순한 동사와 그 역할이 다르다.「기타 + 했다」는「~했다」를
제외한 것이고, 가장 두드러지는 형식은「명사 + 했다」인데 그 중에서도
「한자 2자 + 했다」의 빈도가 높다.「기타 + 했다」38문중,「한자 2자 +
했다」가 32文이고,「정했다, 말했다」등이 1문씩이다.「~됐다」와「~졌
다」는 각각 24문, 11문인데, 이것은「~했다」의 수동표현과 간접표현을
나타내고 있다. 이러한 표현이 사용되는 것은, 사설이 그 나름의 주장을
하면서도 공적인 입장이라는 것을 유지하고자 하기 때문이라 생각된다.
「했다」「됐다」「졌다」이외에「기타동사 + 었다」는 칼럼보다 낮은 비율
이지만 칼럼과 동일하게 45문 나타나고 있다.

<표13>「동사 + ㄴ다」의 분포

문말형식	출현수	백분율
~한다	209	56.9%
기타 + 한다	32	8.7%
~된다	48	13.1%
~진다	5	1.4%
기타 동사	73	19.9%
합 계	367	100.0%

사설의 16種의 문말형식 중에서 가장 빈도수가 높은 것이「동사 + ㄴ
다」의 형식이다. 25.7%의 분포를 보이고 있는데, 이것은 보도문과 칼럼
에 비해 상당히 높은 것이다. 이 형식은 사설문장의 성격과 밀접한 연관
을 갖고 있다.
<표13>을 보면, 우선「~한다」가 눈에 띄는데, 이는 209문으로 56.9%
를 차지하고 있다. 이「~한다」의 209문중 184문이「~야 한다」의 표현

이다. 이러한「~한다」의 출현 수는 보도문과 칼럼의 분포와는 상당히
다르다.「~야 한다」의 구체적인 예를 보면 다음과 같다.

예문) 1) 공기오염을 초래하는 이러한 시설들은 ... 옮겨져야 한다.
2) 소년소녀가장들이 힘든 겨울을 보냈다 ... 배려를 해야한다.
3) ... 새로워져야 한다.
4) ... 알아야 한다.

이러한 표현이, 사설에 184문이나 나타나 있는데, 사설 1,456문중 184
문은 상당히 높은 비율이다. 이 사실에서 사설의 성격을 엿볼 수 있다.
「기타 + 한다」의 32예는 전부「한자 2자 + 한다」이다.「~된다」는 48
예 출현하고 있는데, 이것은「한자 2자 + 한다」와「기타동사 + ㄴ다」의
빈도 수와 관련이 있을 것이다.「기타동사 + ㄴ다」는 73예 보이는데, 이
는 다양한 어휘의 분포를 띠는 것이 아니라, 몇 개인가의 동사가 반복해
서 나타난다. 예를 들면「바란다」가 23예,「~라 본다」가 41예,「모른
다」가 5예 등이다.
  I類와 II類에 있어서「했다」와「한다」의 분포를 보자. 신문의 보도
문, 칼럼, 사설에 관계없이 I類는「명사 + 했다」의 출현이 많았지만, II
類는 조금씩 다르다. 칼럼은「~한다」(~야 한다 등)가「명사 + 한다」보
다 10%정도 많고, 사설은「~한다」(~야 한다 등)가「명사 + 한다」의 6.5
배 이상이다. 하지만 보도문은「명사 + 한다」가「~한다」보다 많다. 문
장에 따라 개개의 문말형식의 분포가 명확한 차이를 보이고 있다는 것을
알 수 있다.

3-3-2.「동사 + 보조동사 + 었다」와「동사 + 보조동사」
사설에 있어서「보조동사」에「었」을 포함하는 표현은 소수로 30예이

다. 이 형식은 보도문과 칼럼을 보아도 그 출현이 적은 것을 알 수 있다. <표14>를 보면「~어 왔다」가 가장 많고, 다른 표현은 적다.「非었」계열의「~어 온다」의 예는 보이지 않는데 다른 문장에서도 마찬가지이다.「~어 온다」보다「~어 왔다」쪽이 많이 사용되는 표현이기 때문일 것이다.「~고 있다」와「~어 있다」의「었」계인「~고 있었다」와「~어 있었다」도 1예도 나타나지 않는다. <표14>의「었」계열과 <표15>의「非었」계는 비례해서 나타나지 않는다는 것을 알 수 있다. 이러한 경향은 보도문과 칼럼에 있어서도 같다.

<표14>「동사 + 보조동사 + 었다」의 분포

문말표현	출현수	백분율
~어 왔다	18	60.0%
~어 놓았다	2	6.7%
~어 버렸다	1	3.3%
~어 주었다	1	3.3%
~지 않았다	8	26.7%
합 계	30	100.0%

<표15>「동사 + 보조동사」의 분포

문말표현	출현수	백분율
~고 있다	123	80.9%
~어 있다	23	15.2%
~어 둔다	2	1.3%
~어 준다	2	1.3%
~지 않는다	2	1.3%
합 계	152	100.0%

「동사 + 보조동사」를 포함하고 있는 문말표현은, 사설에서 152문 (10.4%), 보도문에서 148문(11%)칼럼에서 40문(7.3%)을 차지한다. 사설의 경우에는「~고 있다」와「~어 있다」가 주류를 이루는데, 이것은 보도문

과 칼럼에 있어서도 마찬가지이다. 신문문장에서 보조동사를 포함하고 있는 표현으로서「~고 있다」의 사용빈도가 높다는 사실을 확인할 수 있다.

3-3-3. 형용사와 보조형용사

「형용사 + 었다」는 16문,「보조형용사 + 었다」는 2문이다. 그 예는 「미흡했다, 멀었다, 있었다, 없었다, 불과했다, 저조했다, 옳았다, 부족했다, 높았다, 이루어질 수 없었다, 없지 않았다」등이다. 형용사의 종류가 단조로운 편은 아니지만, 빈도 수가 낮다. 非「었」계의「형용사」와「보조형용사」는, 각각 141예, 148예에 이른다. 형용사의 어휘 종류는 칼럼과 비슷한 경향을 보이고 있지만, 빈도 수는 칼럼보다 높은 편이다. 또「보조형용사」의 비율이 높은 것은 사설의 문말표현이 갖는 특징이라 할 수 있다. 보도문과 칼럼은 각각 0.8%, 4.4%인 것에 대해, 사설은 10.2%나 된다. 그 표현을 보면「~라 할 수 있다」「~수 없다」「~것 같다」와 같은 표현이다. 이 표현도 사설의 문체를 지탱하고 있는 대표적인 문말표현이라 할 수 있을 것이다.

3-3-4.「명사 + 이다」「형식명사 + 이다」「~이다」

「명사 + 이었다」는 14문,「때문이었다」가 2문,「~것이었다」가 1문 출현하고 있는데 비해,「명사 + 이다」245문,「것이다」149문,「~이다」로 끝나는 문이 7문이다.「것이다」로 끝나는 문말 수가 149문이라는 것은, 사설 10문중 1문이「것이다」로 끝난다는 것을 의미한다.

3-3-5. 체언종결과 기타 문말표현

사설에서 체언으로 완료되는 문은 1예도 나타나지 않는다. 사설에는

「~것」「~뿐 」「~예정」과 같이 명사로 완료하는 문이 1,456문중 1문도 나타나지 않는 것이다. 이러한 점에서 사설은 규범을 지키고 있는 전형적인 문장이라 말할 수 있을 것이다. 연구논문[4]과 사설을 비교하면 체언종결문이 1문도 출현하지 않는다는 점에서 비슷하다고 생각할 수 있지만, 그 외의 표현 양상에는 차이가 있다. 연구 논문에는 필자의 생각이나 주장을 논리적으로 전개하는「~겠, ~자」와 같은 표현이 보이는데 비해, 사설에는「무엇인가, 벌어졌겠는가, 있는가, 도왔을까」등의 표현이 보인다. 이러한 표현은 독자에게 친근한 의문과 반문의 형태로 독자를 의식하고 있다는 인상을 주는 표현일 것이다.[5]

4. 마무리

한국어의 신문문장 중에서, 신문기자에 의해 쓰여진 보도문, 칼럼, 사설의 문말표현에 관해 조사, 분석해 보았다. 공통적으로 나타나는 경향과 각 문장별로 특징적으로 나타나는 현상을 정리해 보면, 다음과 같다.

우선, 술어의 품사별 분포도를 보면, 동사문, 명사문, 형용사문의 순서로 나타나고 있다는 사실이다. 둘째로 I類, II類, III類의 표현 중, III類의 표현이 빈도수가 가장 적은 점이다. 칼럼 문장의 문말표현이 다양하다고는 해도, 한국어 문장의 문말표현은「~다」로 끝나는 문말형식이 대부분을 차지하고 있다라는 것을 알 수 있다. 셋째로 체언이외에「~이었다」와「~이다」의 표현이 적게 나타난다는 점이다. 이것은 조사나 부사 등에 붙는 표현으로 회화체에서 자주 사용되지만, 문장체에서는 그다지 나타나지 않는 표현이다. 예를 들어 보면,「~을 위해서이다」「아주 천천히이다」「무엇을 했느냐이다」등이다. 이러한 표현에 있어서「이다」는 다른 표현을 대신하고 있다고 생각할 수 있다. 예를 들면,「~라 생각한다, ~해야 하는 것이다, ~하는 문제이다」 등의 표현 등을 「이다」로 대신하고 있는 것이다. 이러한 표현이 사설에서 1예도 출현하지 않는다는 사실에서 규범적인 문장에 쓰이는 문장체에서 보다 회화체에서 빈번하게 사용되는 생략적인 표현이라는 것을 알 수 있다.

넷째로 보도문, 칼럼, 사설에 관계없이 「형식명사 + 지정사」의 표현, 즉 「것이다」를 동반하는 표현이 다수 출현하고 있다는 점이다. 이것은 「것이다」의 의미영역이 넓다는 것을 나타내고 있는 것이라고 말 할 수 있겠다.

이번에는 보도문, 칼럼, 사설의 각 문말표현이 어떠한 양상을 띠고 있는가를 정리해보자. 보도문에는 우선, I類의 표현이 압도적으로 많다는 점을 들 수 있다. I類 중에서도 「동사 + 었다」의 표현이 총 문말 수의 58.4%를 차지하고 있다. 반면 「동사 + ㄴ다」는 5.9%밖에 나타나지 않는다. 이것은 이미 일어난 사건이나 일을 보도한다는 보도문의 성격과 관련이 있는 것이다. 또, 체언으로 끝나는 「체언종결」문이 5.2%나타난다. 이것도 보도문의 문말표현의 특징적인 면이라고 말 할 수 있다.

칼럼의 문말표현을 보면 다른 문장에 비해 I類, II類, III類에 걸쳐 문말표현의 양상이 다양하고 고르게 분포하고 있다는 점을 지적할 수 있다. I類와 II類의 문말표현은 보도문과 사설의 중간정도의 분포를 보이고 있지만, III類의 문말표현은 칼럼이 가장 높은 비율을 보이고 있다. III類의 표현 중에서 체언종결문은 적고, 그 외의 문말표현이 많다. 그 외의 문말표현은 「이다」로 끝나지 않는 표현이다. 예를 들면, 「~인가, ~일까, ~자」 등의 표현으로 사설보다도 비율이 높다.

사설의 문말표현을 보면, II類의 표현이 83.5%로, II類의 문말표현에 치우쳐있는 것을 알 수 있다. 특히 「동사 + ㄴ다」가 25.7%이고 그 중에서 「~해야 한다」의 표현이 많았는데, 이것이 사설의 대표적인 문말표현

이라고 할 수 있겠다. 형용사류의 표현에는 「있다」와 「없다」, 그리고 가
능표현을 나타내는 「~수 있다」「~수 없다」가 나타난 것 이외에, 다수
의 형용사가 나타났다. 이것은 칼럼과 동일한 경향이다. 「~것이다」로
끝나는 문말이 사설의 총 문말수의 10.2%를 차지하고 있는 점도 사설의
문말표현의 또 하나의 특징이라고 말할 수 있을 것이다.

■주

1) 岩淵悦太郎「新聞文章教室(1) 報道文章の変化」, 『新聞研究』141호.
2) 장재영『문장표현사전』, 1995, 문장연구사 참조.
3) 본 논문 1장 참조.
4) 卓星淑「文末表現に関する考察 ―研究論文を中心として―」경원대학교 논문
   집, 1997.
5) 卓星淑 참조, 1997.

제3장
신문문장의 문말표현에 관한 한·일 대조

1. 첫머리

1장과 2장에서 일본과 한국의 신문문장 문말표현에 대해 분석, 고찰해 보았다. 신문문장 중에서 보도문, 칼럼, 사설이라고 하는 3개의 문장을 대상으로 각각의 공통점과 차이점에 관해 생각해 보았다.

문말표현에는 한국어와 일본어 모두 긍정과 부정, 과거와 현재, 대우표현, 의문, 의지, 추량, 단정의 요소가 포함되고, 악센트 등으로 섬세하고 미묘한 뉘앙스를 갖게 하는 기능이 있다. 또 한국어와 일본어의 문말표현의 근간인 술부의 핵이 되는 것은 동사, 형용사, 「명사+이다」이고, 술부는 용언의 어간에 접사와 어미가 붙거나, 또 여기에 보조동사 조동사가 붙고, 어미로 완결된다. 이와 같이 문말표현의 근간(根幹)이 되는 술부의 틀은 일본어와 한국어가 거의 같다고 생각할 수 있으며, 문장의 종류에 따라, 문말표현의 양상이 다르게 나타날 수 있다는 것도 추정할 수 있다. 3장에서는 일본어와 한국어의 신문문장의 문말표현의 분석결과를 축으로 대조의 관점에서 문말표현에 관하여 생각해 보고자 한다.

2. 분석대상 및 분석방법

(1) 일본의 신문문장의 분석대상 및 분석방법

1) 분석대상

신문문장은 ① 내용에 따른 분류(정치, 경제, 사회, 문화, 스포츠 등) ② 서술방법에 따른 분류(보도문, 설명문, 논설문, 에세이, 광고문 등) ③ 쓰는 사람에 다른 분류(기자가 쓴 것인가, 기자가 아닌 사람이 쓴 것인가) 등으로 구분할 수 있다.[1] 분석대상으로 한 것은 보도문, 칼럼, 사설이며, 내용적으로는 가능한 한 폭넓게 했다. 그리고, 서술방법에 따라 보도문, 논설문, 칼럼을, 쓰는 사람은 기자에 의한 것으로 한정했다.

그 상세한 것은 다음과 같다.

▷ 신문명 : 朝日, 毎日, 読売신문
▷ 기간 : 61일간

보도문은 제1면의 톱기사, 내정면(정치면), 경제면, 사회면의 최초의 기사에 한한 것이다. 사설은 각 신문의 사설이고, 칼럼은 朝日신문의 「天声人語」, 毎日신문의 「余錄」, 読売신문의 「編集手帳」이다.

2) 분석방법

3類 21種을 기본으로 하고, 그것을 하위 분류했다.

I 類 : 「た」계열

① 동사 + た
② 형용사 + た
③ 동사 + 보조동사+た
④ ~보조형용사 + た
⑤ ~だった
⑥ ~であった

⑦ 조동사 + た

⑧ 형식명사 + だった

⑨ 형식명사 + であった

Ⅱ類 : 「非た」계열

⑩ 동사 종지형(이하 동일한 종지형)

⑪ 형용사

⑫ 동사 + 보조동사

⑬ ～보조형용사

⑭ ～だ

⑮ ～である

⑯ 조동사

⑰ 형식명사 + だ

⑱ 형식명사 + である

Ⅲ類 : 특수한 문말표현

⑲ 체언종결

⑳ 조사종결

㉑ 기타 문말표현

2) 한국의 신문문장의 분석대상 및 분석방법

(1) 분석대상

분석대상은 일본의 신문문장의 분석대상의 기준과 대체적으로 같고,
그 상세한 사항은 다음과 같다.

▷ 신문명 : 중앙일보

▷ 기　간 : 29일간(1달간)

보도문은 제1면의 톱기사와 경제면, 사회면, 스포츠면의 기사를 가능한 한 최초의 기사에 한했다. 사설은 중앙일보의 사설이고, 보통 3개의 테마로 나뉘어져 있는 경우가 많지만, 2개의 테마인 경우도 있다. 칼럼은 「분수대」와 「기자칼럼」이다.

(2) 분석방법

3類 16種을 기본으로 하고, 그것을 하위 분류했다.

I類 : 었(았)다類

① 동사 + 었다

② 동사 + 보조동사 + 었다

③ 형용사 + 었다

④ 보조형용사 + 었다

⑤ 명사 + 이었다

⑥ 형식명사 + 이었다

⑦ ~이었다

II類 : (ㄴ)다類

⑧ 동사 + ㄴ다

⑨ 동사 + 보조동사

⑩ 형용사

⑪ 보조형용사

⑫ 명사 + 이다

⑬ 형식명사 + 이다

⑭ ~이다

Ⅲ類 : 특수한 문말표현

　⑮ 체언종결
　⑯ 기타 문말표현

3. 자료의 분석

분석결과를 정리한 것이<표1>과 <표2>이다.

　일본어의 문말표현을 정리한 것이<표1>이고, 한국어의 문말표현을 정리한 것이<표2>이다. 구체적으로 분석결과에 들어가기 전에, 우선 문말형식의 분류방식에 관해서 서술하기로 한다.

1) 동사와 형용사

　한국어와 일본어에서 동사라 하면, 의미상 어떤 변화를 동반하는 동작, 작용 등의 성질이 있고, 활용한다고 하는 공통점이 있다. 형용사도 활용하고, 사물의 속성과 상태를 나타낸다 라는 대개의 기본정의에 있어서는 동일하다. 그러나 한국어의 동사와 형용사는 기본형이 「~다」로 끝나고, 활용에 있어서도 그다지 큰 차이가 없으며, 동사와 형용사의 구분은 「의미」에 비중을 두고 있는 데 비해, 일본어의 동사와 형용사는 형태상의 차이는 물론, 활용의 방법도 각각 다르다. 일본어의 동사와 형용사의 구별은 의미상의 특성보다 형태에 비중을 두고 있다고 생각할 수 있다. 그래서 어휘 면에서 한국어의 형용사가 일본어에서는 동사인 경우가 있고, 그 반대의 경우도 있다.

2) 보조 동사

한국어에 있어서 보조동사는「~고 있다」와「~어 있다」등에서의
「있다」,「~어 두다」「~어 보다」「~어 주다」에서의「두다」「보다」
「주다」등이다. 이들 중에서는 ,「있다」가 가장 많이 사용되고 있다. 한
국어의「있다」는 형용사의 범주에 속한다. 일본어의「ある」나「いる」가
동사에 포함되어 있는 것과는 다르다. 한국어에서의 보조동사는 그야말
로「동사」를 보조하는 역할을 하고 있다고 말할 수 있다. 그래서 보조동
사의 품사를 보더라도「동사」와「형용사」가 있다. 그것에 비해, 일본어
의 경우는 보조동사가 되는 말의 독립적인 품사는 동사이다.「~てい
る」「~てある」「~てみる」「~ておく」등과 같이 원래 동사로서 사용
되고 있던 동사가「~て」를 동반하여 보조동사가 되는 것이다.

3)「~だ/~である」와「~이다」

한국어의「이다」에 해당하는 일본어 표현은「だ」와「である」로 나뉜
다. 문체에 따라 구어에 가까운 표현이「だ」이고, 문장어에 해당하는 표
현은「である」로 구별하여 사용하는 경향이 있다.[2] 그리고, 과거와 완료
를 나타내는,「た」를 동반하는 표현은「だった」와「であった」로 나뉘게
된다. 또한「だ」를 포함하는 표현으로는 1) 명사 + だ 2) 조사 + だ 3)
부사 + だ 4)「「どうなるのですか」である」등과 같이 하나의 문(文)뒤
에 접속하는「だ」의 형태, 5) 형용동사 또는 제 2형용사, な형용사라고
불리는 형용동사의 존재를 들 수 있다. 1)과 2)는 일반적으로 나타나는
표현이고 문법적으로도 이론(異論)의 여지가 없지만, 3)에서의「だ」의 용
법은 다른 동사 또는 용언을 대신하는 용법으로 규범적 표현이라고 보기
어렵고, 그 출현 수도 적다. 한국어의 경우에도 드물게 나타나는 표현이
다. 4)는 출현수가 적지만, 특히 강조하는 경우에 출현하고 있다. 이러한

예는 한국어의 경우에도 존재한다. 그리고, 「だ」와 「である」를 포함하는
표현에 「명사 + だ」와 「형용동사」의 존재는, 생각해 보아야 할 문제가
많다. 「명사 + 이다」는 한국어에도 많이 보이는 표현이지만 일본어의
「형용동사」의 어미가 「だ」와 「である」의 형태로 나뉘어 있고, 「형용동
사」의 어간과 「명사」의 구분이 명확하지 않은 경우가 많기 때문에, 이
항목에 포함했으나, 다시 고려해 볼 필요가 있다. 한국어의 경우도 「현대
적이다, 충격적이다」 등은 「~이다」의 표현에 넣고 있지만, 이것들은 형
용사적인 성격이 강하다. 그리고 이러한 표현의 부정형이 「~이지 않
다」와 「~이 아니다」로 나뉘어 나타나는 경우가 있는 점으로 미루어 이
는, 명사 술어와 형용사 술어에 걸쳐있는 것이 아닌가 생각된다. 따라서
I, II類 중에서 5, 6, 14, 15의 문말표현의 출현 수를 볼 때, 「형용동사」
의 존재를 의식할 필요가 있다. 이것은 2 와 11 의 형용사의 출현수와
빈도를 생각할 때도 함께 염두에 두어야 하는 점일 것이다.

4) 「형식명사 + だ/である」와 「형식명사 + 이다」

형식명사로 범주에 넣은 것은 일본어의 경우에는 「の、こと、もの、わ
け、はず、ところ」이다. 이러한 형식명사는 문말에 「だ」또는 「である」와
동반하는 형태로 출현하고, 쓰는 사람의 사안이나 사건에 대한 태도와
미묘한 뉘앙스를 주는 역할을 하고 있는 표현이다. 한국어의 경우에는
「것」을 형식명사의 범주에 넣고, 「이다」와 동반해서 나타내는 표현을
분석해 보았다. 한국어의 경우도 「것」 이외에 「셈」, 「모양」, 「일」 등도
형식명사 표현의 범주에 넣어야 한다고 생각한다.

일본어에 있어서 「형식명사 + だ・である」의 표현은 문장에 따라 그
출현수가 상당히 차이가 있는 것에 대해, 한국어에 있어서 「~것이다」의
표현은 문장의 종류에 상관없이 자주 등장하는 표현인 것 같다.

5) 조동사

조동사로서 들고 있는 것은 「(さ)せる、(ら)れる、ない、らしい、そうだ、ようだ、う(よう)、たい、ごとし、みたいだ、まい、べきだ」(시키다, 되다, 없다, 듯 하다, 일 것 같다, 일 것 같다, 하자, 싶다, 같다, 인 듯 하다, 않을 것이다, 해야 만 한다) 등이다. 조동사가 「동사계열」「형용사계열」「だ/である계열」로 나누어져 있는 것을 알 수 있다. 조동사라는 항목을 들고 있는 것은 일본어뿐이다. 한국어에서 조동사는 그다지 인정되고 있지 않다.

일본어의 조동사의 역할과 의미를 보면서 한국어의 경우도 함께 생각해 보자.

(1) 「(さ)せる(사역)・(ら)れる(수동 외)」

「(さ)せる」, 「(ら)れる」를 동사의 어간에 붙여 사역과 수동을 표현하게 된다. 사역과 수동의 표현이 이렇게 정형화되어 있다는 것은 그만큼 사역과 수동표현이 일반화되어 있고 생산성이 높다는 것을 의미하고 있는 것이다. 한국어의 경우는 「이, 히, 리, 기, 구, 우, 추」를 붙여 또 「당하다」 등의 단어로, 「~되다」나 「~어지다」 등으로 수동의 표현을, 「이, 히, 리, 기, 구, 우, 추」를 붙여, 또는 「시키다」와 「~하게 하다」의 어법으로 사역의 표현을 나타낼 수 있지만, 그 출현 수는 일본어와는 다른 양상을 보이고 있다.

(2) 「ない」(부정)

동사에 「ない」를 붙여 부정의 표현을 나타내지만, 한국어의 표현에서는 「~지 않다.」「안~」「못~」의 3가지 표현방법이 존재하고, 「안~」는 구어표현으로 문장체에는 거의 출현하지 않는다. 또 「못~」는 가능의 의

미를 띠고 있지만, 문장체에서는 출현수가 적다.

(3) 「らしい、そうだ、ようだ」(추측, 추정)

「らしい」(듯 하다)의 형식은 추정, 추측 등의 용법에서 사용되지만, 각각 미묘한 의미의 차이가 있다. 이 조동사에 해당하는 한국어의 표현은 「~인 것 같다, ~듯 하다, ~인 모양이다.」 등이 있고, 문장체에는 「~인 것 같다」와 「~듯 하다」가 자주 등장하고, 「~인 모양이다.」는 별로 보이지 않는다.

(4) 「だろう・う(よう)」(추량)

「だろう・う(よう)」의 조동사에서, 「う」와 「よう」는 동사의 그룹에 의한 구별이 있고, 「う/よう」와 「だろう」의 구별은 원래 문장어체와 구어체가 구별의 척도였지만, 「だろう」의 세력이 강해져서 논문 등의 문장어에도 사용되게 되었다.[3]

일본어에서는 「だろう・う(よう)」가 추량, 의지, 권유 등의 의미로서 취하여지는데, 이는 한국어에 있어서 「~ㄹ 것이다.」와 「~자」 등의 용법과 비슷하다.

(5) 「たい」(희망) 「みたいだ」(추측) 「そうだ」(전문) 등

「たい」(싶다)는 희망을 나타내고, 「ごとし」(같다)는 문어체로 「ようだ」(것 같다)의 의미에 가깝다. 「みたいだ」(인 듯 하다)는 구어체의 표현이고, 「まい」(않을 것이다)는 「ないだろう」(아닐 것이다)의 문장어이다. 「そうだ」(이라 한다)는 전문을 나타내는 표현이고 「べきだ」(해야 한다)는 의무, 당연하다는 의미를 나타내고 있다. 한국어에 있어서 이것들에 해당하는 표현은 여러 갈래로 나뉘어져 있다. 예를 들면, 「たい」의 용법은

한국어에서 어휘레벨과 어법으로「~고 싶다. 바란다. 기대한다.~면 한
다.」등으로 표현된다. 또, 전문의「そうだ」(이라 한다)도 한국어에서는
「~고 한다. ~라 한다.」의 표현이 된다.

6) 체언종결, 조사종결, 기타 문말표현

Ⅲ類는, 이 3개의 종류로 나뉘어지는데, 기타 문말표현은「いらっしゃ
います、お休みなさい」(계십니다, 쉬세요) 등의 구어와「?」「!」등과 같은
부호로 끝난 문(文)이다. 한국어의 경우는 체언종결문과 기타 문말표현으
로 분류하는데, 기타 문말표현은「~가, ~까, ~자, ~라, ~위해서라도」
등이다.「~라」의 명령형의 표현이 보이는 것은 의외였다.

일본어에는, 조사종결이 있지만, 한국어에는 하나의 항목으로서 세우
지 않았다. 일본어에서의 조사종결은,「か」가 많은데, 이 종조사「か」는
한국어에서「~인가, ~일까」의 형태로 나타나며 이것은 기타 문말표현
에 포함하고 있다.

그러면, 일본어와 한국어의 문말표현을 <표1>와 <표2>를 보면서 전
체적인 경향을 보도록 하자.

<표1> 보도문·칼럼·사설의 문말표현 분포(일본어)

구분	문말형식	보도문		칼럼		사설	
		출현수	백분율	출현수	백분율	출현수	백분율
I類	① 동사 + た	2,668	27.0	567	16.1	980	9.9
	② 형용사 + た	47	0.5	20	0.6	41	0.4
	③ 동사 + 보조동사 + た	527	5.3	157	4.5	273	2.8
	④ ~보조형용사 + た	4	0.0	7	0.2	10	0.1
	⑤ ~だった	151	1.5	118	3.4	86	0.9
	⑥ ~であった	3	0.0	3	0.1	36	0.4
	⑦ 조동사 + た	373	3.8	67	1.9	179	1.8
	⑧ 형식명사 + だった	6	0.1	4	0.1	21	0.2
	⑨ 형식명사 + であった	0	0.0	0	0.0	5	0.1
	소　　계	3,779	38.2	943	26.9	1,631	16.6

	⑮ ~である	80	0.8	106	3.0	955	9.7
	⑯ 조동사	770	7.8	399	11.3	2,247	22.8
	⑰ 형식명사 + だ	45	0.5	45	1.3	236	2.4
	⑱ 형식명사 + である	7	0.1	14	0.4	394	4.0
	소 계	4,335	44.0	2,150	61.0	7,742	78.5
Ⅲ類	⑲ 체언 종결	1,606	16.3	251	7.1	96	1.0
	⑳ 조사 종결	104	1.0	164	4.7	387	3.9
	㉑ 기타	48	0.5	9	0.3	0	0.0
	소 계	1,758	17.8	424	12.1	483	4.9
총 계		9,872	100.0	3,517	100.0	9,856	100.0

<표2>보도문 · 칼럼 · 사설의 문말표현 분포(한국어)

	문말형식	보도문		칼럼		사설	
		출현수	백분율	출현수	백분율	출현수	백분율
Ⅰ類	① 동사+었(았)다	783	58.4	110	20.4	132	9.1
	② 동사+보조동사+었(았)다	42	3.1	14	2.6	30	2.1
	③ 형용사+었(았)다	20	1.5	13	2.5	16	1.1
	④ 보조형용사+었(았)다	0		3	0.6	2	0.1
	⑤ 명사+이었다	31	2.3	33	6.1	18	1.2
	⑥ 형식명사+이었다	0		4	0.7	1	0.1
	⑦ ~이었다	2	0.2	0	0	0	0
	소 계	878	65.5%	179	32.9%	199	13.7%
Ⅱ類	⑧동사+ㄴ다	79	5.9	89	16.3	374	25.7
	⑨동사+보조동사	148	11	40	7.3	152	10.4
	⑩형용사	20	1.5	46	8.5	141	9.7
	⑪보조형용사	11	0.8	24	4.4	148	10.2
	⑫명사+이다	83	6.2	86	15.8	245	16.8
	⑬형식명사+이다	31	2.3	34	6.3	149	10.2
	⑭~이다	17	1.3	2	0.4	7	0.5
	소 계	389	29.0%	321	59.0%	1,216	83.5%
Ⅲ類	⑮체언종결문	70	5.20	3	0.6	0	0
	⑯기타 문말표현	3	0.3	41	7.5	41	2.8
	소 계	73	5.5%	44	8.1%	41	2.8%
총 계		1,340	100.0%	544	100.0%	1,456	100.0%

일본어 신문문장의 문말표현의 분포를 보면, 문장의 종류에 관계없이 일반적으로 자주 사용되는 형식은 「동사 + た」, 「동사종지형」, 「동사 + 보조동사」이다. 한국어 신문문장의 문말표현의 경우도 「동사 + 었다」,

「동사 + ㄴ다」, 「동사 + 보조동사」이다. 여기서 알 수 있듯이 동사문이 주류를 이루고 있다는 것을 공통점으로 들 수 있다. 그리고, 문장에 따라 문말표현의 양상이 다른 것도 양국어(兩國語) 신문문장의 공통점이라고 말 할 수 있으며, Ⅰ類, Ⅱ類, Ⅲ類의 분포를 보면, Ⅲ類의 비율이 낮은 것도 공통된다.

그러나, 그 문말표현을 나누는 방식이 완전히 같지는 않다는 것을 충분히 인정하더라도 한국어와 일본어 신문문장에 있어서의 문말표현의 양상은 상당히 다르다. 특히, 보도문에서의 차이가 크다.

1) 보도문의 분석결과

우선 보도문은 Ⅰ類 즉, 과거 또는 완료를 나타내는 「た」와 「었」을 동반하는 표현이 <표1>에는 38.2%, <표2>에는 65.5%를 차지하고 있다. Ⅱ類는 <표1>에 44.0%, <표2>에 29.0% Ⅲ類는 각각 17.8%, 5.5%를 나타내고 있다.

(1) 일본어 신문의 보도문의 문말표현

문말형식을 항목별로 보면, 「동사 + た」 「동사 + 보조동사」 「체언종결」 「동사의 종지형」 「조동사」 「동사 + 보조동사 + た」의 순으로 그 비율이 높고, 반대로 「형식명사 + であった」는 0예, 「~であった」는 3예, 「~보조형용사 + た」는 4예, 「형식명사 + だった」는 6예, 「형식명사 + である」는 7예, 「보조형용사」는 19예로 각 문말형식 간에 차가 큰 것이 눈에 띈다.

「동사 + た」가 29.0%, 「동사 + 보조동사」가 17.3%, 「체언종결」이 16.3% 「동사의 종지형」이 11.4%이고, 이 4개의 문말형식이 전체의 72%를 차지하고 있는 것을 알 수 있다. 그 때문에, 일부 신문문장 중에서 보도문의 대표적 문말형식은「동사 + た」「동사 + 보조동사」「체언종결」「동사의 종지형」이라고 말할 수 있다. 반대로「형식명사 + であった/だった」등의 형식은 거의 나타나지 않는다. 그리고「형식명사 + であった/だった」의 형식은 칼럼과 사설에도 그 출현률이 0.2%이하이다. 이것은 형식명사를 동반하는 표현은, 그 의미상「형식명사 + だ」와「형식명사 + である」의 형태를 나타내는 것이 일반적이라는 점을 지적할 수 있을 것이다.

「~であった」로 끝나는 문말형식이 3예밖에 보이지 않는다는 것은 신문문장에서「~であった」형식의 세력이 약해지고「~だった」의 세력이 강해진 경향을 나타내는 것 같다. 그러나, 이것이 다른 문장의 경우에는 어떻게 사용되고 있는지 조사해 보아야 할 점이라 생각된다.

(2) 한국어 신문문장의 보도문의 문말표현

「동사 + 었다」「동사 + 보조동사」「명사 + 이다」「동사 + ㄴ다」「체언종결」의 순으로 비율이 높고, 반대로 출현수가 적은 형식은「형식명사 + 이었다」와「보조동사 + 었다」로 1예도 없고,「~이 었다」로 끝나는 문말형식이 0.2%로 2예밖에는 없었다.

보도문의 문말형식 중에서 가장 눈에 띄는 것은「동사 + 었다」가 보도문 전체 문말수의 58.4%를 차지하고 있는 점이다. 보도문의 1,340文중 783文이「동사 + 었다」로 끝나는 문말표현이기 때문이다. 다음이「동사 + 보조동사」로 11%이고,「동사 + 었다」에 비해 훨씬 낮은 빈도이다. 그리고「명사 + 이다」가 6.2%,「동사 + ㄴ다」가 5.9%,「체언종결」이 5.2%로 뒤를 잇고 있다.

(3) 한·일 보도문의 문말표현의 대조

한·일의 보도문의 문말형식 중에서, 빈도수가 많은 문말형식부터 보면, 「동사 + た」「동사 + 보조동사」와 「동사 + 었다」, 「동사 + 보조동사」가 1, 2위를 차지하고 있다. 그 다음에 오는 것이 일본어의 경우 「체언종결」이고, 한국어의 경우 「명사 + 이다」이다. 일본어 보도문의 문말형식의 분포 중에서 「명사 + だ」「명사 + である」는 5%이하를 기록하고 있다. 그 대신, 「체언종결」이 16.3%로, 한국어의 「체언종결」이 5.2%인 것에 비해 높은 비율을 보이고 있다. 그러나 「체언종결」은 체언의 뒤에 「だ/である」가 오는 경우와 「する」(하다)가 오는 경우로 나뉘고, 이것은 한국어 「체언종결」의 경우도 같다. 「체언종결」은 일본어 보도문의 문말표현의 분포 상 가장 큰 특징이라고 말할 수 있을 것이다.

한편, 한국어 보도문의 문말표현에는 「동사 + 었다」가 58.4%나 차지하고 1,340文 중 783文에 이른다.

일본어의 문말형식 중에서 「체언종결」「조동사」를 상세히 살펴보고, 한국어의 문말형식 중에서는 「동사 + 었다」를 상세히 살펴보도록 하자.

<표3> 「체언종결」 (일본어)   <표4> 「체언종결」 (한국어)

문말형식	출현수
명사	666
수사	284
형식명사	81
형용동사어간	41
흥행동사어간	409
동사의 명사형	125
소 계	1,606

문말표현	출현수
것	14
명사	56
소 계	70

일본어 보도문의 「체언종결」<표3>과 한국어 보도문의 「체언종결」<표4>를 살펴보자. 일본어 보도문의 「체언종결」과 한국어 보도문의 「체

언종결」문의 공통점은 모두 「명사」가 많이 출현하고 있는 것이고, 한국어의 경우는 「것」이 보이고, 일본어의 경우는 동사의 명사형이 많이 보인다. 예를 들면, 「乗り換え、帰り、切り上げ」 등이다. 이러한 것은 이미 명사로 여겨지지만, 형태적으로 동사의 연용형의 형태를 하고 있기 때문에 따로 분류해 보았다. 한국어의 경우는 이 표현이 많지 않으므로 명사에 포함했다.

「サ행 동사어간」은 「한자2자~4자」의 단어로 「ある」(있다) 또는 「した」(했다)가 생략되었다고 보이는 것이 주를 이루고, 외래어(スタート、V サイソ)와 ガックリ、ビックリ 등을 포함한다. 일본어의 동사 「する」의 항목에 한자 2자와 결합한 형태가 다수 있지만, 체언종결에도 「한자2자」는 다수 보였다.

그러면 일본어의 신문문장에 이렇게 체언종결은 문장에 어떠한 영향을 주고있는 것일까? 체언종결이 많은 것은 신문문장인 보도문의 지면 절약이라는 면과 일본어에 있어서 「체언종결」의 간결함이 술어로서 확고한 위치를 차지하고 있기 때문이라 생각된다.

<표5> 조동사(일본어)

문말형식	출현수	문말형식	출현수
(さ)せた	41	(さ)せる	11
(ら)れた	263	(ら)れる	364
なかった	68	ない	110
ようだった	1	らしい	33
		そうだ	153
		ようだ	51
		だろう	8
		う、よう	40
소 계	373	소 계	770

<표5>는 보도문에서의 조동사 출현양상이다. 보도문의 조동사는 「(ら)

れた」(되었다)와 「(ら)れる」(되다), 「ない」(없다)와 「なかった」(없었다), 「そ
うだ」(인 것 같다)가 많이 보인다. 「(ら)れる」(되다)는 일본어 보도문에 주
로 사용되는 형식이다. 보도문의 객관성을 표현하기 위한 의도에서 「~
られる」(되다), 「~られた」(되었다)가 자주 등장하고 있는 것 같다. 「られ
る」(되다)의 의미는 수동이 가장 많고, 자발과 가능의 의미를 나타내는
표현도 나타났다. 아주 소수였지만, 경어의 의미로 사용된 경우(황족의 기
사)도 있다. 전문(伝聞)의 의미로 「ーそうだ」가 「~という」(라고 한다)
「~といわれる」(라고 일컫는다)와 함께 사용빈도가 높았다. 이것도 보도
문의 성격과 밀접한 관계가 있을 것이다.

　이에 비해, 한국어의 경우 수동의 의미는 「~된다」가 붙어서 「예상된
다」「거행된다」또는 「~어 지다」가 붙어서 「밝혀졌다」, 그리고 「보인
다」와 같은 단어를 사용해서 표현되지만, 일본어에 비해 그 빈도수가 많
지는 않다. 또 일본어에는 「~ない」(없다)를 동반하는 부정표현이 있는
데, 한국어에는 일본어만큼 부정표현이 많이 사용되고 있지는 않다. 전
문(伝聞)표현은 한국어에서도 「~고 한다, ~라 한다」이외에 「말했다」가
많이 사용되고 있다.

<표6> 「동사 + 었다」(한국어)

문말형식	출현수
~했다	67
명사+했다	337
그 외의 동사+었다	198
밝혔다	66
됐다	50
밝혀졌다	55
소　계	783

<표7> 「동사 + た」(일본어)

문말형식	출현수
なった	351
した	919
あった	43
いった	3
그 외의 동사+た	1,044
합성동사	308
소　계	2,668

　<표6>과 <표7>을 보면, 한국어의 경우는 「~했다」가 51.6%이고, 일

본어의 경우는 「~した」가 34.4%로 「했다」의 비율이 높다. 일본어의 「동사 + た」가 「그 외의 동사 + た」의 비율보다 높고, 동사의 다양함이 눈에 띄는 것 같지만 어휘 면에서는 그다지 다양하다고는 말할 수 없다. 이것은 한국어에도 해당되는 것이라 할 수 있다. 그리고 「なった」의 출현율도 높은 편으로 13.2%를 나타내고 있지만, 한국어의 「됐다」는 7.7%를 나타내고 있다. 그리고 「밝혀졌다」가 7%를 나타내고 있다. 이것은 수동표현의 요소이다. 일본어의 「あった」에 해당하는 한국어의 「있다」가 형용사에 포함되기 때문에, 형용사와 함께 생각해야 할 것이다.

2) 칼럼의 분석결과

칼럼은 성격상 3개의 문장 중에서는, 가장 제약이 없는 문장이라고 말할 수 있을 것이다. 보도문과 사설과는 쓰는 사람의 자세가 다르기 때문이다. 어떤 의미에서는 보도문과 사설을 쓰는 사람 보다 제약 조건이 다소 약하리라 보인다. 분석의 결과를 살펴보면, 칼럼은 전체적으로 문말표현의 분포비율이 골고루 흩어져 있음을 알 수 있다. I類, II類, III類의 비율도 보도문과 사설보다 편중되어있지 않고, 다양성을 띠고 있는 것이 한국어의 경우와 일본어의 경우에서 동일하게 보이는 현상이다.

(1) 일본어 칼럼의 문말표현

I類, II類, III類의 문말표현이 다른 2개의 장르보다 평균적으로 사용되고 있다고 말할 수 있다. 문말표현 중에서 「동사의 종지형」이 가장 많이 사용되고 있고, 「조동사」종결은 보도문 보다 많고, 사설보다 적다. 「체언종결」은 사설보다는 많지만 보도문에 비하면 훨씬 적다. 「だ」에 대해 「である」의 비율도 보도문과 사설과는 어느 정도 거리를 둔 수치를 보이고 있다. 이러한 문말표현의 양상은 간결하고 구어체적이며 꾸밈

이 적은 명쾌한 칼럼문체를 살리는 요인이 될 것이다.

(2) 한국어 칼럼의 문말표현

칼럼의 문말표현 분포를 보면, 일본어 칼럼의 분포과 같은 경향을 보이고 있다. I類, II類, III類의 분포가 보도문과 사설에 비해 평균적으로 출현하고 있다고 말할 수 있다. 전체적인 문말표현의 분포 중 I, II類는 보도문과 사설의 중간정도의 빈도를 보이지만, III類는 칼럼의 빈도수가 사설과 보도문과 비교해 가장 높은 것이 하나의 특성이다. 한국어 칼럼은 「동사 + 었다」가 16종류의 문말표현 중에서 가장 많은 분포를 보이고 있다. 이것은 보도문과 같은 경향이지만, 보도문의 경우는 58.4% 인데 비해 칼럼은 20.4%에 머무르고 있다. II類중에서 「형용사」와 「보조형용사」의 문말표현이 다수 보이는 것도 눈에 띄고 있다.

<표8> 두 가지 칼럼의 문말표현

구분	문말형식	噴水台(분수대)		記者手帳(기자수첩)	
		출현수	백분율	출현수	백분율
I類	① 동사 + 었(았)다	110	20.4	128	19.2
	② 동사 + 보조동사 + 었(았)다	14	2.6	20	3.0
	③ 형용사 + 었(았)다	13	2.5	14	2.1
	④ 보조형용사 + 었(았)다	3	0.6	6	0.9
	⑤ 명사 + 이었다	33	6.1	24	3.6
	⑥ 형식명사 + 이었다	4	0.7	2	0.3
	⑦ ~이었다	0	0.0	0	0.0
	소　계	179	32.9	194	29.1
II類	⑧ 동사 + ㄴ다	89	16.3	75	11.2
	⑨ 동사 + 보조동사	40	7.3	52	7.8
	⑩ 형용사	46	8.5	63	9.4
	⑪ 보조형용사	24	4.4	57	8.6
	⑫ 명사 + 이다	86	15.8	128	19.2
	⑬ 형식명사 + 이다	34	6.3	47	7.1
	⑭ ~이다	2	0.4	2	0.3
	소　계	321	59.0	424	63.6

Ⅲ類	⑮ 체언종결문	3	0.6	6	0.9
	⑯ 기타 문말표현	41	7.5	43	6.4
	소 계	44	8.1	49	7.3
총 계		544	100.0	667	100.0

　<표8>은 한국어 칼럼을 2가지로 나눠서 그 문말표현의 양상을 정리한 것이다. 「분수대」와 「기자수첩」이라는 칼럼인데, 「분수대」는 쓰는 사람이 명기되어 있지 않는 칼럼이고, 「기자수첩」은 쓰는 사람이 명기되어 있는 칼럼이다. 이 두 칼럼을 비교해 보자.

　전체적으로 우선 말할 수 있는 것은 대체로 같은 경향이라는 것이다. 소계에서 Ⅰ, Ⅱ類는 약 3%의 차가 있고, Ⅲ類는 0.8%의 차를 보이고 있다. 「명사 + 이다」, 「보조형용사」 「동사 + ㄴ다」의 비율의 차이가 눈에 띈다. 「보조형용사」의 비율이 「기자수첩」쪽이 높은 것은 의외였다. 한국어의 「보조형용사」에는 일본어의 「조동사」에 해당하는 표현이 많기 때문에, 쓰는 사람의 이름을 기재하는 경우에는 가능한 한 자신의 감정을 나타내지 않는 쪽이 아닐까 추정했는데, 결과는 오히려 쓰는 사람을 기재하지 않을 때보다 자신의 생각과 감정을 분명히 하고 있다는 것을 알 수 있었다. 그러나 이에 대한 판단은 자료분석의 양을 늘려, 한층 세밀한 분석이 끝난 후에야 가능하리라 생각된다.

(3) 한·일 칼럼의 문말표현의 대조

　Ⅰ, Ⅱ類의 분포는 대체적으로 비슷하지만, Ⅲ類의 문말표현의 출현빈도가 각각양상이 다르다. 체언종결문이 한국어의 경우 3文으로 0.6%밖에 나타나 있지 않은 것에 대해 일본어의 경우는 7.1%나 나타나고 있다. 그 외는 한국어 쪽이 비율이 높은데, 그것은 「~가, ~까, ~라, ~자」 등의 표현이다. 이것은 일본어의 「~う(か)、~よう(か)」, 「~だろう(か)」에 해

당하는 文으로 일본어 「조동사」종결의 일부에 속하는 문말표현이기 때
문에 빈도수가 높은 것이 아닐까 생각된다. 「~라」와 같은 명령표현이
드물게 보이는 것은 한국어 문말표현이 갖는 일면일 것이다.

칼럼에 나타나는 부정형의 빈도수를 조사하면 일본어 칼럼 쪽이 한국
어 칼럼보다 4배 정도 많이 사용되고 있다. 그러나, 이것은 일본어 신문
문장의 전체적인 경향이라고 말할 수 있다.

3) 사설의 분석결과

사설은 3개의 장르 중에서 가장 규범적인 문장이라고 말할 수 있다.
그것은 일본어의 경우나 한국어의 경우에도 같다고 할 수 있다. 문말표
현의 분포를 보면 I類, II類, III類의 분포 중, II類가 압도적으로 많은데,
한국어 사설에서는 83.5% 일본어 사설에서는 78.5%를 차지하고 있다.
III類는 양쪽 모두 각각 2.8%와 4.9%로 적게 나타나 있다. 한국어에는
「체언종결」이 1文도 출현하지 않았지만, 일본어에서는 1% 출현하고 있
다. 이처럼 가장 규범적인 문장인 사설에조차 「체언 종결」이 나타난 것
을 보면, 일본어 문말표현에 있어서의 「체언종결」의 존재성을 알 수 있
다.

(1) 일본어 사설의 문말표현

사설의 문말표현 중, 우선 눈에 띄는 것은 「조동사」의 존재와 「であ
る」을 동반하는 문말형식이다. 「조동사」(<표9>)는 종류가 다양하지만,
「~ない」(없다)가 조동사 전체의 1/3을 차지하고, 다음으로 「たい」가
1/5를 차지하고, 「だろう」와 「う(よう)」를 합쳐서 1/4을 차지한다. 「た
い」는 일본어 신문문장에서 사설이 아니고서는 나타나기 어려운 조동사
일 것이다. 그리고 사설에 「ない」의 부정표현이 714문이나 출현하고 있

는 것은 한국어와 상당히 다른 것을 알 수 있다. 이는 표현상의 문제도 있다고 보여진다. 당연이나 의무를 나타내는 표현이 일본어에서는 이중 부정의 형태로 나타내는데 비해 한국어의 경우에는 긍정의 표현을 사용하기 때문이다. 추량의 조동사 중 「だろう」가 「う、よう」보다 많이 출현하는 것은 「だろう」의 용법이 문장어에 있어서도 어느 정도 우위를 차지하고 있기 때문이지만, 연구논문과 같이 문장체가 굳게 지켜지고 있는 문체에서는 아직 「う、よう」(것이다)쪽이 많이 사용되고 있다.[4]

I類의 「た」계열 조동사는 「られた」(되었다)가 많다. 그것은 일본어 문말표현의 요소에 있어서 「수동」의 일반적인 사용실태를 나타내고 있는 것이라 생각된다.

<표9> 조동사의 분포(일본어)

문말형식 (た계열)	보도문 출현수	칼 럼 출현수	사 설 출현수	문말형식 (비た계열)	보도문 출현수	칼 럼 출현수	사 설 출현수
(さ)せた	41	3	12	(さ)せる	11	9	18
(ら)れた	263	46	126	(ら)れる	364	46	188
なかった	68	17	37	ない	110	133	714
				らしい	33	31	4
				そうだ(추정)	153	4	15
ようだった	1			ようだ	51	7	49
				だろう	8	121	373
				う、よう	40	7	274
				たい		11	411
たかった			2	ごとし		12	
				みたいだ		2	
				まい		3	131
				そうだ(전문)		24	4
べきだった		1	2	べきだ			66
소 계	373	67	179	소 계	770	399	2,247

다음으로는 「だ・である」를 동반하는 표현이다. <표10>을 보면, I類의 「た」계열에서는 「～だった」쪽이 「～であった」보다 많이 보인다. 그

러나 Ⅱ類의 「非た」계열에서는 「~だ」보다 「~である」쪽이 2배 이상 사용되고 있다. 문장에 있어서 「だ」와 「である」에 관한 사용은 어떠한 기준에서 지켜져 갈 것인가를 눈여겨봐야 할 것이다.

<표10> 「だ・である」의 분포

문말형식(た계열)	출현수	문말형식(비た계열)	출현수
명사 + だった	68	명사 + だ	242
형용동사어간 + だった	13	형용동사	86
부사 + だった	1	부사 + だ	4
조사 + だった	2	조사 + だ	69
문 + だった	2	문 + だ	5
소　　계	86	소　　계	406
명사 + であった	25	명사 + である	608
형용동사어간 + であった	7	형용동사어간 + である	134
부사 + であった		부사 + である	
조사 + であった	1	조사 + である	12
문 + であった	1	문 + である	85
べきであった	1	べきである	32
	1	ようである	61
		そうである	16
			7
소　　계	36	소　　계	955

(2) 한국어 사설의 문말표현

한국어 사설의 문말표현은 Ⅱ類의 文이 전체의 83.5%를 차지하고 있다. 그 중에서, 문말형식이 평균적으로 분포되고 있다는 점을 지적할 수 있고, 3개의 장르 중에서 「동사 + ㄴ다」가 25.7%로 가장 비율이 높다는 점도 지적해야 할 것이다. 이 문말형식을 상세히 보면 「한다」로 끝나는 文이 65.6%를 차지하고 있다. 사설에서 「명사 + 한다」는 그 출현 수가 적은 편이고, 「~어야 한다」文이 동사전체의 50%를 차지하고 있다. 이 표현을 일본어로 번역하면, 「なければならない」(하지 않으면 안된다) 「べきだ」(해야한다)가 될 것이다. 일본어의 경우에는 「ない」의 비율이 높았던 것과 이해될 수 있을 것이다. 「바란다」는 23例로 동사 전체의 6.3%이지만, 일본어의 「たい」(희망표현)에 비하면 낮은 비율이다. 그러나 「~면 한다」의 형태가 희망의 뉘앙스를 나타내기 때문에 그것과 아울러 희망표현의 비율을 생각해야 할 것이다.

(3) 한·일 사설의 문말표현의 대조

일본어의 경우는 「조동사」종결이, 한국어의 경우는 「동사 + ㄴ다」가 눈에 띄고 있는데, 이는 한국어의 「~한다」로 끝나는 표현 속에 일본어의 조동사적 의미가 포함되어 있기 때문인 것 같다. 이것은 좀더 고찰해봐야 하는 것이지만 예를 들면, 「~야 한다,~면 한다」 등이 그러한 것이다. 또, 한국어 사설에는 「~것이다」가 많이 나타나고 있다. 이 용법은 일본어에 있어서 「형식명사 + だ/である」와 의미상 같은 용법으로, 앞에 접속하는 용언의 형태에 따라 의미의 차가 있고 「う、よう」와 「だろう」의 의미와 같은 용법으로 사용되기도 한다.

일본어에 있어서 「조동사」를 개별적으로 한국어의 용법과 좀더 치밀하게 연관시켜 고찰해야 할 것이다.

4. 마무리

일본어와 한국어의 문말표현의 양상을 보기 위해, 각각의 신문 문말표현 중에서 보도문, 칼럼, 사설의 문말을 예로 들어서 분석, 고찰했다. 그 결과를 살펴보면 다음과 같다. 우선 공통적으로 나타난 점은 문장의 장르에 따라 문말표현의 요소가 다르다는 것과 보도문, 칼럼, 사설에 따라 Ⅰ類, Ⅱ類, Ⅲ類의 분포가 비슷한 경향을 나타내고 있는 사실이다. 보도문에서는 Ⅰ類의 문말이 많고, 칼럼과 사설에서는 Ⅱ類가 많이 나타났다.

자주 등장하는 문말표현이 「동사 + た」 「동사 + 보조동사」 「동사의 종지형」 「명사 + 지정사」라고 하는 점과 문말표현의 품사의 비율이 「동사」와 「명사 + 지정사」 「형용사」의 순이라는 것도 같다. 그렇다고 해서 같은 의미의 단어가 반드시 같은 품사라는 것은 아니다. 예를 들면, 한국어에서 형용사인 「있다」가 일본어에서는 「ある」(있다)라고 하는 동사에 포함되거나 하는 것이다.

다음으로 차이점을 살펴보자. 한국어의 문말형식은 동사, 형용사, 명사 +이다 에 관계없이 「다」로 완료한다. 그러나 일본어에 있어서, 과거와 완료를 나타낼 때는 「た」를 공통적으로 포함하지만, 종지형은 동사의 그룹, 형용사 따라 각각 다르다. 이것이 일본어 문말표현이 다양하게 느껴지는 하나의 요인이 된다.

또, 한국어의 「이다」에 해당하는 단어가 일본어에서는 「だ」와 「である」로 나뉘어져 있는데, 과거를 나타낼 때는 「だった」와 「であった」로 표현한다. 추량을 나타내는 표현도 「だろう」와 「であろう」 「う、よう」로 나뉜다. 이 점도 문말 어미의 다양함과 관계된다고 생각한다.

그리고 부정표현의 사용비율이 일본어 쪽이 훨씬 높다는 것도 분석을 통해서 알 수 있었다. 한국어의 경우, 아주 극소수 밖에 나타나지 않았으며, 이는 표현상의 차이 때문에 더욱 차이가 많아지는 것 같다.

장르에 따라 차이점을 보자. 보도문에 있어서 일본어의 경우는 「체언종결」이 많았는데, 이것은 문말의 간결함에 영향을 주고있는 듯하다. 한국어의 경우는 「동사 + 었다」의 비율이 50%이상을 차지하고, 개별동사의 분포를 보더라도 「~했다」라는 동사인 「동사 + 했다」의 비율이 40% 이상을 차지하고 있다. 이것은 한국어 보도문의 문말표현의 단조로움을 초래하고 있는 하나의 요인인 것 같지만, 한국어 「었」의 의미영역이 일본어 「た」보다 넓다라는 生越의 지적[5]과도 관계가 있는 듯하다.

칼럼의 전체적인 양상은 비슷한 경향이지만, 가장 선호하는 문말표현이 한국어의 경우「동사 + た」인데 비해, 일본어의 경우는「동사의 종지형」이다. 또「체언종결」의 비율도 한국어의「체언종결문」의 비율보다 높다. 이처럼 일본어 문말표현 중에서 간결한「체언 종결」의 위치는 확고한 것 같다.

또한, 사설이 가장 규범적인 문장이라는 것은 일본어와 한국어가 같다고 할 수 있다. 일본어의 경우는「である」로 완료되는 문말이「だ」로 완료되는 문말보다 많다는 점과,「체언종결」및 그 외의 문말이 다른 장르보다 적다는 점이 그것을 말하고 있다. 한국어의 경우는 III類의 문말이 적은 점과 그 중에서도 명사로 완료되는 문이 1문도 없었다는 점, 그리고「것이다」를 동반하는 표현이 10.2%를 차지하고 있는 점 등이 규범적 문장으로서의 문말표현의 특징인 것 같다.

▌주
1) 鈴木英夫「新聞の文体」『講座日本語 8』, 175~179面.
2) 卓星淑「文章表現の一考察 ―研究論文の文末表現を中心に―」1997.
3) 卓星淑「文章表現の一考察 ―研究論文の文末表現を中心に―」1997.
4) 卓星淑「文末表現に関する考察 ―研究論文を中心として―」경원대학교 논문집, 1997.
5) 生越直樹 참조, 1997.

제4장
일본어 학술논문의 문말표현

1. 첫머리

1부의 테마는 문장에 따른 문말표현이 어떠한 양상을 띠고 있는가를 분석, 고찰하는 것이다. 특히, 일본어와 한국어라는 2개의 언어가 갖고 있는 공통점과 차이점을 문말표현, 즉, 문말에 오는 술어표현의 구조와 실태를 통해 파악하고자 한다.

1, 2, 3장에 이어 4장에서는 학술 연구논문, 그 중에서도 언어 면에 있어서 규범이 가장 잘 지켜지리라 예측되는 국어학과 일본어학의 논문을 대상으로 문말표현의 양상을 분석해 보았다.

2. 분석대상과 분석방법

1) 분석대상

분석의 대상으로 하고 있는 것은 『일본어교육』(일본어 교육학회) 『국어학』(국어학회) 『계량국어학』(계량국어학회)에 게재되고 있는 논문, 20편이다. 분량은 논문마다 약간의 차이가 있는데 대개 400자 원고지 30매에서 40매 정도가 된다. 대상논문의 상세한 목록은 이 장의 말미에 기록해 두었다.

2) 분석방법

　분석방법은「동사」「형용사」「명사 + だ」를 근간으로 하는 술어부분을 형태별로 분류했다. 각 센텐스(sentence)마다 번호를 붙이고, 우선 크게 7개로 분류한 후, 그것을 다시 하위 분류했다. 7개의 형태별 분류항목은 다음과 같다.

(1)「た」계열 ; 동사와「た」로 끝나는 문말표현으로,「入れた、論じられた、あった、～であった」(넣었다, 논해졌다, 있었다, ～이었다) 등이 있다.

(2) 동사 る형태 ; 동사의「기본형」으로 끝나는 문말표현으로「ある、みる、する、ことができる、いえる」(있다, 보다, 하다, 할 수 있다, 말할 수 있다) 등이 있다.

(3) 동사 + 보조동사 ;「～ている、～てある、～てみる、～ておく」(～고 있다, ～어 있다, ～해 보다, ～어 두다) 등으로 끝나는 문말표현이다.

(4) 기타 ; 용언에「부정, 수동, 가능, 자발, 사역, 추량, 추정, 희망, 의문」등의 요소가 표현된 문말표현으로「言えない、思われる、認められない、考えさせる、考えてみたい、挙げよう、どうだろうか、自然であろうか」(말할 수 없다, 생각된다, 인정되지 않는다, 생각하게 한다, 생각해 보고 싶다, 들어보자, 어떠한가, 자연스러울까) 등이 있다.

(5) い형용사 ;「い」로 끝나는 형용사.「ない、高い、多い」(없다, 높다, 많다) 등이 있다.

(6) 보조형용사 ; 형용사의 부정표현과 보조형용사를 포함하는 문말표현으로,「解釈されやすい、考えにくい、高くない」(해석되기 쉽다, 생각하기 어렵다, 높지 않다) 등이 있다.

(7)「である」로 끝나는 문말표현 ; 이 문말표현에는 다양한 것이 포함되어 있다.「な형용사, 명사 + である、형식명사 + である、～ようである、～そうである」등이 있다.

3. 자료의 분석결과

학술 연구논문 20편의 문말표현을 7개의 형태별로 정리한 것이 <표 1>이다.

<표1> 학술논문의 문말표현 분포

논문번호	た계열		동사る열		동사 + 보조동사		기타		い형용사		보조형용사		である		합계
	출현수	백분율	출현수	백분율	출현수	백분율	출현수	백분율	출현수	백분율	출현수	백분율	출현수	백분율	
1	2	1.8	36	31.9	16	14.1	33	29.2	0	0	0	0	26	23	113
2	2	2.0	29	28.4	10	9.8	33	35.4	3	2.9	2	2.0	23	22.5	102
3	4	4.4	24	26.4	11	12.1	25	27.4	1	1.1	0	0	26	20	91
4	12	8.2	36	24.7	27	18.5	30	20.5	5	3.4	4	2.7	32	21.9	146
5	1	1.1	28	31.5	4	4.5	23	25.8	3	3.4	1	1.1	29	32.6	89
6	11	11.5	26	27.1	7	7.3	22	22.9	4	4.2	1	1.0	25	26	96
7	1	0.7	45	31.9	30	21.3	48	34.0	2	1.4	2	1.4	13	9.2	141
8	7	7.8	12	13.3	4	4.4	50	55.6	0	0	1	1.1	16	17.8	90
9	4	2.9	39	28.3	16	11.6	51	37.0	5	3.6	5	3.6	18	13.0	138
10	2	2.2	29	31.5	5	6.5	31	33.7	2	2.2	0	0	23	25.0	92
11	11	11.3	27	27.8	8	8.2	15	15.5	4	4.1	7	7.2	25	25.8	97
12	1	0.8	41	33.6	9	7.4	42	34.4	5	4.1	4	3.3	20	16.4	122
13	10	8.1	57	46.3	13	10.6	17	13.8	12	9.8	2	1.6	12	9.8	123
14	4	3.8	26	24.8	5	4.8	32	30.5	8	7.6	1	0.9	29	27.6	105
15	18	18.4	27	27.6	10	10.2	25	25.5	5	5.1	2	2.0	11	11.2	98
16	2	2.9	29	42.0	2	2.9	24	34.8	2	2.9	1	1.5	9	13.0	69
17	14	17.5	25	31.3	7	8.7	14	17.5	4	5	2	2.5	14	17.5	80
18	16	10.1	53	33.5	23	14.6	29	18.4	5	3.2	3	1.9	29	18.3	158
19	12	10.5	38	33.3	9	7.9	29	25.5	3	2.6	3	2.6	20	17.6	114
20	10	8.1	42	34.2	22	17.9	25	20.3	0		1	0.8	23	18.7	123
합계	144	6.6%	669	30.6%	238	10.9%	598	27.3%	73	3.3%	42	1.9%	423	19.4%	2187

논문번호 1~10, 12~16은 『일본어교육』에서 취한 논문으로, 개개 논문의 총문(文)의 수는 69문에서 46문까지로 개인차가 인정되기는 하나, 7개의 문말표현의 전체적 분포를 보자. 먼저 「た」계열은 전체의 6.6%이며, 비율이 높은 것은 18.4%에서 비율이 낮은 것은 0.8%로 그 격차가 크

다.

「동사る」형태는 30.6%로 7개의 항목 중에서 그 비율이 가장 높다. 이 문말형식도 논문에 따라서는 논문번호 8과 같이 13.3%의 비율로 단지 12문(文)만 나타나는 경우도 있지만, 평균적으로 25%에서 35%의 비율을 보이고 있다.

「동사 + 보조동사」는 평균 10.9%의 비율을 보이고 있지만, 약 4%에서 21%까지로 이 형식도 개인차가 있다.

「기타」의 문말표현은 용언, 주로 동사의 어간에 「ない、(ら)れる、(さ)せる、たい、ようだ、そうだ、(よ)う、か」 등을 동반하는 것이다. 종조사 「か」는 「(よ)う、だろう」와 함께 「(よ)うか、だろうか」 등의 형태로 나타나는 것과 「なぜ、どうして」(왜, 왜)에 「か」가 붙어 나타나는 형태가 있다. 이 문말표현은 전체의 27.3%로 「동사る」형태에 이어서 빈도 수가 높다. 「기타」의 문말표현도 논문에 따라 출현비율의 차이가 있어서, 비율이 높은 것은 (논문8) 55.6%, 비율이 낮은 것은 (논문13) 13.8%이다. 8번 논문은 전체 문말 수 90문 중 17문이 「기타」의 문말표현이다. 이 2개의 논문을 비교해 보면, 개인차가 보이는데 8번 논문은 「동사る」형태와 「い형용사」의 출현이 적고, 13번 논문은 「동사る」형태와 「い형용사」의 출현수가 많다.

「い형용사」의 전체의 평균은 3.3%로 상당히 낮은 비율이다. 13번 논문은 9.8%로 다른 논문에 비해 높은 비율이지만, 그 내용을 보면, 「高い－7예문, ない－3예문, 少ない－1예문, 強い－1예문」(높다, 없다, 적다, 강하다)이고, 이 논문은 「기타」의 문말표현이 적게 나타난 논문이다.

「보조형용사」의 전체평균은 1.9%에 머무르고 있다.

「である」는 명사문을 포함하는 문말표현이지만, 「である」에는 「명사 + である」, 「형식명사 + である」, 「조사 + である」, 그리고 형용동사,

「そうである、ようである、すべきである、ごとくである」 등　조동사의 성격을 지닌 것이 있고, 그 외에도 「~か、~かである、~がちである」와 같은 표현도 포함하고 있다. 명사와 형식명사에 「である」가 붙은 명사문은 형용사문보다 많지만 동사문의 1/3에도 미치지 못하는 것을 알 수 있다.

그럼, 7개의 문말표현을 중심으로 자세히 살펴보자.

1) 「た」계열

각 논문에 나타나는 「た」계열의 구체적인 예는 다음과 같다.

논문1 - 「わかった、表現になっていた」

논문2 - 「~であった」、「~ことにあった」

논문3 - 「it seemsであった」、「わかった、おこなった、~ようになった」

논문4 - 「~しようとした、わかった、あった、見られた(2例)、なされてきた(2例)、示した(2例)、明らかになった、述べてきた、考えてみた」

논문5 - 「わかった」

논문6 - 「内訳であった」、「わかった、調べた、選んだ、決めた、抽出した、考察した、行った、目立った、明らかになった、~に至った」

논문7 - 「調べてきた」

논문8 - 「考察した(2例)、見た(3例)、試みた、明らかにされてきた」

논문9 - 「試みた(2例)、至った、表すことができた」

논문10 - 「説明されてきた、検証した」

논문11 - 論じた(2例)、踏襲した、参考にした、明らかにした、~とした、施した、示した(2例)、ふれた、「分属させた」

논문12 - 「入れた」

논문13 - 「みた、あった(2例)、判断した(2例)、判定した、提案した、得た」、「論じられた、確認された」

논문14 - 「～とした、検証した、見た、あった」

논문15 - 「始めた、載せた、取り上げた、わかった、出た、あった、発表した、～とした、考察した、～ことにした、～をした(2例)、明らかにかった」「位置づけられてはいなかった、採集できなかった、見られた(2例)」、「少なかった」

논문16 - 「分析した、位置づけた」

논문17 - 「～だけであった」、「あった(2例)、わかった、試みた、用いた(2例)、行った(2例)、示した、作成した、省略した、存在した、クローズアップされてきた」

논문18 - 「50分であった」「利用した(2例)、～ことにした(2例)、供した、要求した、再生した、実施した、明示した、～とした、示した、得た、描いてみた」「想像された」「出されたことはなかった」

논문19 - 「設定した、あった、述べた、示していた、示してきた」「認められた、見受けられた、確認された、見られた、見られなかった」「大きかった」「～していないようであった」

논문20 - 「「記号」であった、「わかった、記した、検証した、位置した、明らかとなった(2例)、なされてきた、努めてきた」「検証された」

상기의 구체적인 예를 보면 동사는 「～する」의 「た」형인 「～した」 또는 「있다, 알 수 있다, 나타낸다, 행하다, 시도하다」(ある、わかる、しめす、おこなう、こころみる)의 「た」형이 보인다. 동사의 어휘상의 다양성이 보인다고 말하기 힘들다. 그리고, 조동사 중에서는 「られる」의 「た」형이 나타난다. 「である」의 「た」형은 전부에서 7예 뿐으로, 「명사 + である」가 5예, 「だけであった」가 1예, 「～ようであった」가 1예이다. 「である」로 끝나는 문말형식과 「だ」로 끝나는 문말형식은 문장체와 구어체를 구

별하는 하나의 표적이 된다고 말 할 수 있지만, 신문문장에서는「であ
る」와「だ」의「た」형인「であった」와「だった」의 정확한 구별은 조금
씩 무너지고 있었던 것에 비해, 논문에 있어서의 문말표현에서「だっ
た」는 1 예도 출현하지 않고,「であった」만이 출현하고 있다 이 점은 논
문의 문말표현이 문장체를 견지하고 있다는 점을 나타낸 것이라 생각된
다. 형용사의「た」형은 3 예만 이 출현하고 있다.

　논문에 있어서「た」체의 비율과「る」체의 비율이 차이가 매우 큰 것
은, 논문이라고 하는 문체의 특징에 의한 것일 수도 있지만 일본어에 있
어서「た」의 의미 영역과도 깊은 관련이 있는 것 같다.

2)「동사る」형태

　일본어에 있어서 문말표현을「る」계와「た」계의 대립이라고 볼 수도
있지만,「る」계 중에서도 논문의 문말표현에 가장 많이 사용되는 형태는
「동사る」형태이다. 이 문말표현의 가장 큰 특징은 몇 개의 동사의 사용
빈도가 높다는 점이다. <표 2>는 논문 20편에 보이는 동사의 분포를 살
펴본 것이다.

<표2> 동사의 분포

ある		する		なる		가능표현의 동사		기타 동사		합계
개수	비율	개수	비율	개수	비율	개수	비율	개수	비율	
99	14.8%	130	19.4%	115	17.2%	137	20.5%	188	28.1%	669(100%)

　<표2>를 보면 알 수 있듯이,「동사る」형태의 총 문말 수는 669문이다.
그 중에서, 개별동사로서는「~する」가 가장 많고 (130예), 이어서「~な
る」가 115예,「ある」가 99예이다. 이 3개의 동사가「동사る」형태의
51.4%를 차지하고 있다. 이「동사る」형태는 전체 문말표현 중에서 가장

출현수가 많지만, 어휘의 다양성의 면에서는 단조롭다고 말할 수 있다. 동사「ある」와「가능표현」을 나타내는 형식은 일본어에 있어서「동사」에 포함되는 문말형식이나 한국어에 해당하는 표현은「형용사」와 기타 문말표현에 포함된다는 것을 지적할 수 있다.

　동사「する」의 출현형태를 보면,「説明する」(설명하다)와 같이「한자 + する」의 예가 가장 많고, 다음으로 자주 출현하는 예는 조사「と」를 동반하는「~とする、~ようとする」, 형식명사「こと」를 동반하는「~ことにする」의 3개의 종류가 있다.

　동사「なる」는,「명사 + と、に」에 붙는 예가 있다.「結果になる」(결과가 되다)「問題となる」(문제가 되다) 등의 예와「明らかになる、逆になる」(밝혀지다, 반대되다) 등이다. 그 외에「長くなる、可能となる」(길어지다, 가능해지다)의 예,「重要でなくなる」(중요하지 않게 되다)와 같은 예,「~ようになる」「ことになる」 등의 예가 있다. 동사「なる」가 붙는 예는 한국어로 번역하면 다양한 동사로 표현된다. 일본어의 동사「なる」의 의미를 한국인 일본어학습자가 체계적으로 이해할 때, 모국어와의 차이도 정리해 두지 않으면 그 사용법이 어려워지리라 생각된다.

　그 외의 동사는 184예이나 2번 이상 보이는 동사를 보면 다음과 같다. 이것을 보더라도 한정된 몇 개인가의 동사가 사용되는 경향이 있다고 말할 수 있다.

　　논문1 - 考える(생각하다)(6)
　　논문2 - という(~라고 한다)(6)
　　논문4 - 思う(생각하다)(2)
　　논문5 - 示す(나타나다)(2), 表す(나타나다)(2)
　　논문6 - 示す(나타나다)(4)
　　논문7 - 見る(보다)(3), 見える(보이다)(2)

논문9 - 表す(나타나다)(3)

논문11 - 表す(나타나다)(9), しめす(나타나다)(3)

논문12 - 考える(생각하다)(3), 現れる(나타나다)(2)

논문13 - とる(취하다)(4)

논문15 - 一示す(나타나다)(2)

논문16 - よぶ(부르다)(2), 考える(생각하다)(2)

논문17 - 示す(나타나다)(2)

논문18 - 取り上げる(받아들이다)(4), 示す(나타나다)(5)

논문19 - 示す(나타나다)(3)

  또, 가능표현의 동사를 보면 140예 출현하는데 그 자세한 동사의 내용은 다음과 같다. 아래에 기록한 예를 보면 알 수 있듯이, 논문에 출현하는 동사는 대체적으로 한정되어 있고, 「~ができる」(~를 할 수 있다)라는 표현도 58예 나타나는데 가능동사나 「られる」를 포함하는 가능표현외에 「一ができる」도 문장체에서도 자주 사용되고 있다는 것을 알 수 있다. 또한 가능표현은 상태를 나타내는 표현이고, 동사 「ある」(99예)와 함께 한국어에서는 「동사」의 현재형으로 표현할 수 없는 문말표현이다. 그 구체적인 예를 보면, 일본어의 동사의 가능표현은, 5단 동사는 가능동사, 1단 동사는 「れる」를 동반하는 형태를 취하는 경향이 있지만, 그것과 동시에 「~ことができる」(~할 수 있다)의 형태는 5단 동사에도 1단 동사에도 구별 없이 사용되고 있다. 그러나, 이것이 부정의 「ない」를 동반하는 표현이 되면 「~ができない」(~를 할 수 없다)의 형태는 거의 보이지 않는다. 이것은 논문이라고 하는 문장의 성격상, 「가능표현」이 많이 출현하게 되는데, 5단 동사는 가능동사, 1단 동사는 「れる」계라고 하는 경향에 대해 「가능표현」에 약간의 변화를 주기 위한 것이 아닌가 생각된다.

  가능표현의 분포는 아래와 같다.

논문 1 (8회) – いえる(말할 수 있다)(7), 取れる(취할 수 있다)(1)

　　　2 (1회) – ～できる(～할 수 있다)(1)

　　　3 (7회) – いえる(말할 수 있다)(5), わかる(알 수 있다)(2)

　　　4 (14회) – いえる(말할 수 있다)(1), わかる(알 수 있다)(6),
　　　　　　　　 ～できる(～할 수 있다)(7)

　　　5 (4회) – ～できる(～할 수 있다)(4)

　　　6 (5회) – いえる(말할 수 있다)(1), 起こり得る(일어날 수 있다)
　　　　　　　　 (1), ～できる(～ 할 수 있다)(3)

　　　7 (5회) – わかる(알 수 있다)(2), ～できる(～할 수 있다)(3)

　　　8 (7회) – いえる(말할 수 있다)(4), わかる(알 수 있다)(3)

　　　9 (15회)– いえる(말할 수 있다)(2), ～得る(～할 수 있다)(2), ～
　　　　　　　　 できる(～할 수 있다)(11)

　　　10 (8회)– わかる(알 수 있다)(6), 立てる(세울 수 있다)(1), 示せ
　　　　　　　　 る(나타낼 수 있다)(1)

　　　11 (3회)– いえる(말할 수 있다)(2), わかる(알 수 있다)(1)

　　　12 (5회)– わかる(알 수 있다)(2), いえる(말할 수 있다)(1), ～得
　　　　　　　　 る(～할 수 있다) (1), ～できる(～할 수 있다)(1)

　　　13 (5회)– ～できる(～할 수 있다)(5)

　　　14 (2회)– わかる(알 수 있다)(1), ～できる(～할 수 있다)(1)

　　　15 (1회)– わかる(알 수 있다)(1)

　　　16 (10회)– 讀みとれる(읽을 수 있다)(3), わかる(알 수 있다)(5),
　　　　　　　　 ～できる(할 수 있다)(2)

　　　17 (6회)– わかる(1), いえる(3), ～できる(2)

　　　18 (8회)– わかる(2), ～できる(6)

　　　19 (9회)– いえる(1), わかる(4), ～ことができる(4)

　　　20 (17회)– わかる(4), いえる(1), うかがえる(3), とれる(1), ～でき
　　　　　　　　 る(8)

3)「동사 + 보조동사」

「동사 + 보조동사」는「~ている」(~하고 있다)가 주된 형식이다.「~
てみる」(~해 보다)「~ていく」(~해 가다)「~てくる」(~해 오다)「~て
おく」(~해 두다)「~てしまう」(~해 버리다)는 소수만이 보일 뿐이다.
「~ている」에는「~(ら)れている」(~되어 있다)가 포함되어 있지만,「~
ている」의 앞에 오는「~(ら)れる」의 의미에는 어떠한 것이 있는가 주목
해 보고자 한다.

<표3>「동사 + 보조동사」의 분포

논문 번호	ている 출현수	(れている) 출현수	てみる 출현수	ていく 출현수	ておく 출현수	ておく 출현수	てしまう 출현수	합계
1	10	(2)	2	3		1		18
2	10	(2)						12
3	11	(4)						15
4	18		5			2	2	27
5	4	(3)						7
6	7	(3)						10
7	22	(3)	2	2	4			33
8	3					1		4
9	14	(6)			1	1		22
10	2			3				5
11	4		1		1	2		8
12	8	(4)				1		13
13	11	(1)		2				14
14	5	(1)						6
15	9	(1)	1					11
16		(2)						2
17	5	(1)			1	1		8
18	20	(4)	1	2				27
19	5	(2)	1	3				11
20	19	(1)		2	1			23
합계	149	(40)	13	17	8	7	4	238

논문에 보이는 「~ている」의 형태는 의미적으로는 거의 상태를 나타내고 있는 것이다. 예를 들면, 논문20의 「동사 + 보조동사」 20예를 보면, 「占めている、強くなっている、見せている、呈している、生じている、様相となっている、曲線となっている、存在している、沿うものとなっている、添えている、~ことにしている、属している、形のものとなっている、存在になってきている、挟まってきている、似ている」(차지하고 있다, 강해졌다, 보이고 있다, 나타내고 있다, 발생하고 있다, 양상이 되었다, 곡선을 이루고 있다, 존재하고 있다, 따른 것이다, 더하고 있다, ~하기로 했다, 속하여 있다, 형태를 취하고 있다, 존재가 되었다, 틈에 끼어있다, 닮았다)이다.

여기에서는 「(ら)れている」의 「(ら)れる」의 의미용법을 중심적으로 다루고자 한다. 우선, 그 구체적인 예를 보면 다음과 같다.

논문1 - 表すとされている(나타낸다고 되어 있다), 使われている(사용되고 있다)

　2 - 使われている(사용되고 있다), 限られている(한정되어 있다)

　3 - 位置づけられている(위치 지어져 있다), 示されている(나타나 있다), 伝達されている(전달되고 있다)(2)

　5 - 統一されている(통일되어 있다)(2), 使われている(사용되고 있다)

　6 - 指摘されている(지적되고 있다), 多用されている(다용되고 있다), 限られている(한정되어 있다)

　7 - ~とされている(~라 되어있다), 左右されている(좌우되고 있다)(2), <考えられてくる(생각되어 진다), 感じられてくる(느껴진다), 生まれてくる(생겨난다)>

　9 - 意識されている(의식되고 있다), 指摘されている(지적되고 있다), 作られている(만들어져 있다), 取りざたされている(평판되고 있다), 伴われている(동반된다), 用いられている(이용 되고 있다) <排除されてしまう(배제되어 버린다)>

12 - 述べられている(서술되고 있다)(2), 扱われている(취급되고 있다), 指摘されている(지적되고 있다)

13 - 規制されている(규제되고 있다)

14 - 使われている(사용되고 있다)

15 - 使われている(사용되고 있다)

16 - ～であるとされている(～이다라고 되어 있다), 表されている(나타내고 있다)

17 - 配布されている(배포되고 있다)

18 - 報告されている(보고되고 있다), 利用されている(이용되고 있다), 行われてきている(행하여지고 있다), 明らかにされている(밝혀지고 있다)

19 - 確認されている(확인되고 있다), 用いられている(이용되고 있다)

20 - ～とされている(～라고 되어 있다)

위의 예를 보면, 「～する」의 「～(ら)れる」형인 「～されている」는 수동의 의미밖에 없다. 또 그 외에 보여지는 5단 동사, 1단 동사에 관계없이, 「～ている」의 앞에 나타나는 「～(ら)れる」의 의미는 수동이다. 그러나 논문 7에서 보는 「考えられている, 感じられてくる, 生まれてくる」의 「(ら)れる」는 「자발」의 의미를 취하는 것이 자연스러울 것이다.

이것은 「그 외」의 문말형식에 나타나는 「(ら)れる」가 붙는 형식의 「의미」가 「수동」과 「자발」또는 가능으로 해석 할 수 있다. 다시 말하자면, 그 의미가 갖는 다중성이 「～ている」가 붙음으로 인해, 그 역할을 확실히 하고 있다고 볼 수 있다.

4) 조동사적 표현과 종조사 「か」를 동반하는 표현

우선, 이러한 표현을 정리한 것이 <표4>이다.

이 조동사적 표현과 종조사 「か」를 동반하는 표현은 일본어 문말표현의 한가지 특징을 나타내는 것이라고 생각된다. 일본어 술부의 기본이 되는 것은 「명사 + だ(である)」「형용사」「동사」인 것은 틀림없는 사실 이지만, 이 기본적인 술부의 성분에 이어서 나타나는 조동사적 부분을 이해하지 않고서는 일본어의 문을 바르게 이해하기 어렵기 때문이다. 이 문말에 나타나는 요소를 정확히 이해하게 됨으로써, 한국어의 문말표현 과의 차이점도 분명해 질 것이다.

이러한 의미에서, 연구논문의 문말표현의 조동사적 표현을 살펴보면, 「ない」(없다) 「수동의 의미(또 그 외)」((ら)れる) 「う、よう」(하자, 일 것이 다) 「だろう」(일 것이다)와 「であろう」(일 것이다), 종조사 「か」(까 - 의문) 를 동반하는 표현이 눈에 띄고 있음을 알 수 있다.

이러한 표현을 중심으로 살펴보고자 한다.

<표4> 기타 문말표현

논문번호	ない 출현수	られる 출현수	せる 출현수	ようだ 출현수	そうだ 출현수	たい 출현수	う、よう 출현수	だろう 출현수	う、よう か 출현수	だろうか 출현수	か 출현수	명사 종결 출현수	합계
1	4(1)	12(11)				2	6	2	1	3	3		33
2	4(2)	15(3)				0	11	1	2	0	0		33
3	4(2)	12(9)				2	2	0	2	3	0		25
4	7(2)	7(5)				7	4	0	5	0	0		30
5	10(2)	6				1	6	0	0	0	0		23
6	2(1)	9(1)				1	1	2	0	3	4		22
7	5(0)	22(17)	1			4	7	2	0	7	0		48
8	5(4)	24(21)				3	15	0	3	0	0		50
9	13(8)	17(11)				9	6	3	0	3	0		51
10	16(12)	14(9)				0	1	0	0	0	0		31
11	2(1)	5(3)				2	3	2	0	1	0		15
12	15(5)	6(5)				4	10	2	1	3	1		42
13	7(3)	10(2)				0	0	0	0	0	0		17
14	9(5)	6(3)		1	ある	2	4	5					32
15	4(2)	7(1)		3		0	3	1	4	0	0	3	25

16	17(9)	6(3)				0	0	1	0	0	0		24
17	1	3(2)				5	3	2	0	0	0		14
18	8(4)	11(3)				1	7	1	1	0	0		29
19	4(2)	19(9)	1			2	3	0	0	0	0		29
20	6(2)	12(6)				1	4	0	2	0	0		25
합계	143(67)	223(124)	2	4	3	46	96	24	23	23	8	3	598

기타 문말의 분포를 보면, 「られる」(되다) 「ない」(없다) 「たい」(싶다) 「う、よう」(하자) 「だろう」(일 것이다)와 종조사 「か」(까)를 동반하는 「う、ようか」「だろうか」「か」와, 소수지만 「せる」「ようだ」「そうだ」를 동반하는 표현과 명사종결 등이 있다.

(1) 「ない」

<표4>를 보면, 부정의 「ない」의 문말은 143예가 보여지지만, 그 중에 67예는 「否めない、判別できない、見られない」(부정할 수 없다, 판별할 수 없다, 볼 수 없다)와 같은 가능표현이다. 가능표현과 관련해서 생각할 수 있는 것은 이 가능표현의 의미상의 강도의 뉘앙스이다. 「考える」(생각하다)와 「考えられる」(생각할 수 있다), 그리고 「考えない」(생각하지 않는다)와 「考えられない」(생각할 수 없다)를 보면 알 수 있듯이 「(ら)れる」가 붙는 가능표현이 보다 약하다. 「가능표현」은 논문의 문체상에서 많이 사용되는 표현이기 때문에 부정표현 중, 가능표현의 비율이 높은 것이지만, 「られる」를 동반하는 표현이 문말에 자주 출현하는 것은, 일본어의 문말표현의 한가지 특징이기도 하고, 연구논문의 문체의 특징이라고도 할 수 있을 것이라고 생각한다.

(2) 「(ら)れる」

「(ら)れる」가 붙는 문말이 223문이나 나타나는 것은 우선 논문 문체의 특징 때문일 것이다. 일본어의 조동사 중에서 「(ら)れる」의 출현이 많은 것은, 신문의 문장에서도 동일하게 보여지는데, 이것은 신문문장과 논문의 문장이 갖는 문체상의 공통점이 있기 때문이라고 볼 수 있다. 신문문장이 지향하는 객관성, 중립성들이 연구 논문에도 요구되는 문체상의 항목인 것이다.

「(ら)れる」는 그 의미에 있어서 일반적으로 「수동, 자발, 가능, 존경」의 4가지 의미로 나눌 수 있다고 하지만, 「수동, 자발, 가능」의 3가지 의미를 확실히 구분 할 수 있는지 없는지에 대해서는 의문이 생긴다. 실제의 문을 보면, 「수동」과 「가능」의 의미를 다 가지고 있다고 보이는 문이 많다. 이것은 「(ら)れる」라고 하는 하나의 형식에서 의미분화가 일어났기 때문일지도 모르지만, 한편으로는 「(ら)れる」가 갖는 원래의 의미가 복합적이라고도 생각할 수 있다. 그러나, 의미의 경계선의 불분명함은 「(ら)れる」와 결합하는 동사의 종류와 부정의 「ない」, 「~ている」 등이 붙는 것에 의해 그 의미가 확실해 지는 예가 많다.

「(ら)れる」를 포함하는 문말 223문 중, 124문이 「考えられる」(생각되어진다)와 「思われる」(생각되어 진다)이다. 이는 논문 문말의 특징이다. 「考える」와 「考えられる」는 양쪽 모두 많이 사용되고 있지만, 「思う」와 「思われる」를 보면, 「思う」의 출현 빈도는 높지 않다. 「考える」와 「思う」 2개의 동사의 의미에 차이가 있다고 논문저자들이 느끼고 있기 때문일 것이다.

「思う」와 「考える」가 개별적으로 사용될 때는 「考える」쪽이 논문에서 자주 사용되지만, 그것이 「(ら)れる」와 결합하게 되는 경우에 따라 「考えられる」와 「思われる」의 양쪽 모두 논문에 적절한 술어표현이 된다는 것이다. 여기에서 동사 「思う」가 「思われる」가 되는 것은 단순히 「(ら)れる」가 붙는 것에 의해 어떤 의미의 첨가이상의 의미변화가 일어나고 있는 것은 아닐까? 「思われる」가 독자적 의미를 갖게 되어 가는 단계에 있는 것이라 생각된다.

(3) 「う、よう」와 「だろう」

「う、よう」에는 동사의 미연형에 「う、よう」가 붙는 것과 「~であろう」로 종결되는 것을 하나의 항목에 넣고 있지만, 의미상 「う、よう」는 크게 두 가지 의미로 나눌 수 있다. 추량과 의지, 권유의 의미이다. 「~であろう」쪽은 대략적으로 추량의 의미로 간주할 수 있다. 또, 다른 항목의 「だろう」의 의미도 광범위하게 말하자면 추량의 의미로 볼 수 있다. 「う、よう」의 96예 중에서, 쓰는 사람의 의지를 표현하고 있다라고 생각되는 예는 39예에 지나지 않는다. 그 구체적인 예를 보면, 「見よう、表示しよう、挙げよう」의 류와 「見てみよう、考察してみよう、考えてみよう」(보자, 표시하자, 들자, 살펴보자, 고찰해 보자, 생각해 보자) 등의 류이다. 이러한 종류의 「う、よう」는 쓰는 사람의 의지, 권유의 의미로 여겨지지만, 여기에 보여지는 예에서는 쓰는 사람이 독자에게 강한 의지를 표현하고 있다고 보는 것은 무리이고, 독자를 의식하면서 자기 자신에게도 인식시키는, 결코 강하지 않은 의사표명이라고 보는 것이 타당한 것 같다.

다음으로는 추량의 대표적인 표현형식인 「だろう」와 「であろう」에 대해 생각해 보자.

「だろう」는, 연어(連語) 「で・あらう」의 축약형으로 생각하는 입장과 「だろ」와 「う」로 분석하여, 지정의 조동사 「だ」의 미연형 추량법으로 보는 입장이 있지만, 「だろう」는

① 활용어에 붙는다. (「だ」는 붙지 않는다. 다만 「であろう」는 붙는다.)
② 연체수식이 거의 없다. (「う」「であろう」에는 적다)

③ 의지, 지향의 의미가 없다. (「う」는 주로 의지, 지향을 나타낸다. 「であ
   ろう」에도 그 예가 있다.)

등의 특성에서 하나의 단어로서 인정되는 것이 타당하다고 생각한다.

「であろう」는 무로마치시대(室町時代)부터 보여지지만, 「だろう」는 에
도시대(江戸時代)부터 출현하기 시작한 말이라고 한다. 에도시대 초기까
지는 「であろう」쪽이 우세했었지만, 18세기말이 되자, 「だろう」는 회화
문에 정착하게 되었고, 「う、よう」에 의한 의지표현에 대립하는 추량표
현으로서의 위치를 확립하게 되었던 것 같다. 특히, 동경어에 이러한 대
립의 모습이 보여진다고 한다. 「であろう」는 점차 이론적이고 격식을 차
린 말투가 되어갔으며, 화자의 계층이나 이야기의 장면, 상황도 특정한
것이 되었으며, 현재, 「であろう」는 구어체의 문장이나 회화문에서 거의
모습을 감추었다. 한편 「だろう」는 문장체에도 진출하고 있다. 이것은
「だ」와 「である」문체의 규범에 변화가 일어나고 있는 것과도 관계가
있는 것 같다. 이번 논문의 문말표현의 분석에서도 「명사 + だ」와 「な
형용사」문은 「だ」체가 출현하지 않은 것에 대해, 「であろう」에 대한
「だろう」의 출현, 「ようである、そうである」에 대한 「ようだ、そうだ」
의 출현은 소수이지만 출현하고 있는 것과도 관련이 있는 것 같다.

그런데 논문에 나오는 모든 추량표현의 예를 정리해 보았더니 아래와
같았다. 아래의 예에서 우선, 「う、よう」가 붙어서 추량표현이 된 것은,
자동사, 가능표현, 수동표현 등 상태성을 띈 용언에 「う、よう」가 붙었을
때로 한정되어 있음을 알 수 있다.

다음으로 「だろう」와 「であろう」를 보자.

「だろう」와 「であろう」가 접속하는 말은 공통된다. 예에서 보는 바와
같이 명사(の、もの、ため 등의 형식명사에 준하는 것), 동사, 조사 등에 공
통되게 접속하고 있다. 그러나, 「な형용사(형용동사)」의 어간에는 「だろ
う」는 붙지 않고 「であろう」의 형태만이 출현하고 있었다. 이것은 「명사

+ である」「な형용사」에 엄격히 「である」체를 견지하고 있는 것과 상관
관계가 있을 것이다.

　또, 「い형용사」의 추량형인 「~かろう」형태는 1예도 없고, 「~無緣で
はなかろう」(~와 관계 없을 것이다)의 예가 1예 있을 뿐이어서 좀 더 예
를 조사해 봐야 할 것이다.

＜논문에 보여지는 추량표현＞

＜う・よう＞	＜だろう＞	＜であろう＞
意味になろう	どこからくるのだろう	どうであろう
의미가 될 것이다	어디에서 온 것인가	어떻게 된 것인가
意味になろう	まとめることができるだろう	漠然としているであろう
의미가 될 것이다	정리할 수 있을 것이다	막연할 것이다
見なすことができよう	言えるだろう	考えられるであろう
간주할 수 있을 것이다	말할 수 있을 것이다	생각할 수 있을 것이다
言えよう	あるだろう	十分であろう
말할 수 있을 것이다	있을 것이다	충분할 것이다
必要があろう	言ってよいだろう	十分であろう
필요가 있을 것이다	말해도 좋을 것이다	충분할 것이다
言えよう	~であることによるだろう	予想されるのであろう
말할 수 있을 것이다	~에 의한 것일 것이다	예상될 것일 것이다
言えよう	多用されるものだろう	自然であろう
말할 수 있을 것이다	많이 사용되는 것일 것이다	자연스러울 것이다
いえよう	どうだろう	使うことができるのであろう
말할 수 있을 것이다	어찌된 것일까	사용할 수 있을 것이다
見ることができよう	出ているのだろう	確かであろう
볼 수 있을 것이다	나와있을 것이다	확실할 것이다
言えよう	豫測されるためだろう	役立つであろう
말할 수 있을 것이다	예상되기 때문일 것이다	유용할 것이다
理解されよう	働くからだろう	一因であろう
이해될 것이다	움직이기 때문일 것이다	하나의 원인이 될 것이다
見ることができよう	自然なことだろう	反復であろう

볼 수 있을 것이다 　자연스러운 일일 것이다 　반복일 것이다
ことになろう 　といってよいだろう・ 　当然であろう
경우가 될 것이다 　라고 말해도 좋을 것이다 　당연할 것이다
言えよう 　となり得るだろう 　察するであろう
말할 수 있을 것이다 　이해할 것이다 　살펴야 할 것이다
詳かになろう 　かんがえてもよいだろう 　表すところであろう
자세하게 될 것이다 　생각해도 좋을 것이다 　나타나는 경우일 것이다
こともできよう 　ということができるだろう 　説明しうるであろう
~일 수도 있을 것이다 　라고 할 수 있을 것이다 　설명할 수 있을 것이다
言えよう 　言えるだろう 　~てもよいであろう
말할 수 있을 것이다 　말할 수 있을 것이다 　해도 좋을 것이다
言えよう 　言えるだろう 　言いかねないであろう
말할 수 있을 것이다 　말할 수 있을 것이다 　말할지도 모를 것이다
あることになろう 　次のようになるだろう 　できるであろう
~이 될 것이다 　다음과 같이 될 것이다 　할 수 있을 것이다
課題となろう 　特徴づけることができるだろう 　自然であろう
과제가 될 것이다 　특징질 수 있을 것이다 　자연스러울 것이다
無縁ではなかろう 　ただしいだろう 　発話するであろう
무관하지 않을 것이다 　옳을 것이다 　발화할 것이다
言えよう 　表すことになるだろう 　自然であろう
말할 수 있을 것이다 　나타나게 될 것이다 　자연스러울 것이다
　　　　　　　　　　規則となるだろう 　主張するのができるのであろう
　　　　　　　　　　규칙일 것이다 　주장할 수 있을 것이다
　　　　　　　　　　言ってよいだろう 　出てくるのであろう
　　　　　　　　　　말해도 좋을 것이다 　나온 것일 것이다
　　　　　　　　　　得られるだろう 　用いられるのであろう
　　　　　　　　　　납득될 것이다 　사용될 것이다
　　　　　　　　　　　　　　　　　~られるためであろう
　　　　　　　　　　　　　　　　　~되기 때문 일 것이다
　　　　　　　　　　　　　　　　　必要であろう
　　　　　　　　　　　　　　　　　필요할 것이다
　　　　　　　　　　　　　　　　　有用であろう
　　　　　　　　　　　　　　　　　유용할 것이다
　　　　　　　　　　　　　　　　　自然であろう

자연스러울 것이다
自然であろう
자연스러울 것이다
一般的であろう
일반적일 것이다
分類されるべきものであろう
분류시켜야만 할 것이다
得られるであろう
얻게 될 것이다
検証し得たであろう
검증할 수 있었을 것이다
見ることができるであろう
볼 수 있을 것이다

(4) 「う、ようか」와 「だろうか」와 「か」

일본어의 문말표현에 「か」를 동반하는 형태는 주로 「う、よう」와 「だろう」에 「か」가 붙어서 나타나는 것이 보통이다. 그 외에 「か」를 동반하는 예는 논문 1, 6, 12에 각각 3예, 4예, 1예씩 보이지만, 「なぜか(2)、狭いのではないか、あるのではないか、いえるのではないか、表すことになるのか、分けられているのではないか、言うのではないか」(왜인가, 좁은 것은 아닌가, 있는 것은 아닌가, 말할 수 있는 것이 아닌가, 나타나게 되는 것인가, 분리되어 있는 것은 아닌가, 말하는 것이 아닌가)로 「~のではないか」의 형태로 끝나는 일종의 패턴화된 표현이다.

「う、ようか」와 「だろうか」「であろか」를 보면, 「う、ようか」는 용언에 붙는 형태로는 「ということになろうか」의 1예 밖에 없고, 「ではなかろうか」의 형태가 5예이다. 「であろうか」는 「の、もの」를 동반한 형태가 많고, 「だろうか」는 「であろうか」와 구별 없이 사용되는 형태와 「ではないだろうか」로 분류할 수 있다.

　여기에서 특기할 만한 것은 일본어의 추량표현이 「부정」을 동반할 때,
「～ではなかろう」보다 「ではなかろうか, ～ではないだろうか」가 일반적
으로 사용되고 있다는 점이다. 「～ではなかろうか」와 「～ではないだろう
か」를 비교하면 「～ではないだろうか」쪽이 세력을 얻고 있는 것 같다.
　논문에 나온 예는 다음과 같다.

＜う・ようか＞	＜だろうか＞	＜であろうか＞
ということになろうか	言えるのではないだろうか	使い分けられるのであろうか
라고 하는 것이 되는가	말할 수 있는 것이 아닌가	구별해 사용되는 것인가
必要があるのではなかろうか	入れてもいいだろうか	どうなるであろうか
필요가 있는 것이 아닌가	넣어도 좋은 것인가	어찌될 것인가
考えられるのではなかろうか	「」になるのだろうか	屬することになるのであろうか
생각할 수 있는 것이 아닌가	「」이 될 것인가	속하게 되는 것일까
自然ではなかろうか	説明できるだろうか	よるのであろうか
자연스러운 것이 아닌가	설명할 수 있을까	의한 것일까
なり得るのではなかろうか	説明したらいいのだろうか	どうであろうか
될 수 있는 것이 아닌가	설명하면 되는 것일까	어떨까
ーできるのではなかろうか	屬するのだろうか	どうであろうか
가능한 것이 아닌가	속하는 것일까	
	示されているだろうか	どうであろうか
	제시되고 있는 것일까	
	果たしているのだろうか	感じられるであろうか
	이행하고 있는 것일까	느껴질까
	どうだろうか	どうなるであろうか
	어떨까	어떻게 될 것일까
	難しいのではないだろうか	自然なのであろうか
	어려운 것은 아닐까	자연스러운 것일까
	どうだろうか	接続するのであろうか
	어떨까	접속하는 것일까
	言えるのではないだろうか	表すのであろうか
	말 할 수 있는 것은 아닐까	나타나는 것일까
	ならないだろうか	影響であろうか
	되지 않을까	영향일까

感じられるのではないだろうか　どのようなものであろうか
느껴지는 것이 아닐까　　　　　어떠한 것일까
なるのではないだろうか　　　どのようなのであろうか
되는 것은 아닐까　　　　　　어떠한 것일까
言えるのではないだろうか　　一關係に立つものであろうか
말할 수 있는 것이 아닐까　　관계에 서는 것일까
一ができるのではないだろうか
이 가능한 것은 아닐까
生まれてくるのではないだろうか
발생하는 것이 아닐까
物語っているのではないだろうか
말하고 있는 것이 아닐까
動詞なのだろうか
동사인 것일까
どうだろうか(3)
어떨까

(5) 명사종결

논문의 문말에 「명사」종결이 보이는 것은 의외이지만, 논문 15번에 3
예 보인다. 그 예를 보면, 「採集した形, 〜がつく形、扱た形」이다. 이것
은 문장체의 규범을 지키지 않았다라고 규정하기보다는 문을 간결하게
하기 위한 것이라고 볼 수 있겠다.

5) 형용사와 보조형용사

<표1>에서는 「い형용사」는 형용사에, 「な형용사」는 「である」에 넣어
서 분석했다. 「い형용사」가 73문, 「な형용사」가 71문으로, 형용사 문은
144문이며, 이는 전체의 6.6%에 해당된다. 「い형용사」와 「な형용사」문이
거의 같은 비율로 사용되고 있는 것을 알 수 있다. 보조 형용사문은 42
문으로 그 수가 적다. 보조 형용사문은 형용사의 부정형 「ない」와 「〜に

くい、〜やすい」 등의 표현이다.

<표5> 형용사·보조형용사의 분포

논문번호	イ형용사 출현수	ナ형용사 출현수	보조형용사 출현수	합계
1	0	2	0	2
2	3	1	2	6
3	1	0	0	1
4	5	4	4	13
5	3	3	1	7
6	4	5	1	10
7	2	3	2	7
8	0	3	1	4
9	5	9	5	19
10	2	2	0	4
11	4	1	7	12
12	5	3	4	12
13	12	5	2	19
14	8	6	1	15
15	5	0	2	7
16	2	6	1	9
17	4	2	2	8
18	5	5	3	13
19	3	7	3	13
20	0	4	1	5
합계	73	71	42	186

6) 「である」를 포함하는 문말표현

「である」를 포함하고 있는 문말표현을 분류한 것이 <표6>이다. 연구논문의 문말에 있어서 「である」와 「だ」의 적절한 사용이 명확하게 지켜지고 있는 것을 알 수 있다. 「である」문말에 있어서 빈도수부터 살펴보면, 「형식명사 + である」「명사 + である」「조사 + である」의 순으로 높은 것을 알 수 있다. 「な형용사」는 「형용사」에서 언급했기 때문에,

「명사 + である」이하에 대해 살펴보도록 하자.

<표6>「である」의 분포

논문번호	な형용사	명사+である	형식명사 + である				조사+である	ようである	そうである	べきである	ごとくである	기타	합계
			もの	こと	の	기타							
출현수	출현수	출현수	추현수	출현수	출현수	출현수	출현수	출현수	출현수	출현수	출현수	출현수	
1	2	7	2	6	5	1	0	2	0	0	0	1	26
2	1	8	1	7	3	0	2	0	1	0	0	0	23
3	0	5	3	6	11	0	1	0	0	0	0	0	26
4	4	18	0	2	6	0	0	2	0	0	0	0	32
5	3	7	6	2	7	0	2	1	0	0	0	1	29
6	5	11	4	3	0	2	0	0	0	0	0	0	25
7	3	6	2	1	0	0	1	0	0	0	0	0	13
8	3	10	0	1	0	1	0	1	0	0	0	0	16
9	9	5	1	1	1	0	1	0	0	0	0	0	18
10	2	3	4	4	7	0	1	0	0	0	0	2	23
11	1	14	5	2	0	0	1	0	0	0	0	2	25
12	3	7	0	0	4	1	1	4	0	0	0	0	20
13	5	7	0	0	0	0	0	0	0	0	0	0	12
14	6	4	2	4	3	3	4	1	1	1	0	0	29
15	0	3	2	0	1	1	1	2	0	0	0	1	11
16	6	2	0	0	0	0	1	0	0	0	0	0	9
17	2	2	4	2	1	0	3	0	0	0	0	0	14
18	5	17	2	1	0	0	4	0	0	0	0	0	29
19	7	7	6	0	0	0	0	0	0	0	0	0	20
20	4	3	4	0	3	0	1	5	1	1	1	0	23
합	71	146	48	43	52	9	24	18	3	2	1	7	423

　「명사 + である」는 146예 출현하고 있고, 「형식명사 + である」는 「～ものである」48예, 「～ことである」43예, 「～のである」52예, 「그 외의 형식명사 + である」9예로 총 152예이다.

　「もの」와 「こと」「の」가 평균적으로 사용되고 있다. 형식명사가 문말에 오는 것은 쓰는 사람의 의도가 포함되어 있다고 볼 수 있을 것이다.

「조사 + である」가 24예에 출현하고 있으며, 「ようである」18예, 「そうである」 3예, 「べきである」 2예, 「ごとくである」 1예이다. 「ようだ」 4예, 「そうだ」가 3예인 것을 생각해 보면, 「ようだ」보다 「ようである」가 많이 사용되고 있으나, 「そうだ」와 「そうである」는 예가 적기 때문에 판단할 수 없다.

「그 외」는 7예 나타나고 있는데, 이것은 부사, 기호 등에 「である」가 붙는 예이다. 「である」가 붙는 문말표현 중에서, 조동사적 요소를 갖고 있는 표현을 생각해 보면, 「ようである」「そうである」「べきである」「ごとくである」를 우선 생각 할 수 있다. 그러나, 이것들의 빈도수는 높지 않다. 그것에 비해, 「형식명사 + である」가 눈에 띈다. 「ものである」「ことである」「のである」가 각각 48예, 43예, 52예 출현하고 있다. 형식명사는 「である」에 접속하는 이외에도 문말에 자주 등장한다. 「である」와 결합한 형식명사 중에서 「のである」가 약간 많지만, 그다지 차이는 없다고 보는 것이 타당할 것이다. 이것에 비해 순수하게 「명사 + である」로 끝나는 문말이 146문인 것은, 일본어의 문말표현이 기본적인 문말요소에 「조동사적」요소를 즐겨 사용하고 있다라는 것을 알 수 있게 한다.

4. 마무리

일본어와 한국어는 술어의 기본이 되는 것이 명사 술어, 형용사 술어, 동사 술어이다. 술어의 구조도 용언의 어간에 보조동사, 접사, 조동사 등의 요소가 붙고, 어미로 끝맺는다 라는 것은 대체적으로 같다. 그러나 그 형태상에는 차이가 있다. 명사문의 경우는 「명사 + だ」와 「명사 + である」의 구별이 있고, 형용사와 동사에는 형태상의 차이가 존재한다. 형용사의 기본형은 「い」로 끝나는 것과 「だ」로 끝나는 것이 있고, 동사의 기본형은 「う」단이라고 하는 형태상의 규칙이 있고, 각각 활용형이 다르다. 또, 조동사라는 것도 그 기본형의 종지형에 의해 활용형이 결정되는 것이다. 「れる、られる」「せる, させる」는 동사의 활용형을, 「ない、たい、らしい」 등은 「い」형용사의 활용형, 「ようだ、そうだ」는 「な」형용사 (형용동사)의 활용형을 갖는다. 형태상의 동일성은 일본어의 술어에서는 상당히 중요한 포인트가 된다.

그것에 비해, 한국어의 명사문은 「명사 + 이다」의 형태 밖에 없다. 그리고 형용사와 동사의 기본형의 형태상의 차이는 없고, 활용형의 차이도 거의 없다. 다만, 형용사는 일본어의 경우와 같이 「~하다」형과 「~다」형의 2종류가 존재한다. 동사는 일본어의 경우, 기본형이 「う」단으로 끝난다는 통일성이 있지만 「う、く、ぐ、す、つ、ぬ、ぶ、む、る」와 같이 다양한 어미를 갖고 있는 것에 대해, 한국어의 기본형은 전부가 「~다」로 끝나서 다른 용언과 차이가 없다. 그래서 한국어의 형용사와 동사의 구별의 기준이 되는 것은 그 용언이 갖는 형태의 특징이 아니라, 그 용언의 의미가 상태성인가 동작성인가에 따라, 형용사와 동사로 구별되는 것이다.

일본어에 있어서 「ある、要る、老いる、優れる、疲れる」 등의 동사의 의미는 상태성을 띤 것이지만, 형태상 「동사」의 형태이기 때문에 「동사」이다. 한국어에서 「ある、要る、老いる、優れる、疲れる」(있다, 필요하다, 늙다, 우수하다, 피곤하다)는 「형용사」가 된다.

이렇게 일본어와 한국어의 술어에는 여러 가지 차이가 존재하고 있다. 이번 연구논문에 있어서 문말표현의 특징을 보면, 우선 술어에 나타나는 어휘수가 다양하지 않다는 것을 알 수 있다.

한정된 어휘수와 관련해서, 「(ら)れる」가 붙는 표현에도 「考えられ

る」「思われる」의 출현수가 많았던 점도 지적할 수 있다. 그리고, 가능 표현이 많이 보이는 것이다. 가능표현의 형식으로서는 「가능동사」「~こ とができる」「~(ら)れる」의 형태 이외에 「わかる、みえる」 등 의미상 가능표현이 많았지만, 이것은 동사의 종지형이 갖고 있는 단정의 강함을 완화시키기 위한 표현 형식으로서 이해 할 수 있을 것이다.

또, 「である」체가 지켜지고 있는 것을 볼 수 있다. 「た」계열에서는 「だった」가 1예도 출현하지 않은 것과 「명사 +だ」「な형용사」의 경우 도 「だ」의 문말은 보이지 않는다. 다만, 「ようだ」 4예와 「そうだ」 3예를 볼 수 있다.

또, 「형식명사 + である」의 문말표현도 동사의 종지형으로 끝나는 단 정표현을 완화시키기 위해, 또는 쓰는 사람의 기분을 표현하기 위해 사 용되고 있다.

추량표현을 나타내는 표현형식으로는, 상태동사에 「う、よう」가 붙는 경우와 「であろう」와 「だろう」가 있다. 「だろう」는 「であろう」에서 왔 다는 설과 「だ」의 미연형에 「う」가 붙어있는 형태라는 설이 있다. 이 「だろう」는 「であろう」보다 빈도 수는 높지 않지만, 문장체에서도 자리 매김하고 있는 것 같다. 「か」를 동반하는 「う、ようか」「であろうか」 「だろうか」에 있어서는 「だろうか」와 「であろうか」가 거의 같은 비율 로 사용되고 있다.

이상으로 일본어의 연구논문에 있어서 문말표현을 분석해 보았는데, 한국어의 연구논문의 문말표현은 어떠한 양상을 나타내고 있는가를 조 사하는 것이 다음 과제이다.

日本語の研究論文資料

1. 坪根由佳里「「ものだ」に関する一考察」『日本語教育』84号, 1994.
2. 柴公也「漢語動詞の態をいかに教えるか – 韓国人学生に対して-」『日本語教育』59号, 1986.
3. 浅野裕子「「と思われる」にみる日英の誤用論的原則」『日本語教育』88号, 1996.
4. 生越直樹「日本語の接続助詞(て)と朝鮮語の連結語尾(아)と(고)」『日本語教育』62号, 1987.
5. 劉向東「「わけだ」文に関する一考察」,『日本語教育』88号, 1996.
6. 佐藤勢紀子, 仁科浩美「工学系学術論文に見られる「と考えられる」の機能」『日本語教育』93号, 1997.
7. 中村英子「動作動詞テイルの「反復」について-「反復」の解釈が生まれる諸条件 -」,『日本語教育』93号, 1997.
8. 谷口秀治「テイル形に関するムード的側面の考察」『日本語教育』92号, 1997.
9. 藤城浩子「「判断のモダリティ」についての一考察」『日本語教育』92号, 1997.
10. 木下りか「ハズダの意味分析 – 他の真偽判断のモダリティ形式と比較して –」『日本語教育』92号, 1997.
11. 草津恵美子「有体他動詞と無体他動詞の意味上の分布」『計量国語学』第16巻8号, 1989.
12. 植田瑞子「「自発」表現の一考察-自発文の二系列-」『日本語教育』96号, 1998.
13. 鎌田倫子「内容節をとる動詞のコトとノの選択規則 – 主動詞の意味分類と節の時制から-」,『日本語教育』98号, 1998.
14. 原沢伊都夫「テアル形の意味-テイル形との関係において」『日本語教育』98号, 1998.
15. 豊田豊子「「そうだ」の否定の形」,『日本語教育』97号, 1998.
16. 鈴木智美「「~てしまう」の意味」,『日本語教育』97号, 1998.
17. 近藤泰弘「「の」「こと」による名詞節の性質一能格性の観点から一」『国語学』190, 1997.
18. 前川喜久雄・吉岡泰夫「発話の丁寧さに対する語彙的要因と韻律的要因の寄与」『国語学』190, 1997.
19. 日高水穂「授与動詞の体系変化の地域差一東日本方言の対照から一」『国語学』190, 1997.
20. 大橋純一「埼玉特殊アクセントの個人差と地域差一三領域間における二拍名詞の体系的変化動向を比較しつつ一」,『国語学』187, 1996.

▌주

1) 卓星淑「文章表現の一考察 ―新聞文章を対象として―」『ことば』9호, 현대일
   본어 연구회, 1998.
2) 卓星淑「文章表現の一考察 ―韓国語の「動詞+었다」と日本語の「動詞+た」
   をめぐって―」『인문논총』제7호, 경원대학교 인문과학 연구소, 1998.

제5장
한국어 학술논문의 문말표현

1. 첫머리

5장에서는, 한국어로 쓰여진 학술연구논문을 대상으로 그 문말표현을 분석해, 문체상의 특징이 어떻게 나타나는가를 고찰해 가고자 한다. 이 분석에 앞서, 4장에서 일본어 학술 연구논문의 문말표현의 양상을 살펴보았다. 그 결과, 연구논문으로서의 몇 가지 문체상의 특징을 발견할 수 있었다.

학술논문은 그 성격상 다른 문장에 비해, 문장으로서의 규범적 요소가 철저하게 요구되어지는 정형적인 문장이라고 말할 수 있겠다. 이와 같은 점은 일본어의 연구논문을 분석하는 작업을 통해서도 확인할 수 있었다. 이번에는, 한국어의 학술논문에는 어떠한 특징이 있는가를 살펴보기로 하자.

2. 분석대상과 분석방법

1) 분석대상

분석대상은 국어학 관계의 논문 20편이다. 분량은 400자 원고지 50매에서 60매의 길이로 제한이 있는 것으로서, 학회지에 게재되었던 것을 택했다. 선택의 기준은, 되도록 현시점에서 가까운 것으로 논문의 길이가 일정한 것, 국어학 전공자에 의해 쓰여진 것이다. 분석대상으로 한 논문의 상세 목록은 이 장의 말미에 기록하기로 한다.

2) 분석방법

한국어의 술부의 핵이 되는 것은, 일본어와 같이 「동사」, 「형용사」, 「명사 + 이다」이다. 술부 즉 문말표현은 이러한 기본적인 요소가 되는 용언의 어간에 보조동사, 보조형용사 등이 붙어 어미 또는 조사로 완결한다.

그래서 「동사」, 「형용사」, 「명사 + 이다」를 근간으로 하는 문말 부분을 문장마다 번호를 붙여 형태별로, 우선 「었」계열과 비 「었」계열로 나누고, 비 「었」계열은 문말표현의 중심품사에 따라 다시 「동사의 ㄴ다」형, 「동사 + 보조동사」, 「형용사」, 「보조형용사」, 「명사 + 이다, 아니다」를 포함 6가지의 문말표현으로 분류해, 그것을 하위 분류하는 방법을 취했다. 분류항목은 아래와 같다.

한국어의 품사분류는, 「한글학회」편 「우리말 큰사전」에 따르고 있다.

(1) 「었」계열 : 「었」을 포함한 문말표현이다.
(2) 비 「었」계열
　　1) 「동사의 ㄴ다」형 : 「뜻한다, 이해된다, 보인다, 여겨진다」 등.
　　2) 「동사 + 보조동사」 : 「쓰여있다, 실현되고 있다, 대비해 본다, -해야한다, 못한다」 등.
　　3) 「그 밖의 문말표현」 : 「하겠다, 하자, 하지 아니한가」 등.
　　4) 「형용사」 : 「있다, 없다, 같다, 할 수 있다, 할 수 없다」 등.
　　5) 「보조형용사」 : 「~지 아니하다, 지 않다, 듯하다, ~하다」 등.
　　6) 「명사 + 이다, 아니다」 : 「이다, 아니다」의 지정사를 포함한 문말표현

3. 자료의 분석

20편의 한국어 연구논문을 우선, 7가지의 형태로 분류한 것이, 〈표1〉이다. 표를 보면, 우선 「었」계열과 비「었」계열 중, 비「었」계열에 편중되어 있는 것을 알 수 있다. 비「었」계열은 「동사」술어가 많고, 형용사 술어와 명사술어가 대개 같은 비율을 보이고 있다. 「형용사」의 출현수가 많은 점이 눈에 띈다. 「그 밖의 문말표현」과 「보조형용사」는 출현수가 적다.

그럼, 각각의 문말형식에 관해 살펴보자.

〈표1〉 한국어 학술논문 문말표현의 분포

논문번호	「었다」형		동사(ㄴ다)형		동사 + 보조동사		기타 문말표현		형용사		보조형용사		「명사+이다」등을 포함한 문말표현		합계
	출현수	백분율	출현수	백분율	출현수	백분율	출현수	백분율	출현수	백분율	출현수	백분율	출현수	백분율	
1	6	3.9	45	29.2	21	13.6	1	0.6	46	29.9	0	0	35	22.7	154
2	5	4.3	42	36.5	14	12.2	4	3.5	28	24.3	1	0.9	21	18.3	115
3	1	0.4	52	19.3	26	9.6	17	6.3	104	38.5	3	1.1	67	24.8	270
4	41	29.5	40	28.8	10	7.2	0	0	27	19.4	4	2.9	17	12.2	139
5	15	5.8	89	34.4	27	10.4	21	8.1	46	17.8	0	0	61	23.6	259
6	8	6.5	21	17.0	20	16.1	6	4.8	33	26.6	4	3.2	32	25.8	124
7	18	9.8	60	32.8	19	10.4	6	3.3	34	18.6	1	0.5	45	24.6	183
8	8	5.1	50	31.6	16	10.1	5	3.2	33	20.9	0	0	46	29.1	158
9	12	19.0	16	25.4	3	4.8	8	12.7	10	15.9	2	3.1	12	19.0	63
10	12	8.0	20	13.3	52	34.7	4	2.7	29	19.3	4	2.7	29	19.3	150
11	7	10.6	17	25.8	8	12.1	1	1.5	21	31.8	0	0	12	18.2	66
12	28	20.0	18	12.9	14	10.0	8	5.7	37	26.4	1	0.7	34	24.3	140
13	27	23.3	17	14.6	20	17.2	1	0.9	32	27.6	1	0.9	18	15.5	116
14	6	2.6	54	23.7	26	11.4	2	0.9	52	22.8	1	0.4	87	38.2	228
15	27	23.5	22	19.1	14	12.2	0	0	18	15.6	0	0	34	29.6	115
16	31	18.0	40	23.3	26	13.1	3	1.7	51	29.7	2	1.2	19	11.0	172
17	23	14.5	41	25.8	14	14.5	4	2.5	36	22.6	2	1.2	30	18.9	159
18	12	8.1	28	18.9	17	11.5	11	7.4	46	31.1	0	0	34	23.0	148

19	36	17.1	30	14.2	35	16.6	16	7.6	25	11.8	10	4.7	59	28.0	211
20	27	11.2	87	36.0	23	9.5	10	4.2	46	19.1	1	0.4	47	19.5	241
합계	350	10.9	789	24.6	414	12.9	128	4.0	754	23.5	37	1.1	739	23.0	3211

1)「었」계열

20편의 논문에 있어서「었」계열의 평균치는 10.9%의 비율이다. 논문에 따라 개인차가 보인다. 270문 중에 1문인 논문도 있는 반면, 139문 중에 41문이「었」을 포함하고 있는 경우도 있다.

특히「었」계열의 비율이 높은 논문번호4에 보여지는 실제의 예를 들어보자.

(1) 더욱이 일본어 구문의 영향이나 일어식 관용적 표현에 대하여는 송민(1989)이외에는 아무런 연구가 없었다. (380쪽)
(2) 특히 국어사 자료의 말모둠들은 언어의 시대적 變化를 일목요연하게 보여준다는 점에서 주목을 받아왔다. (379쪽)
(3) 문학인들도 똑같이 일본의 식민지 교육을 받았고 소년시절부터 일본어와 일본문화에 젖어서 성장하였다. (380쪽)
(4) 그러나 당시 이러한 환경에 있던 작가들의 일본어 침투도(浸透度)는 자국어에 대한 새로운 인식을 불러올 정도로 뿌리깊은 것이었다.
(380쪽)

위의 예를 보면, 이 논문4의 주제가 1920년부터 30년대에 걸친 일본어 구문의 영향을 논한다는 점 때문에,「었」계가 많이 사용되고 있는 것이지, 일반적인 경향은 아닌 것 같다. 또,「었」은, 역사적인 사항이나 인용을 할 때에도 자주 사용되고 있다.

(5) 김승곤(1950)에서는 월의 올바른 의미적 해석을 통하여 통어론적 말
  본을 바르게 설명, 확립하는데 있어서 움직씨의 뜻자질이 중요한 구
  실을 한다고 하였다. (논문12, 40쪽)

이 예문의 「~고 하였다」는, 일본어의 경우는 「~ている」라고 표현하
는 방법이 일반적이지만, 한국어에서는 「~고 한다」와 「~고 하였다」 모
두를 사용할 수 있는 것 같다.

이러한 「었」의 359문의 분포를 보면, 「동사 + 었다」, 「동사 + 보조
동사 + 었다」가 300문이고, 「형용사 + 었다」가 36문, 「명사 + 지정사
+ 었다」가 14문이다.

동사술어 「었」을 상세하게 보면, 「동사 + 었다」가 189예, 「동사 +
보조동사 + 었다」는 111예가 보이고 있다.

형용사술어 「었」의 분포는, 「있다, 없다」의 「었」형인 「있었다」와 「없
었다」가 14예, 「~수 있었다, ~수 없었다」의 「었」형이 14예이다.

분석 결과, 한국어의 연구논문에 있어서 「었」형은 「동사술어」에 치우
쳐 있다고 말할 수 있겠다. 한국어의 문장에는 「었」계열 출현이 일반적
으로 많이 보여지는데, 논문에는 10.9%의 비율을 보이고 있다. 이런 수
치에서 한국어 「었」이 일본어에 있어서 「~た」와 「~ている」에 걸친 의
미영역을 가지고 있기는 하나, 문체의 종류에 따라 그 사용빈도가 달라
진다는 것을 알았다. 특히, 연구논문은 통사적인 연구에 있어서도 새로
운 사실을 명확히 한다는 성격으로 인해 「었」계열 빈도수가 낮은 것이
라 생각된다.

2) 非「었」계열

  (1) 「동사ㄴ다」형

「동사ㄴ다」형은 7개의 문말형식 중에서 출현수가 가장 많다. 물론, 「형용사」 종지형이나 「명사 + 이다」 종지형과 그다지 차이가 크지는 않다. 「동사ㄴ다」의 양상을 보면, 명사에 「한다」, 명사에 「된다」가 붙은 것, 이 외에 「보인다, 여겨진다, 나타난다」 등의 출현이 눈에 띈다.

「동사 + ㄴ다」에는, 자·타동사(나타난다, 나타낸다), 수동의 뜻을 갖는 동사(보인다), 사역의 뜻을 갖는 동사(시킨다)등이 포함된다. 그러나, 대표적인 동사는 「명사 + 한다」와 「명사 + 된다」이고, 논문의 성격 상 「나타난다, 보인다」 등 몇 개의 동사가 많은 비율을 차지하고 있다. 「동사 + ㄴ다」를 포함하는 예문을 보자.

(1) 그러므로 이들 복합양태의 의미적 범주는 결국 추정인식과 상황인식으로 양분된다. (논문7,476쪽)
(2) 전달의 표현적 의미가 주된 의미가 되어 특히 청자와 관련하여 대우법에서 제한을 받게 된다. (논문7,474쪽)
(3) 시제적 성격과 함께 일어난 사건에 대하여 단언적인 화자의 태도를 표현한다. (논문7,474쪽)
(4) (14ㄷ)은 1인칭 화자의 의지의 태도를 보인다. (논문7,476쪽)
(5) 이러한 현상은 일반적인 언어현상으로서 ~았~과~더~가 함께 쓰일 경우 뚜렷이 나타난다. (논문7,475쪽)

〈표2〉 「동사 + ㄴ다」의 분포

논문번호	~한다 출현수	~된다 출현수	기타동사 출현수	합계
1	7	18	20	45
2	20	15	7	42
3	1	14	37	52
4	8	11	21	40
5	16	24	49	89

6	2	13	6	21
7	17	19	24	60
8	17	15	18	50
9	1	2	13	16
10	1	8	11	20
11	4	5	8	17
12	2	7	9	18
13	1	5	11	17
14	8	18	28	54
15	7	7	8	22
16	5	11	24	40
17	7	28	6	41
18	3	16	9	28
19	7	14	9	30
20	18	22	47	87
합계	152(19.3%)	272(34.5%)	365(46.3%)	789

「동사 + ㄴ다」를 분류해 보면, 「~한다」가 152예(19.3%), 「~된다」가 272예(34.5%)이고, 그 외의 동사는 365예(46.3%)이다. 그러나, 기타 동사 중 「보인다」는 100예 이상을 차지하고 있다. 논문의 문체가 비교적 단조롭게 느껴지는 것도 한정된 어휘선택에 그 요인이 있다고 생각된다.

「한다」는, 대부분이 「한자어 + 한다」의 형태이고, 「된다」는, 「한자어 + 된다」, 「~가 된다」「~하게 된다」의 유형이 있다. 「한자어 + 된다」가 가장 많이 나타나고, 이어서 「~게 된다」의 순이다. 「~가 된다」의 예는 극히 적다. 「한자어 + 한다」와 「한자어 + 된다」의 관계는 「진행한다」와 「진행된다」와 같은 것으로, 능동과 수동의 관계를 나타내고 있다고 할 수 있다. 「~게 된다」도 「~ようになる」의 의미이므로 간접적인 표현으로, 수동의 의미 표현을 나타낸다. 그렇다고 하면, 「동사ㄴ다」형 문말표현에 「한자어 + 된다」「보인다」「여겨진다」와 같은 수동표현이 나타나고, 「나타난다」와 같은 자동사도 다수 나타나는 것은, 논문 -즉,

객관적인 사항을 통해 자신의 주장을 이끈다 - 문체의 특징적인 일면으로 받아들일 수 있겠다.

(2)「동사 + 보조동사」

한국어에 있어서 보조동사의 범위는 학자에 따라 차이가 커서, 대표적인「~고 있다, ~어 있다」이외에는 여러 가지로 논의되고 있으나, 여기에서는 사전의 품사분류에 근거하여 아래의 〈표3〉과 같이 분류하기로 하자.

「동사 + 보조동사」의 실제 예문이다.

(1) 필자는 이런 형태론적인 설명들을 가급적 피하고 선어말어미들의 서열을 필자 나름대로 의미적 배경에 연관시켜 설명해 보고자 한다.

(논문7,462쪽)

(2) 배희임(1976)에서도 같은 방식의 설명이 이루어지고 있다.

(논문7,461쪽)

(3) 이 설명방식은 ... 하기는 하나 역시 그 기저에 있는 의미적 배경을 밝히는데는 그 효능을 발휘하지 못하고 있다. (논문7,461쪽)

(4) ... 1인칭 화자의 의지로는 해석이 되지 않는다. (논문7,476쪽)

〈표3〉「동사 + 보조동사」의 분포

논문번호	A類	B類	C類	합계
	출현수	출현수	출현수	
1	16	3	2	21
2	9	3	2	14
3	11	5	10	26
4	5	5	0	10
5	9	14	4	27
6	13	7	0	20

7	13	5	1	19
8	1	15	0	16
9	2	0	1	3
10	34	10	8	52
11	3	4	1	8
12	8	4	2	14
13	13	6	1	20
14	11	9	6	26
15	10	4	0	14
16	20	5	1	26
17	8	10	5	23
18	12	5	0	17
19	23	10	2	35
20	12	5	6	23
합계	233(56.3%)	129(31.1%)	52(12.6%)	414

A類 : 고 있다, 어 있다. 어 주다 등

B類 : ~야 한다, ~고 한다, ~게 한다, ~라 한다, ~려고 한다, ~고
　　　자 한다, ~으면 한다, ~기도한다 등

C類 : ~지 않다

「동사 + 보조동사」는, 전체 문말의 12.9%의 비율을 보이고 있다. 한
국어에 있어서 「보조동사」는 크게 「~고 있다」류(A), 「~고, 어야, 게,
라, 려고, 고자, 으면, 기도+한다」류(B), 「~지 않다」류(C)로 나눌 수 있
다.

「~고 있다」류는 「어 있다, 어 보다, 어 주다」 등을 포함하고 있지만,
「~고 있다」가 중심적으로 나타나고, 「~어 있다」는 논문 20편 중에서
13예밖에 나오지 않는다. 이것은 한국어에 있어서 「~었」의 의미영역과
깊은 관계를 나타내고 있다고 생각된다. (박영준(1998), 生越直樹(1997))

「어 있」의 의미를 「었」으로 나타내는 것이 있기 때문에, 이 두 개의 빈도 수와도 관계가 있다고 생각된다. 또, 「~고 있」의 의미도 앞에 접속하는 동사에 의해 동작의 진행과 상태결과를 나타낸다고 하는 의미 확장 때문에 그 빈도수가 높은 것일지도 모르겠다.

「~한다」류는 모달리티적 요소를 포함하고 있는 것도 있다. 인용과 의무, 전언, 목적, 희망 등의 의미로도 사용되고 있다. 논문에 이와 같은 예가 129예 나타나지만, 「~야 한다」와 같은 의무과 당연한 의미를 나타내는 형식은 적고, 「~고 한다」「~고자 한다」와 같은 인용과 목적을 나타내는 형식이 많이 보여진다. 이것은 신문문장 중에서 사설에 「~야 한다」가 많이 보여지는 현상과 다르다. 이와 같은 표현이 신문 사설과 연구논문이 다르다는 점을 나타내는 척도이기 때문일 것이다.

그리고, 동사의 부정형 「~지 않다」도 한국어의 경우는 「보조동사」에 들어간다. 일반적으로 보조동사로 여겨지는 「~고 있다」의 류와 「~한다」도 꽤 많이 나타난다는 것을 알았다. 부정형은 52예로 「동사 + ㄴ다」가 789예 등장하는 것에 비하면 연구논문에 부정표현이 그다지 선호되는 표현이 아님을 알 수 있다.

(3) 기타 문말표현

필자의 의지 표현과 의문, 물음 등을 나타내는 표현이다. 이 문말표현은, 128문으로 4%의 비율을 보이고 있다. 한국어의 경우는 「~겠」과 「~자」가 주류로, 「~가」와 「~까」로 끝나는 표현도 보여지지만, 「명사종지」와 「부사종지」, 생략을 나타내는 표현은 볼 수 없다. 이 점은 연구논문이 문장체를 고수하고 있음을 나타내는 것이라 여겨진다. 예문을 아래에 들고 있는데, (1)과 (2)와 같은 예가 대부분이고, 논문19의 예문은 극히 드문 예라고 말할 수 있다. 이것은 논문의 문장체와 밀접한 관계가 있기 때문일 것이다.

　기타 문말표현 예문
　(1) 다음의 예를 보자. (논문7,467쪽)
　(2) 먼저 예문부터 보기로 하겠다. (논문9,2쪽)
　(3) 왜일까? (논문19)
　(4) ....뜻이리라 (논문19)
　(5) 어말어미 앞? (논문19)

　여기에서 (1)과 (2)의 예문을 일본어로 번역하면,「~見よう, ~見ること
とにする, ~見ることにしたい」등으로 될 것이다.「~(よ)う」와「~だろ
う」를 동반하는 표현이 일본어 연구논문에는 다수 나타난다. 이 표현과
함께 한국어「~ㄹ 것이다」의 표현을 주의 깊게 살펴보아야 할 것이다.
　한국어에 있어서「~ㄹ까」와「~ㄴ가」,「~리라」를 동반하는 표현은
일본어로 번역하면「~だろう(か)」「~だろう」가 된다. 그러나, 한국어
「~ㄹ까」와「~ㄴ가」는 그 뉘앙스에 차이가 있다.「~う・よう」와「だ
ろう」을 동반하는 표현이 일본어 연구논문에 다수 사용되고 있는데, 한
국어에서「う・よう」,「だろう(であろう)」와 의미면에서 비슷한 표현은
이처럼 다양하다.

　(4)「형용사」
　형용사가 포함되는 문말표현의 예는 다음과 같은 것이다.

　(1) 이처럼 모든 보조동사는 같은 형태의 본동사에서 생성되었다고 말
　　　할 수 있다. (논문 6,342쪽)
　(2) 이것들 가운데 보조동사 ~고 싶다가 본동사 싶다와 의미상 관련을
　　　갖고 있는지 알아볼 필요가 있다. (논문 6,340쪽)

(3) (4)에 나타나 있듯이 보조동사로 인정되는 동사들의 어미들 가운데, 항상 등장하는 것들은 [아, 고] 에 불과하다. (논문 6,345쪽)

(4) 결국 보조동사 [주다] 가 그 역할을 한 것으로 볼 수밖에 없다.

(논문 6,346쪽)

(5) 사실은 보조동사로 쓰인 〈봉사〉 의미의   [주다] 와는 성격이 다르다. (논문 6,347쪽)

한국어 연구논문에 형용사는 전체 문말표현 중, 23.5%를 차지하고 있다. 이것은 「동사+ㄴ다」에 버금가는 출현 수이다. 각 논문별로, 형용사 분포를 보여주는 것이 아래의 〈표4〉이다.

〈표4〉 형용사의 분포

논문번호	A類 출현수	B類 출현수	C類 출현수	합계
1	5	1	40	46
2	12	6	10	28
3	21	64	19	104
4	10	7	10	27
5	6	5	35	46
6	5	5	23	33
7	7	4	23	34
8	10	5	18	33
9	5	3	2	10
10	11	2	16	29
11	9	11	1	21
12	10	4	23	37
13	12	5	15	32
14	15	21	16	52
15	9	2	7	18
16	12	18	21	51
17	3	9	24	36
18	2	8	36	46

19	9	6	10	25
20	10	12	24	46
합계	183(24.3%)	198(26.2%)	373(49.5%)	754

A類 ; 일반 형용사류 「많다, 생각하다, 같다」 등

B類 ; 「있다, 없다」

C類 ; 「~수 있다, ~수 없다」

「형용사」로 끝나는 문말표현을 A, B, C로 나누어 보았는데, 「있다」와 「없다」, 그리고 가능표현 「~수 있다」와 「~수 없다」가 형용사 전체의 75%이상을 차지하고 있다. 논문의 문체에 있어서 특징적 표현의 하나가 가능표현인 것은 확실한 것 같다. 「~수 있다(없다)」가 형용사에 포함되어 있지만, 「~수 있다」가 95%이상이고, 「있다, 없다」도 「있다」쪽이 압도적으로 많다. 긍정표현이 많은 것은, 「동사」술어의 경우와 같은 경향이라 할 수 있다.

「있다, 없다, ~수 있다, 수 없다」를 제외한 일반형용사가 183예 나타나고 있지만, 이것은 논문 20편 문말표현 총수의 5.7%에 해당한다.

(5) 보조형용사

보조형용사는 「많지 않다」 「~듯하다」 「~기는 하다」 등이다. 형용사의 부정형을 포함하고 있지만, 37예밖에 나타나지 않는다. 37예는 부정형과 「~듯하다」가 대부분이지만, 이 빈도수도 형용사의 빈도수에 비하면, 그 비율이 아주 낮다. 「~듯하다」와 같이 추측을 나타내는 표현이 규범적인 문장에는 적합하지 않은 표현이기 때문일 것이다. 그 대신 「형용사」중에, 「~것 같다」(형용사에 포함)는 출현하기는 하나, 역시 그 출현수는 많지 않다. 이러한 추량표현은 한국어 학술논문의 경우, 「~것 이다」가 담당하고 있다고 생각된다.

보조형용사의 예문

(1) 김(1989)도 명제 내부와 관련된 선어말어미는 앞쪽으로 명제 외부와
관련된 선어말어미는 뒤쪽에 위치하는 것으로 설명하였으나 포괄적
인 설명이 되지는 않는 듯하다. (논문 7,462쪽)

(2) 화자의 심리적 상태를 나타내는 표현이라는 본래 특성상 당연한 결
과이기도 하다. (논문 6,345쪽)

(3) 이러한 ……는 변별적이지 않다.

(6)「명사 + 이다, 아니다」

이 표현에는「이다」를 포함하는 문말표현이 들어있다. 이 표현들을
「명사 + 아니다」,「명사 + 이다」,「~것이다」와「기타(~위해서이다, 그
러나이다, ~적이다)」로 나누어 보았다. 〈표5〉가 그 상세한 내용이다.「명
사 + 아니다」는 23예이고,「명사 + 이다」가 406예,「~것이다」가 289
예, 기타는 21예 보여진다. 동사와 형용사의 경우와 마찬가지로 부정표
현이 적고, 기타의 예도「~적이다」가 대부분이고 부사 등에「이다」가
붙어 있는 예는 거의 보이지 않는다. 부사에「이다」가 붙은 예는 다른
문장에서 자주 보이지만, 논문의 문장에는 거의 등장하지 않는 것도 문
장체의 규범이라는 면과 관련이 있는 것 같다.「~적이다」는, 지정사
「이다」때문에, 이 문말표현에 포함되어 있지만, 그 의미 면에서는「형
용사」인 것이다. 이것은 일본어에 있어서「형용동사(な형용사)」의「~で
ある」의 형태와 비슷한 현상이다.

또한,「~것이다」로 끝나는 문말표현이 많은 것이 한국어의 문말표현
특징이라고 말할 수 있다.「~것이다」가 갖고 있는 의미 영역은 대단히
애매하다. 바꿔 말하면, 폭넓다고도 말할 수 있겠다.「것이다」와 비슷한

표현으로서, 「셈이다」 「일이다」 「모양이다」 「점이다」 등이 있지만, 한국
어의 문장에 「것이다」로 끝나는 문말표현이 두드러지게 많은 것은 다른
표현의 의미 영역이 「것이다」보다 제한되어 있기 때문이라고 생각된다.

「것이다」는 크게 「ㄹ 것이다」와 「ㄴ 것이다」로 나눌 수 있다. 「것이
다」 앞에 오는 술어 형태에 따라 그 의미가 달라진다. 「것이다」 앞에
「~ㄴ」 형태가 오는 경우는 일본어에 있어서 「~のだ, ものだ, ことだ」
등을 동반하는 판단의 뉘앙스를 가진 표현이 되고, 「것이다」 앞에 「~
ㄹ」형태가 오는 경우는 「だろう」 등을 동반하는 의미에 가깝다고 할 수
있다. 또한, 한국어의 「ㄹ 것이다」와 「겠」을 수반하는 표현은 추량의 의
미를 나타낸다고 일반적으로 말하여지지만, 추량의 의미도 각각 뉘앙스
에는 차이가 있을 것이다. 「ㄹ 것이다」는, 「겠」와 함께 화자의 판단과
양태를 나타내게 된다. 이남순(1995)에 의하면, 「겠」은 화자의 배제적인
판단을 나타낸다. 즉, 화자만의 판단, 청자와 제3자의 판단이 배제된 판
단을 내릴 때에 사용되고, 「ㄹ 것이다」는 화자가 청자와 제3자의 판단을
포괄해서 판단을 내릴 때 사용한다. 화자가 많은 사람에게 하나의 진리
라고 생각되는 내용이나 규정화된 내용을 말할 때, 「ㄹ것이다」가 빈번히
이용되는 것은 그것이 포괄적 판단을 나타내는 기능을 가지고 있기 때문
이라고 지적하고 있다. 이 지적은, 연구논문에 「~ㄹ것이다」가 「겠」보다
많이 출현한다는 점에서도 수긍이 간다.

「~ㄴ 것이다」는 일본어에 있어서 형식명사를 동반하는 표현에 가깝
다. 「~것이다」 이외에 「~일이다」, 「~셈이다」, 「~점이다」 등도 나타나
지만, 앞에 오는 술어의 시제에 따라(~하는, ~한다는, ~한, ~할) 일본어
에 있어서 「こと」 「もの」 등의 형식명사에 「だ」가 붙은 형식과 같은 역
할을 하는 것과, 일본어에 있어서 「う・よう」 「だろう」 등의 추량표현의
역할을 하는 것이 있다. 이것은 구체적인 분석을 필요로 하지만, 다음으

로 미루기로 한다. 지정사를 포함하고 있는 예문을 보자.

(1) 보조동사의 논항구조는 예문 (1), (2), (3)에서 보듯이 다양한 양상을 띠고 있기 때문이다. (논문 6,335쪽)

(2) 학교문법에서까지 거의 그대로 받아들여지고 있다고 해도 과언이 아니다. (논문 6,336쪽)

(3) 보조동사의 본동사 생성 현상은 입증될 수 있을 것이다.

(논문 6,340쪽)

(4) 즉 논항구조만으로는 본동사, 보조동사의 해석 차이를 쉽게 변별시 키지 못한다는 것이다. (논문 6,348쪽)

(5) 이들이 의미상 밀접한 관련이 있었음은 물론이다. (논문 6,342쪽)

(6) (9ㄹ)은 과거에 [너가 정말 좋았] 을 사실에 대한 화자의 추정적 표 현이다. (논문 7,470쪽)

〈표5〉「이다」를 포함한 문말표현

논문번호	명사 + 아니다	명사 + 이다	~것이다	그 외	합계
	출현수	출현수	출현수	출현수	
1	0	14	21	0	35
2	1	9	10	1	21
3	1	46	19	1	67
4	1	8	8	0	17
5	2	42	17	0	61
6	2	14	15	1	32
7	2	26	12	5	45
8	0	30	15	1	46
9	1	4	7	0	12
10	0	18	8	3	29
11	0	11	1	0	12
12	0	11	20	3	34
13	1	9	9	0	18
14	1	35	47	4	87
15	2	29	2	1	34

16	0	16	2	1	19
17	2	12	16	0	30
18	0	12	22	0	34
19	6	34	19	0	59
20	1	27	19	0	47
합계	23(3.1%)	406(54.9%)	289(39.1%)	21(2.9%)	739

4. 맺음말

한국어 연구논문에 있어서의 문말표현의 양상을 살펴보았다.

연구논문에 있어서 문말표현 분석 결과, 〈표1〉에서 보여지는 것처럼, 「였」을 포함하고 있는 형식이 다른 문장(수필이나 신문의 문장)에 비해 적었던 것이 가장 큰 특징이라고 할 수 있다.

「동사ㄴ다」형태는 동사의 빈도수가 낮은 것과 수동의 의미를 포함하고 있는 동사가 많았고, 연구논문에 있어서는 「수동표현」 빈도가 높은 것을 알 수 있었다.

「동사 + 보조동사」형태는 상태를 나타내는 것과 필자의 의지를 나타내는 표현이 섞여 있고, 부정표현은 적다는 것을 알았다.

「기타 문말표현」에서는, 「~겠다」와 「~하자」, 「~인가」가 많이 나타나고, 술어가 생략되거나 하는 예는 거의 나타나지 않았다.

「형용사」의 문말표현은 빈도가 높은데, 이는 형용사 「있다」와 연구논문에 자주 등장하는 가능표현 때문이다. 「~수 있다」의 가능표현은, 전체논문의 문말표현의 10%이상을 차지하고 있다.

「명사 + 이다」로 대표되는 문말표현에는 「~것이다」가 많았다. 「~것이다」는 신문문장의 사설문에도 10문에 1문 비율로 나타나지만, 그 의미는 「형식명사 + だ/である」역할과 「う・よう」「だろう・であろう」 등의 역할도 담당하고 있어, 연구논문에는 필수적인 문말표현인 것 같다.

학술 연구논문은 단조로우나 문장체의 특징을 가장 고수하고 있는 문장이다. 4장 일본어 학술 연구논문 분석에 있어서는, 「である」체가 엄격하게 지켜지고 있다는 것에서 문장체가 지켜지고 있다고 했지만, 한국어 학술 연구논문의 경우는, 어떠한 점에서 그러한 특징을 찾을 수 있을까 살펴보자.

이번 분석을 통해서 확인된 것은, 아래와 같은 사실이다.

다른 문장과 비교하기 편하게 하기 위해서, 수필의 문말표현 양상을 본 것이 〈표6〉이다. 〈표1〉과 〈표6〉을 보면, 그 양상이 꽤 다르다. 수필의 문장은 「~었다」형에 편중되어 있고, 「기타 문말표현」이 많다.

「기타 문말표현」에서는 정중체 「~ㅂ니다」형도 보인다. 수필은 자유로운 문장이기 때문에, 문말표현에도 다양한 형태가 나타나는 것이리라.

연구논문 문말을 고찰한 결과를 정리해 보자.

우선, 「기타 문말표현」에 「명사」로 끝나는 체언종결문이나 부사로 끝나는 문말표현과 같은 술어를 생략한 표현이 나타나지 않았다.

두 번째, 「동사 + 보조동사」로 문말표현 「~하다」류의 목적의 의도를 나타낼 때, 「~려고 하다」대신에 「~고자 하다」쪽이 사용되고 있다.

세 번째, 「보조형용사」 문말표현으로 「성싶다, 모양이다」와 같이 구어에 가까운 표현은 사용되지 않고, 그 대신에 형용사종결에 포함되는 「것 같다」가 사용된다. 이것으로 미루어 「것 같다」쪽이 문장체에 적합한 것이라고 할 수 있겠다.

네 번째, 지정사 「이다」를 동반하는 문말표현 중, 「부사」에 「이다」가 붙은 형태나 그 이외에 구어체의 문장에 자주 사용되는 표현이 적었던 것도 두드러진다. 「이다」를 포함한 문말표현에는 「~것이다」를 포함하고 있는 표현이 많았던 것도 문장체의 특징일 것이다. 「~것이다」는 한

국어 문장에 대표적인 문말형식으로서 정착되어 있다.「것이다」의미는
「것이다」앞에 오는 술어의 형태에 따라,「ㄹ 것이다」와「ㄴ 것이다」로
나눌 수 있고, 그 의미도 달라지지만,「ㄹ 것이다」와「ㄴ 것이다」두 개
의 형식이 다 연구논문에 적합한 것 같다.

여기서 일본어의 연구논문 분석 결과와 비교해 보자.

일본어와 한국어는 술어의 기본이 되는 것은 명사술어, 형용사술어, 동
사술어이다. 술어의 구조도 용언의 어간에 보조동사, 접사, 조동사 등의
요소가 붙어, 어미로 끝맺는다고 하는 것은 대체로 비슷한 경향이다.

그러나, 그 형태상에는 차이가 있다. 명사문의 경우는「명사 + だ」와
「명사 + である」구별이, 형용사와 동사에는 형태상의 차이가 존재한
다.「형용사」의 기본형은「い」로 끝나는 것과「だ」로 끝나는 것이 있다.
동사의 기본형은「う」단이라고 하는 형태상의 결말이 있어, 각각의 활용
형이 다르다. 또, 조동사라고 된 것도 그 기본형의 종지형에 의해, 활용
형이 결정되는 것이다.「れる・られる」「せる・させる」는 동사 활용형
을,「ない・たい・らしい」등은「い」형용사 활용형,「ようだ・そうだ」는
「な」형용사(형용동사)의 활용형을 갖는다. 형태상의 동일성은 일본어 술
어에서는 대단히 중요한 포인트가 된다.

그것에 비해, 한국어 명사문은「명사 + 이다」형태 밖에 없다. 그리고
형용사와 동사 기본형의 형태의 차이도 없고, 활용형의 차이도 거의 없
다. 다만, 형용사는 일본어의 경우와 마찬가지로「~하다」형과「~스럽
다」형의 2종류가 존재한다. 동사는 일본어의 경우 기본형이「う」단으로
끝난다고 하는 통일성은 있지만,「う・く・ぐ・す・つ・ぬ・ぶ・む・
る」와 같이 다양한 어미를 가지고 있는 것에 반해, 한국어의 기본형은
전부가「~다」로 다른 용언과의 차이는 없다. 거기에서 한국어의 형용사
와 동사의 구별이 기준이 되는 것은 그 용언이 가지고 있는 형태의 특징

이 아니라, 그 용언의 의미가 상태성인가 동작성인가에 따라, 형용사와
동사로 구별되는 것이다.

일본어에 있어서 「ある・要る・老いる・優れる・疲れる」 등의 동사는
그 의미가 상태성을 띤 것이 형태상 「동사」형이기 때문에 「동사」이다.
한국어에서는 「ある、要る、老いる、優れる、疲れる」(있다・필요하다・늙
다・우수하다・피곤하다)는 「형용사」가 된다.

이처럼 일본어와 한국어의 술어에는 여러 가지 차이가 존재하고 있다.
일본어 연구논문에 있어서 문말표현의 특징을 보면, 우선 술어로 사용되
는 어휘수가 다양하지 않다는 것을 들 수 있다. 이것은 한국어의 논문에
도 같은 경향이 보인다.

제한된 어휘수와 관련해, 「(ら)れる」가 붙는 표현으로 「考えられる」와
「思われる」의 출현수가 많았던 점도 지적할 수 있다. 한국어에 있어서
는 「~된다」를 포함하고 있는 수동표현과 함께 「보인다, 나타난다, 여겨
진다」 등의 자동사를 간접적인 표현수단으로서 사용하고 있는 것, 즉 일
본어 연구논문의 경우와 동일하게 간접적인 표현이 선호 되고 있는 것을
확인할 수 있다.

그리고, 가능표현이 많이 보이는 것이다. 가능표현 형식으로서는 「가
능동사」 「~ことができる」 「~(ら)れる」형 이외에 「わかる・みえる」 등
의미상 가능표현이 많았지만, 이것은 동사의 종지형이 갖는 단정의 강함
을 완화하기 위한 표현형식으로서 이해할 수 있지 않을까. 가능표현 출
현은 한국어에 있어서 연구논문에도 많이 나타나고 있다. 「~수 있다, ~
수 없다」를 수반하는 표현과 함께 「보인다」 등의 표현 빈도수가 많았다.
일본어에 있어서 「~られる」를 이용하여, 단정의 강함을 완화시키는 표
현은 자발의 표현에 가까운 것이라고 생각되어, 이와 같은 표현은 한국
어에도 「~생각이 든다」 같은 예가 보이지만 그 빈도수는 극히 적다.

또, 일본어 연구논문에서는 일관된「である」체의 고집을 볼 수 있다. I 류의「た」계열에서는「だった」가 1예도 나오지 않고, 전부「であった」로 끝나는 문말표현이었다는 사실을 들 수 있다. 또,「명사 + だ」와「な형용사」경우도「だ」로 끝나는 문말은 볼 수 없다. 다만,「ようだ」4예와「そうだ」3예가 보일 뿐이다.「だ」와「である」의 구별은 일본어 특유의 것으로, 한국어에는 이것에 필적할만한 구별 수단이 없다. 이것에 비해, 한국어 구어체와 문장어체의 구별 척도는 어휘와 어법에 있는 것은 아닌가생각된다.「~고자 한다」와「~려고 한다」를 구분해 사용하고,「기타 문말표현」의 점유율이 낮았던 점 등에서 문장체 특색을 살펴볼 수 있겠다.

또, 일본어의 경우,「형식명사 + である」의 문말표현도 동사의 종지형으로 끝나는 단정표현을 나타내기 위해, 또는 필자의 기분을 표현하기 위해 사용되고 있는데, 한국어의 경우는「것이다」에 편중되어 있다는 사실을 지적할 수 있다.

추량표현을 나타내는 표현형식으로는, 상태동사에「う・よう」가 붙는 경우와「であろう」와「だろう」가 출현한다.「だろう」는「であろう」에서 왔다는 설과「だ」미연형에「う」가 붙은 형태이라는 설이 있다.「だろう」는「であろう」보다 빈도수가 높지는 않지만, 문장체로도 위치 지어진 것 같다.「か」를 수반하는「う・ようか」「であろうか」「だろうか」에 있어서는「だろうか」와「であろうか」가 거의 같은 비율로 사용되고 있다.

한국어의 경우 추량의 형식으로서 대표적인 것에「겠」과「ㄹ 것이다」가 있다. 이 두 가지는 각각 특색이 있다. 그리고 한국어의 경우,「~인가」와「~일까」표현이 문말에 자주 나타지만, 이것을 일본어로 번역하면 똑같이「だろう」로 밖에 할 수 없다. 이 두 개를 살펴보면,「~일

「까」쪽이 「~인가」보다 구어적인 느낌이 드는데, 여기에 대해서는 좀 더 생각해 보지 않으면 안 될 것이다.

　이상이 일본어 학술 연구논문과 한국어 학술 연구논문의 문말표현을 분석한 결과이다. 양국어 연구논문 문말표현을 직접적으로 비교한다는 것은 어려운 것이지만, 그 경향은 공통점이 많은 것 같다. 간단히 정리하면, 어휘 변화가 적은 점과 수동표현이 다수 나타난다는 점, 그리고 문장으로서의 규범이 지켜지고 있는 점 등이다.

　이번 분석을 통해서 학술 연구논문을 쓰는 경우 자주 나타나는 문말표현 종류에는 어떠한 것이 있는가에 대해 간략히 알아보았다. 그러나, 이번에는 국어학 논문으로 제한한 조사였기 때문에, 국어학이외의 논문에서는 어떠한 양상으로 나타날 것인지가 아직 의문이다. 인문계와 이과계 논문에는 각각의 특색이 있을 것이고, 그 특색이 문말표현에 영향을 준다는 것은 예측할 수 있다. 또한, 자료 범위를 넓히고 세밀한 분석을 통해 일본어와 한국어 문장에 있어서 문말표현 양상을 파악하여, 한국어와 일본어의 술어표현을 대조 분석하는 것이 과제이다. 한층 상세한 분석을 하는 것이 다음의 과제이다.

〈표6〉 한국어 수필의 문말표현의 분포

논문번호	た계열		동사る형		동사 + 보조동사		그밖에		い형용사		보조형용사		である		합계
	출현수	백분율	출현수	백분율	출현수	백분율	출현수	백분율	출현수	백분율	출현수	백분율	출현수	백분율	
1	2	1.8	36	31.9	16	14.1	33	29.2	0	0	0	0	26	23	113
2	2	2.0	29	28.4	10	9.8	33	35.4	3	2.9	2	2.0	23	22.5	102
3	4	4.4	24	26.4	11	12.1	25	27.4	1	1.1	0	0	26	20	91
4	12	8.2	36	24.7	27	18.5	30	20.5	5	3.4	4	2.7	32	21.9	146
5	1	1.1	28	31.5	4	4.5	23	25.8	3	3.4	1	1.1	29	32.6	89
6	11	11.5	26	27.1	7	7.3	22	22.9	4	4.2	1	1.0	25	26	96
7	1	0.7	45	31.9	30	21.3	48	34.0	2	1.4	2	1.4	13	9.2	141

8	7	7.8	12	13.3	4	4.4	50	55.6	0	0	1	1.1	16	17.8	90
9	4	2.9	39	28.3	16	11.6	51	37.0	5	3.6	5	3.6	18	13.0	138
10	2	2.2	29	31.5	5	6.5	31	33.7	2	2.2	0	0	23	25.0	92
11	11	11.3	27	27.8	8	8.2	15	15.5	4	4.1	7	7.2	25	25.8	97
12	1	0.8	41	33.6	9	7.4	42	34.4	5	4.1	4	3.3	20	16.4	122
13	10	8.1	57	46.3	13	10.6	17	13.8	12	9.8	2	1.6	12	9.8	123
14	4	3.8	26	24.8	5	4.8	32	30.5	8	7.6	1	0.9	29	27.6	105
15	18	18.4	27	27.6	10	10.2	25	25.5	5	5.1	2	2.0	11	11.2	98
16	2	2.9	29	42.0	2	2.9	24	34.8	2	2.9	1	1.5	9	13.0	69
17	14	17.5	25	31.3	7	8.7	14	17.5	4	5	2	2.5	14	17.5	80
18	16	10.1	53	33.5	23	14.6	29	18.4	5	3.2	3	1.9	29	18.3	158
19	12	10.5	38	33.3	9	7.9	29	25.5	3	2.6	3	2.6	20	17.6	114
20	10	8.1	42	34.2	22	17.9	25	20.3	0		1	0.8	23	18.7	123
합계	144	6.6%	669	30.6%	238	10.9%	598	27.3%	73	3.3%	42	1.9%	423	19.4%	2187

한국어학술논문 분석자료

1. 박영준 「형태소 -었-의 통사적 변천」 『한국어학』 8호, 한국어학회, 1998.
2. 고창수. 김원경 「한국어 선어말어미의 정보처리」 『한국어학』 8호, 한국어학회, 1998.
3. 손남익 「부사와 서법의 제약」 『한국어학』 2호, 한국어학회, 1995.
4. 정광 「1920~30년대 문학작품에 보이는 일본어 구문의 영향」 『한국어학』 2호, 한국어학회, 1995.
5. 정주리 「동사의 문장 관련성에 대하여- <주장하다>류와 <후회하다>류 동사를 중심으로-」 『한국어학』 2호, 한국어학회, 1995.
6. 이관규 「보조동사의 생성과 논항구조」 『한국어학』 3호, 한국어학회, 1996.
7. 조일영 「국어 선어말어미의 배열에 관한 고찰-시간관련 선어말어미를 중심으로-」 『한국어학』 3호, 1996.
8. 김원호 「수동태의 형태와 기능」 『한국어학』 8호, 한국어학회, 1998.
9. 김승곤 「이두토씨 「亦中」과 「良心」의 의미」 『한말연구』 3호, 1997.
10. 김용경 「높임의 토씨 '요'에 대한 연구」 『한말연구』 3호, 1997.
11. 김택구 「경남 사천시 서포 지역어의 음운 체계」 『한말연구』 3호, 1997.
12. 김준희 「'와' 구문의 의미 해석」 『한말연구』 3호, 1997.

13. 김형배「국어 사동사 파생법의 변천에 관한 연구」『한말연구』3호, 1997.
14. 손세모돌「연결어미 "-고자"와 "-려고"에 대하여」『한말연구』3호, 1997.
15. 조오현「청양 방언의 분화에 관한 연구」『한말연구』3호, 1997.
16. 허재영「우리말 문법화 연구의 흐름」『한말연구』3호, 1997.
17. 황화상「국어의 접사 체계」『한국어학』5호, 1997.
18. 유혜원「'을/를'이 나타나는 피동문 연구」『한국어학』9호, 1999.
19. 시정곤「선어말어미의 형태-통사론」『한국어학』8호, 1998.
20. 조일영「국어 선어말어미의 양태적 의미 고찰」『한국어학』8호, 1998.

제6장
학술논문의 문말표현의 韓·日대조

1. 첫머리

제4장과 제5장에서 한국과 일본의 학술논문 20편씩을 대상으로 문말 표현에 관해 분석했다. 6장에서는 그 분석결과를 토대로 양국어의 학술 논문의 문말표현에 관하여 고찰해 보기로 하겠다. 학술 연구논문은 문장 체로서의 규범이 가장 잘 지켜지리라 생각되는 문장이다. 한국어와 일본 어로 쓰여진 같은 종류의 문장에 나타나는 문말표현을 비교하면서 살펴 보기로 하자.

2. 분석대상과 분석방법

1) 분석대상

분석대상은, 일본어와 한국어로 쓰여진 일본어학, 한국어학의 학술 연 구논문 20편씩이다. 일본어 논문은 400자 원고용지로 30매에서 40매 정 도, 한국어 논문은 400자 원고지로 50매에서 60매 정도로 길이를 제한한 학회지에 게재된 논문을 분석대상으로 택했다. 일본어 경우는 『國語學』 과 『日本語教育』, 『計量國語學』에 실린 논문으로 1989~1998년까지의 것이고, 한국어 논문은 『國語學』, 『韓國語學』에 게재된 것으로 시기는 1998~1999년까지이다. 선택의 기준은 가능한 한 현시점에서 가까운 것

으로 논문의 길이가 일정한 것, 어학전공자에 의한 것이다. 논문의 자세
한 목록은 4장과 5장의 논문의 말미에 기록되어 있다.

2) 분석방법

한국어와 일본어의 술부의 핵이 되는 것은 「동사」「형용사」「명사 +
だ(이다)」이다. 이러한 술부 즉, 문말표현은 용언의 어간에 보조동사, 보
조형용사, 조동사 등이 붙고 어미 또는 조사로 완결된다. 이와 같은 술부
의 틀은 한국어와 일본어가 거의 같다고 볼 수 있겠다. 그래서 「동사」
「형용사」「명사 + だ(이다)」를 근간으로 하는 문말부분에 문장 별로
번호를 붙여, 형태별로 분류하고, 그것을 하위분류하는 방법을 취했다.
분류방법은 다음과 같다.

<일본어의 분석방법>

분석방법은 「동사」「형용사」「명사 + だ」를 근간으로 하는 술어부분
을 선택해, 형태별로 분류했다. 각 문장마다 번호를 붙여, 먼저 크게 7개
로 분류하고, 그것을 하위분류 했다. 7개의 형태별로 분류한 항목은 아래
와 같다.

(1) 「た」계열 ; 동사, 형용사, 「명사+だ・である」에 「た」가 붙은 문말
   표현으로 「入れた, 論じられた, あった, ～であった」 등이다.

(2) 동사る형 ; 동사의 「기본형」으로 끝나는 문말표현으로 「ある、み
   る、する、～ことができる、いえる」 등이다.

(3) 동사+보조동사 ;「～ている、～てある、～てみる、～ておく」 등으
   로 끝나는 문말표현이다.

(4) 기타 문말표현 ; 용언에 「부정, 수동, 가능, 자발, 사역, 추량, 추정,
   희망, 의문」 등의 요소가 포함된 문말표현으로, 「言えない、思われ

る、認められない、考えさせる、考えてみ　たい、挙げよう、どうだ
ろうか、自然であろう」 등이다.

(5) い형용사 ;「い」로 끝나는 형용사.「ない、高い、多い」 등이다.

(6) 보조형용사 ; 형용사의 부정표현이나 보조형용사를 포함하는 문말
표현으로「解釈されやすい、考えにくい、高くない」 등이다.

(7)「である」로 끝나는 문말표현 ; 이 문말표현에는 다양한 것이 포함
되어 있다.「な형용사, 명사+である,　형식명사+である、～ようで
ある、そうである」 등이다.

< 한국어의 분석방법 >

(1)「었다」계열 ;「었」을 포함한 문말표현으로「나타났다, 애써 보았
다, 있었다, 전달할 수 있었다, 사실이었다」 등이다.

(2)「동사 + ㄴ다」;「~한다, 뜻한다, 이해된다, 보인다, 보여진다」 등
동사의 종지형표현이다.

(3)「동사 + 보조동사」;「쓰여있다, 실현되고 있다, 대비해 본다」 등
의 문말표현이다.

(4)「기타 문말표현」; 동사에 부정, 의지, 추측, 의문 등의 요소가 붙여
첨가된 표현으로「~겠다, ~않는다, ~못한다」 등의 표현이다.

(5) 형용사 ;「있다, 없다, 같다, 특이하다」 등이다.

(6) 보조형용사 ;「~수 있다, 보기 어렵다, 좋을 듯하다」 등이다.

(7)「명사 + 이다」 등「이다」를 포함한 문말표현 ;「사실이다, ㄹ 수
있을 것이다, ~된 것이다, 뿐이다, 때문이다」 등이다.

3. 자료분석

일본어 학술논문의 문말표현을 분류한 것이 〈표1〉, 한국어의 문말표현을 분류한 것이 〈표2〉이다.

〈표1〉 일본어 학술논문의 문말표현

논문 번호	た계열		동사る형		동사 + 보조동사		기타 문말표현		い형용사		보조형용사		である		합계
	출현수	백분율	출현수	백분율	출현수	백분율	출현수	백분율	출현수	백분율	출현수	백분율	출현수	백분율	
1	2	1.8	36	31.9	16	14.1	33	29.2	0	0	0	0	26	23	113
2	2	2.0	29	28.4	10	9.8	33	35.4	3	2.9	2	2.0	23	22.5	102
3	4	4.4	24	26.4	11	12.1	25	27.4	1	1.1	0	0	26	20	91
4	12	8.2	36	24.7	27	18.5	30	20.5	5	3.4	4	2.7	32	21.9	146
5	1	1.1	28	31.5	4	4.5	23	25.8	3	3.4	1	1.1	29	32.6	89
6	11	11.5	26	27.1	7	7.3	22	22.9	4	4.2	1	1.0	25	26	96
7	1	0.7	45	31.9	30	21.3	48	34.0	2	1.4	2	1.4	13	9.2	141
8	7	7.8	12	13.3	4	4.4	50	55.6	0	0	1	1.1	16	17.8	90
9	4	2.9	39	28.3	16	11.6	51	37.0	5	3.6	5	3.6	18	13.0	138
10	2	2.2	29	31.5	5	6.5	31	33.7	2	2.2	0	0	23	25.0	92
11	11	11.3	27	27.8	8	8.2	15	15.5	4	4.1	7	7.2	25	25.8	97
12	1	0.8	41	33.6	9	7.4	42	34.4	5	4.1	4	3.3	20	16.4	122
13	10	8.1	57	46.3	13	10.6	17	13.8	12	9.8	2	1.6	12	9.8	123
14	4	3.8	26	24.8	5	4.8	32	30.5	8	7.6	1	0.9	29	27.6	105
15	18	18.4	27	27.6	10	10.2	25	25.5	5	5.1	2	2.0	11	11.2	98
16	2	2.9	29	42.0	2	2.9	24	34.8	2	2.9	1	1.5	9	13.0	69
17	14	17.5	25	31.3	7	8.7	14	17.5	4	5	2	2.5	14	17.5	80
18	16	10.1	53	33.5	23	14.6	29	18.4	5	3.2	3	1.9	29	18.3	158
19	12	10.5	38	33.3	9	7.9	29	25.5	3	2.6	3	2.6	20	17.6	114
20	10	8.1	42	34.2	22	17.9	25	20.3	0		1	0.8	23	18.7	123
합계	144	6.6%	669	30.6%	238	10.9%	598	27.3%	73	3.3%	42	1.9%	423	19.4%	2187

〈표1〉의 분류 항목 「た계열」은 동사, 형용사, 「명사 + である」 등의 「た」형이고, 그 밖의 문말표현은 조동사 등을 포함한 문말이다. 「である」는 명사, 형식명사, 조사, 그밖의 품사에 「である」가 붙은 문말이다.

「그 밖의 품사」에 「である」가 붙은 표현은 「~である、~なりがちであ
る、~ か、~ かである」와 같은 것이 있다. 「である」의 앞에 상접어에
관해서는 〈표6〉에서 자세히 분류하고 있다.

〈표1〉의 일본어 문말표현의 전체적 양상을 보면, 과거나 완료를 나타
내는 「た」형의 출현 평균 백분율은 6.6%이고, 높은 비율을 보이는 것은
논문번호 15번, 17번으로 각각 18.4%와 17.5%이다. 낮은 것은 0.7%,
0.8%의 것도 있고, 논문에 따라 차이가 크다고 말할 수 있겠다.

「동사る」형은 30.6%, 「동사 + 보조동사」는 10.9%, 「기타 문말표현」
이 27.3%, 「い형용사」, 「보조형용사」가 3.3%, 1.9%, 「である」로 끝나는
문말이 19.4%씩 출현하고 있다. 연구논문의 문말표현은 「동사る」, 「동사
+ 보조동사」, 동사에 조동사적 요소를 포함하고 있는 「동사문」이 대부
분이고, 다음이 「である」중에 포함되어 있는 「명사문」, 이어서 「형용사
문」의 순으로 되어 있다.

〈표2〉 한국어 학술논문의 문말표현

논문번호	「었다」형		동사(ㄴ다)형		동사 + 보조동사		기타 문말표현		형용사		보조형용사		「명사+이다」 등을 포함한 문말표현		합계
	출현수	백분율	출현수	백분율	출현수	백분율	출현수	백분율	출현수	백분율	출현수	백분율	출현수	백분율	
1	6	3.9	45	29.2	21	13.6	1	0.6	46	29.9	0	0	35	22.7	154
2	5	4.3	42	36.5	14	12.2	4	3.5	28	24.3	1	0.9	21	18.3	115
3	1	0.4	52	19.3	26	9.6	17	6.3	104	38.5	3	1.1	67	24.8	270
4	41	29.5	40	28.8	10	7.2	0	0	27	19.4	4	2.9	17	12.2	139
5	15	5.8	89	34.4	27	10.4	21	8.1	46	17.8	0	0	61	23.6	259
6	8	6.5	21	17.0	20	16.1	6	4.8	33	26.6	4	3.2	32	25.8	124
7	18	9.8	60	32.8	19	10.4	6	3.3	34	18.6	1	0.5	45	24.6	183
8	8	5.1	50	31.6	16	10.1	5	3.2	33	20.9	0	0	46	29.1	158
9	12	19.0	16	25.4	3	4.8	8	12.7	10	15.9	2	3.1	12	19.0	63
10	12	8.0	20	13.3	52	34.7	4	2.7	29	19.3	4	2.7	29	19.3	150
11	7	10.6	17	25.8	8	12.1	1	1.5	21	31.8	0	0	12	18.2	66
12	28	20.0	18	12.9	14	10.0	8	5.7	37	26.4	1	0.7	34	24.3	140

13	27	23.3	17	14.6	20	17.2	1	0.9	32	27.6	1	0.9	18	15.5	116
14	6	2.6	54	23.7	26	11.4	2	0.9	52	22.8	1	0.4	87	38.2	228
15	27	23.5	22	19.1	14	12.2	0	0	18	15.6	0	0	34	29.6	115
16	31	18.0	40	23.3	26	13.1	3	1.7	51	29.7	2	1.2	19	11.0	172
17	23	14.5	41	25.8	23	14.5	4	2.5	36	22.6	2	1.2	30	18.9	159
18	12	8.1	28	18.9	17	11.5	11	7.4	46	31.1	0	0	34	23.0	148
19	36	17.1	30	14.2	35	16.6	16	7.6	25	11.8	10	4.7	59	28.0	211
20	27	11.2	87	36.0	23	9.5	10	4.2	46	19.1	1	0.4	47	19.5	241
합계	350	10.9	789	24.6	414	12.9	128	4.0	754	23.5	37	1.1	739	23.0	3211

〈표2〉의 분류항목은 대략 일본어 분류항목을 기준으로 분류해 보았다. 「었다」형은 과거나 완료를 나타내는 문말이고, 「동사(ㄴ다)」는 「동사 る형」에 해당되는 표현이다. 기타 문말표현은 「동사」에 부정, 의지, 추측, 의문 등의 요소가 첨가된 표현이고, 「이다」를 포함한 표현은 「명사 + 이다」, 「불완전명사」의 「것」에 「이다」가 붙은 표현 등이다. 〈표2〉의 한국어 문말의 양상을 보면, 「었다」를 포함한 표현이 13.6%를 차지하고 있어, 전체적으로 일본어의 「た」계열보다 높은 비율을 보이고 있다. 논문에 따라 「었」의 출현 빈도에도 차이가 있다. 그리고 「동사ㄴ다」는 26.3%, 「동사 + 보조동사」는 9.3%, 「동사」에 부정이나 의문, 의지 등의 요소를 붙여 첨가한 「그 밖의 문말표현」은 5.4%로 「동사문」에 포함되는 문말표현의 비율은 일본어 쪽보다 낮은 반면, 형용사, 보조형용사를 포함한 「형용사문」은 10.3%, 13.7%로 꽤 높다. 「명사문」을 포함한 「이다」의 문말은 21.4%로 일본어 「である」의 비율과 그다지 차이가 없음을 알 수 있다.

각 문말표현 별로 살펴보기로 하자.

1) 「た」와 「었」을 포함한 표현

연구논문에 있어서 「た」형과 「었」을 포함한 문말표현의 빈도수에 차이는 있지만, 한국어와 일본어의 신문문장, 특히 보도문 등에 나타난 차이에 비하면 그다지 큰 편은 아니다. 연구논문에서도 「었」이 일본어의 「た」보다 많이 출현하는 것은 「었」의 의미영역이 넓다는 것을 나타내는 것이라 생각된다. 이는 예를 들면, 일본어에 있어서는 「その本読みましたか。」라는 질문에 대해 부정의 답변인 경우, 「いいえ、読みませんでした」「いいえ、まだ読んでいません」의 두 개의 대답이 가능한데 반해, 한국어의 경우는, 「아니오, 안 읽었어요」「아니오, 아직 안 읽었어요」가 된다. 이것을 보아도 「었」이 갖고 있는 의미영역은 「た」와 다르다는 것을 알 수 있다. 이 점에 관해서는 生越(오고시, 1997)는 「일본어는 눈앞의 상황에 관한 사건의 전부를 모르면 과거형을 사용할 수 없다. 한편, 한국어는 눈앞의 상황이 어떤 사안의 결과라는 것만 알면 과거형을 사용할 수 있다」고 지적하고 있다.

또, 박영준(1998)은 형태소 「-었-」의 변천과정을 고찰하여, 「-었-」은 「-어 잇-」에서 「-엇-」이 되었다고 보고 있다. 그래서, 현대어의 「-었(았)-」은 「-어 있-」의 축소된 형태로 사용되고 있는 것이 있다고 보고 있다.

이와 같은 의미의 차이가, 문장뿐만이 아니라 구어체에서도 의미파악의 장애가 될 가능성이 있는 것 같다.

「だ」와 「である」의 「た」형으로서 「だった」와 「であった」가 대응하지만, 신문의 문장 등에서는 「だった」가 다수 출현하고 있던 것에 반해, 연구논문에서는 「だった」문말은 1예도 출현하지 않는다. 연구논문, 특히 국어학·일본어학 연구자의 문말표현의 선택에 있어 규범성을 엿볼 수 있는 일면인 것 같다.

2)「동사る」형과「동사ㄴ다」형

(1)「동사る」형

이 문말표현은 일본어의 문말표현 중에서 가장 비율이 높다. 그러나, 이 문말표현의 특징은 그 어휘가 한정되어 있다는 점이다. 〈표3〉은 일본어「동사る」의 분포를 본 것이다.

〈표3〉을 보면,「ある」와「가능표현」(가능동사, ~ができる, わかる 등)의 동사가, 각각 14.8%, 20.5%를 차지하고 있다.「ある」는 한국어의「있다」와 공통적인 용법이 많은 동사이고, 가능표현은 한국어에서 폭 넓게 보면 형용사 범주에 들어간다. 일본어 경우도「ある」는 상태성동사이고, 가능표현이라는 것도 상태표현이다. 품사분류에 있어서, 한국어와 일본어의 형태와 의미의 경계선의 차이점이 동사 또는 형용사를 분류하는 기준이 된다고 할 수 있겠다.

〈표3〉「동사る형의 분포」(일본어)

ある		する		なる		가능표현동사		그밖에 동사		합계
개수	비율	개수	비율	개수	비율	개수	비율	개수	비율	
99	14.8%	130	19.4%	115	17.2%	137	20.5%	188	28.1%	669 (100%)

〈표3〉에서 보는 것처럼「ある」「する」「なる」세 개의 동사가 50% 이상을 차지하고 있다. 다음으로, 가능표현「言える」등의 가능동사와「~ことができる」와「わかる」가 20.5%를 차지하고 있는데, 구체적인 사용실태에 있어서는「~ことができる」형태가「가능동사」보다 빈번히 사용되고 있음을 확인할 수 있었다.

(2) 한국어의 「동사ㄴ다」형

한국어의 대표적인 동사는 「한다」와 「된다」의 두 개이다. 이 두 개 동사는 다양한 의미를 가지고 있다. 「한다」는 「する」와 같은 용법 외에, 「한다」의 앞에 「~야(만)」 등의 요소가 와서 「なければならない」「すべきである」의 의미를 갖고, 이러한 표현은 자신의 주장을 나타내는 신문사설 등에 사용빈도가 압도적으로 높게 나타난다. 또한 「~라 한다」의 형태로 「という」의 의미를 나타내기도 한다. 「된다」경우도 일본어동사 「なる」의 용법과 수동의 용법이 있다. 「된다」의 50%이상은 「예상한다, 예상된다」와 같은 수동의 의미 「된다」이다. 이 두 개의 동사 이외에 「見られる」(보인다), 「使われる」(쓰인다), 자발용법에 가까운 「思われる, 考えられる」(생각이 든다) 등이 포함되고, 한국어의 「동사ㄴ다」는, 일본어의 「그 밖의 문말표현」의 의미영역에 까지 걸쳐 있다고 생각된다.

〈표4〉「동사 + ㄴ다」의 분포(한국어)

~한다	~된다	기타동사	합계
出現數	출현수	출현수	
152(19.3%)	272(34.5%)	365(46.3%)	789(100%)

3) 「동사 + 보조동사」

일본어와 한국어에서 각각 10.9%, 9.3%의 분포로 일본어 쪽이 약간 많다. 그러나, 한국어 「-었-」의 의미가 일본어의 「~た」와 「~ている」에 걸쳐 있는 점과 「-었-」이 「-어 있-」(박영준, 1998)에서 왔다는 점을 아울러 생각해 보면, 일본어의 「동사 + 보조동사」가 한국어의 그것보다 많은 점을 수긍할 수 있다. 일본어의 「동사 + 보조동사」는 「~ている」가 주된 표현이고, 「~てみる」「~ていく」「~てくる」「~ておく」도 소수 나타난다. 「~ている」 189문중에서는 수동요소를 포함하고 있는 「~(ら)

れている」가 41문으로 15%이상을 차지하고 있는데, 이를 통해 일본어의 수동요소의 폭넓은 사용실태를 알 수 있다.

〈표5〉「동사 + 보조동사」(일본어)

ている	れている	てみる	ていく	ておく	ておく	てしまう	합계
출현수	출현수	출현수	출현수	출현수	출현수	출현수	
149	40	13	17	8	7	4	238

한국어의 경우는「~고 있다」,「~어 있다」,「~어 간다」,「~해 준다」,「~해 놓는다」,「~고 말다」,「~해 본다」등의 표현이 있지만,「~고 있다」(56.3%)가 주류를 이루고 있고, 한국어의「~고 있다」중에서 수동요소는 20%정도 포함되어 있다.「~어야 한다」류는,「~고 한다, ~게 한다, ~라 한다, ~려고 한다, ~고자 한다, ~으면 한다, ~기도 한다」(~という, ~ようにする, という<伝聞 또는 引用>, ~ようとする<의도, 목적>, ~ようとする, ~てほしい) 등으로 일본어에서는 보조동사에 포함되지 않는 표현이다. 이로써 한국어의「~한다」의 의미용법이 폭넓다고 할 수 있겠다.

〈표6〉「동사 + 보조동사〉(한국어)

一고 있다 類	~어야 한다類	一지 않는다類	합 계
출현수	출현수	출현수	
233(56.3%)	129(31.1%)	52(12.6%)	414

부정의「~지 않는다」를 여기에서 따로 분류하고 있는데, 부정표현이 일본어에 비해 적은 것도 한국어 문말표현의 특징인 것 같다.

일본어에서 보조동사로 사용되는 것은「いる、ある、みる、いく、くる、おく、しまう」등 본동사로 사용되는 것들이다. 그에 비해, 한국어의

보조동사를 보면, 동사에서 온 것도 있지만, 「있다」처럼 형용사에서 온
것도 있다. 그러나, 「있다」의 본의는 존재를 나타내는 것으로 「ある」와
「いる」의 의미이다. 이 의미와 보조동사가 가지고 있는 용법과는 깊은
관련이 있을 것이다.

4) 기타 문말표현(조동사적 표현과 종조사)

그 밖의 문말표현은 일본어의 경우 동사에 조동사가 결합되어 있는 표
현이다. 전체적인 비율로 보면, 한국어에 비해, 20%이상 많다. 일본어의
그 밖의 문말표현을 정리한 것이 〈표7〉이다. 조동사를 포함한 형식은
「ない」「られる」「させる」「そうだ」「ようだ」「たい」「う/よう」 등
이고 종조사 「か」를 동반하는 「ーうか・ーようか、ーだろうか」와 종조
사 「か」로 끝맺는 문말표현, 체언으로 종결되는 표현이 기타 문말표현에
포함되어 있다.

〈표7〉 기타 문말표현 (일본어)

논문번호	ない 출현수	られる 출현수	せる 출현수	ようだ 출현수	そうだ 출현수	たい 출현수	う、よう 출현수	だろう 출현수	う、ようか 출현수	だろうか 출현수	か 출현수	명사종지 출현수	합계
1	4(1)	12(11)				2	6	2	1	3	3		33
2	4(2)	15(3)				0	11	1	2	0	0		33
3	4(2)	12(9)				2	2	0	2	3	0		25
4	7(2)	7(5)				7	4	0	5	0	0		30
5	10(2)	6				1	6	0	0	0	0		23
6	2(1)	9(1)				1	1	2	0	3	4		22
7	5(0)	22(17)	1			4	7	2	0	7	0		48
8	5(4)	24(21)				3	15	0	3	0	0		50
9	13(8)	17(11)				9	6	0	0	3	0		51
10	16(12)	14(9)				0	1	0	0	0	0		31
11	2(1)	5(3)				2	3	2	0	1	0		15
12	15(5)	6(5)				4	10	2	1	3	1		42

13	7(3)	10(2)				0	0	0	0	0	0		17
14	9(5)	6(3)	1	3		2	4	5	2	0	0		32
15	4(2)	7(1)		3		0	3	1	4	0	0	3	25
16	17(9)	6(3)				0	0	1	0	0	0		24
17	1	3(2)				5	3	2	0	0	0		14
18	8(4)	11(3)				1	7	1	1	0	0		29
19	4(2)	19(9)	1			2	3	0	0	0	0		29
20	6(2)	12(6)				1	4	0	2	0	0		25
합계	143(67)	223(124)	2	4	3	46	96	24	23	23	8	3	598

〈표7〉에서 주목해야 할 점은「否めない、判別できない、見られない」와 같이「ない」로 부정되는 술어에 가능표현이 많다는 것이다.「ない」를 포함하는 문말표현 143문 중 67문이 가능형의 표현이다. 또「られる」를 포함한 문말표현 223문중 124문이,「考えられる、思われる」이다.「考えられる、思われる」가 많은 것은 논문의 문말표현의 큰 특징이라 할 수 있다.

「명사문」에서는「である/であった」가 엄격히 지켜지고 있는 데 반해,「ようだ」와「そうだ」가 극소수 나타나는 점과「う(よう)」와「だろう」의 출현 수를 보면,「う(よう)」가 119예인 반면에「だろう」가 47예로「だろう」가 상대적으로 출현수는 적으나, 문장체 언어로서 자리 매김을 하고 있음을 알 수 있다. 종조사「か」를 동반하는「う(よう)か」,「だろうか」는 23예로,「う、よう」와「だろう」의 양상과는 달리 똑같이 나타나고 있다. 그 외에「あるいではないか、なぜか、表すことになるのか」는「か」항목에 넣었다.

한편, 이에 비해, 한국어의 기타 문말표현에는「~겠다」(だろう、であろう、う(よう))「~자」(う(よう))「~지 않다」(ない)「~인가」(であろうか)「~ㄹ까」(だろうか、であろうか)「보라(명령표현)」등이 있다. 수동이나 자발 등의 요소는 한국어 경우,「동사ㄴ다」에 속하고, 양태표현은「보조형용

사」에 속한다. 또한 일본어에서 「う(よう)」「だろう」로 표현되는 문말표
현이 한국어에서는 「~ㄹ 것이다」로 표현되는 점을 고려하면, 일본어의
문말표현 쪽이 조동사적 요소를 선호하는 경향이 있다고 말할 수 있을
것이다.

5) 형용사와 보조형용사

형용사와 보조형용사 문말표현은 한국어 쪽이 많다.「ある」(있다)라는
형용사(형용사문의 50%이상으로 전체 문말수의 5%, 일본어의 「ある」는 전체
문말수의 4.5%이다)와 「~수 있다」(가능표현), 또 「ようだ」나 「そうだ」에
해당하는 표현이 보조형용사에 포함되기 때문이다. 형용사문을 분류한
것이 〈표8〉이다.

형용사를 A류, B류, C류 세 개로 나누어 보았는데, C류의 「~수 있다,
~수 없다」는, 형용사에 넣어야 하는지, 「보조형용사」에 넣어야 하는지,
그렇지 않으면, 「보조동사」에 넣어야 하는지 망설여 진다. 하지만 여기
서는 사전을 근거로 형용사에 넣었다. 한국어에 보이는 형용사는 〈표8〉
에서 알 수 있는 것처럼, 연구논문에 있어서는 「있다」와 「없다」가 중심
적인 것 같다.

보조형용사 「~듯하다」, 「~기도하다」, 「~지 않다」 등은 37예로, 전체
적으로 출현수는 적다. 형용사의 부정형에는 「많지 않다」 등이 있고,
「변별적이다」의 부정형으로서 「변별적이지 않다」의 예도 보였다.「변
별적이다」와 같이 「~적이다」가 붙은 말의 부정형으로서 「~적이 아니
다」와 「~적이지 않다」의 양쪽이 사용되고 있는 것 같다. 이것은 「~적
이다」의 의미가 형용사에 가깝ㅣ 때문에, 형용사의 부정형을 따라 이와
같은 형태로 사용되고 있는 것 같다.

한국어 「~수 있다」를 포함한 표현(374문/3211문)과 일본어의 가능동사

(137문), 「られる」중에 가능표현이라고 생각되는 문수(20문), 「ない」중에 가능표현(67문)을 합치면, 연구논문에는 가능표현이 10문중 1문 이상 출현하는 것이 된다.

일본어 형용사의 「な형용사」는 「である」로 분류하고, 그것을 넣으면 형용사문은 144문으로 전체의 6.6%가 되고, 한국어 형용사문에서 「있다」를 제외하면 일본어 형용사문이 약간 많다.

〈표8〉 형용사의 분포(한국어)

논문번호	A類 출현수	B類 출현수	C類 출현수	합계
1	5	1	40	46
2	12	6	10	28
3	21	64	19	104
4	10	7	10	27
5	6	5	35	46
6	5	5	23	33
7	7	4	23	34
8	10	5	18	33
9	5	3	2	10
10	11	2	16	29
11	9	11	1	21
12	10	4	23	37
13	12	5	15	32
14	15	21	16	52
15	9	2	7	18
16	12	18	21	51
17	3	9	24	36
18	2	8	36	46
19	9	6	10	25
20	10	12	24	46
합계	183(24.3%)	198(26.2%)	373(49.5%)	754

A類 ; 일반형용사류 「많다, 생각하다, 같다」 등.

B類 : 「있다와 없다」

C類 : 「~수 있다, ~수 없다」

6) 「である」와 「이다, 아니다」를 포함한 표현

일본어의 「である」문을 분류해 본 것이 〈표9〉이고, 한국어의 「이다」를 포함한 표현을 분류한 것이 〈표10〉이다. 일본어에 있어서 순수한 「명사문」은 「명사 + である」와 「형식명사 + である」로 294문이다. 그것에 비해, 한국어의 「명사문」은 「명사 + 이다」「~것이다」로 570문이다. 「である」문에는 「な형용사」의 「형용사문」「조사 + である」「ようである、そうである、べきである」 등의 조동사를 포함한 표현이 포함된다. 〈표9〉와 〈표10〉에서도 일본어의 문말표현 쪽이 다양한 요소를 포함하고 있다고 말할 수 있다. 〈표9〉에서 보면, 형용사가 71예로 「~い」형용사 73예와 분포는 같은 수준이다. 그리고 「명사 + である」가 146문, 「형식명사」를 포함한 예는 152이다. 형식명사는 「の」「もの」「こと」가 각각 52예, 48예, 43예로 나타나고 있고, 그 외에 「わけ、ところ、はず」의 예는 9예뿐이다. 이러한 형식명사는 어떤 의미에서 조동사적 의미를 가지고 있다. 명사로 끝나는 문보다 형식명사를 포함하고 있는 문말형식이 선호 되고 있다고 할 수 있겠다. 이것으로 글쓴이가 어떠한 의미를 부여하고 있는지 알 수 있을 것이다. 「조사 + である」도 조금은 있지만, 「~からである」가 거의 대부분이다. 그리고 「ようだ」에 비해, 「ようである」쪽이 많다.

〈표9〉「である」の 분포(일본어)

논문번호	な형용사 출현수	명사+である 출현수	형·명+である				조사+である 출현수	ようである 출현수	そうである 출현수	べきである 출현수	ごとくである 출현수	그밖에 출현수	합계
			もの 출현수	こと 출현수	の 출현수	その他 출현수							
1	2	7	2	6	5	1	0	2	0	0	0	1	26
2	1	8	1	7	3	0	2	0	1	0	0	0	23
3	0	5	3	6	11	0	1	0	0	0	0	0	26
4	4	18	0	2	6	0	0	2	0	0	0	0	32
5	3	7	6	2	7	0	2	1	0	0	0	1	29
6	5	11	4	3	0	2	0	0	0	0	0	0	25
7	3	6	2	1	0	0	1	0	0	0	0	0	13
8	3	10	0	1	0	1	0	1	0	0	0	0	16
9	9	5	1	1	1	0	1	0	0	0	0	0	18
10	2	3	4	4	7	0	1	0	0	0	0	2	23
11	1	14	5	2	0	0	1	0	0	0	0	2	25
12	3	7	0	0	4	1	1	4	0	0	0	0	20
13	5	7	0	0	0	0	0	0	0	0	0	0	12
14	6	4	2	4	3	3	4	1	1	1	0	0	29
15	0	3	2	0	1	1	1	2	0	0	0	1	11
16	6	2	0	0	0	0	1	0	0	0	0	0	9
17	2	2	4	2	1	0	3	0	0	0	0	0	14
18	5	17	2	1	0	0	4	0	0	0	0	0	29
19	7	7	6	0	0	0	0	0	0	0	0	0	20
20	4	3	4	0	3	0	1	5	1	1	1	0	23
합계	71	146	48	43	52	9	24	18	3	2	1	7	423

〈표10〉은 「이다」와 「아니다」를 포함한 문말표현을 정리한 것이다. 「아니다」를 포함하고 있는 표현은 23예밖에 없다. 이것은 한국어에 있어서 부정표현이 적은 경향과 통하는 것 같다. 그리고 「명사 + 이다」가 406예, 「것이다」로 끝나는 문말이 289예이다. 「그 밖에 + 이다」의 예는 적어서, 21예 나타나는데, 그 대부분이 「~적이다」의 표현이다. 부사나 조사 등에 「이다」가 붙은 예가 거의 등장하지 않는 점도 문장체를 굳게 지키고자 하기 때문일 것이다.

  한국어의 「명사 + 이다」와 「것이다」는 대체로 비례적으로 나타난다.
그러나, 「것이다」는 1예도 없는 논문에서 58예나 있는 논문까지 있어 격
차가 크다. 필자에 따라 차이가 있는 것 같다. 「것이다」는 일본어의 「형
식명사+である」 표현의 용법처럼 「것이다」 앞에 오는 용언의 시제나
용언의 종류에 따라 일본어 조동사 「う(よう)」나 「だろう」의 의미를 갖
는 용법도 있다.

  일본어의 「である」를 동반하는 문말표현과 한국어의 「지정사」를 동반
하는 표현의 양상을 보면, 「명사」를 수반하는 표현이 많은 점을 알 수
있다. 「명사」와 「형식명사」의 분포를 보면 일본어 쪽이 많은 것처럼 보
이지만, 그것은 일본어에서는 형식명사로서 「の」「もの」「こと」「とこ
ろ」「わけ」 등을 취하는 것에 반해, 한국어에서는 「것」 하나만을 대상으
로 하고 있기 때문일 것이다. 「것이다」 외에, 「일이다」, 「셈이다」, 「모양
이다」 등을 넣으면 어느 정도 그 양상을 알 수 있을 것이다. 그러나, 「것
이다」 이외의 출현빈도가 그다지 눈에 띄지 않는 것이 사실이다.

<표10> 「이다, 아니다」를 포함한 문말표현 (한국어)

논문 번호	명사 + 아니다 출현수	명사 + 이다 출현수	~것이다 출현수	그 밖에 출현수	합계
1	0	14	21	0	35
2	1	9	10	1	21
3	1	46	19	1	67
4	1	8	8	0	17
5	2	42	17	0	61
6	2	14	15	1	32
7	2	26	12	5	45
8	0	30	15	1	46
9	1	4	7	0	12
10	0	18	8	3	29
11	0	11	1	0	12

12	0	11	20	3	34
13	1	9	9	0	18
14	1	35	47	4	87
15	2	29	2	1	34
16	0	16	2	1	19
17	2	12	16	0	30
18	0	12	22	0	34
19	6	34	19	0	59
20	1	27	19	0	47
합계	23(3.1%)	406(54.9%)	289(39.1%)	21(2.9%)	739

4. 맺음말

한국인 일본어학습자의 학습 단계는 초급, 중급, 상급으로 나눌 수 있다. 일본어학습 지도는 초급은 문형중심으로, 「です・ます」중심의 정중체인 구어체에서 「だ」체, 「である」체로 나아간다. 일본어학습이 중급이상의 단계가 되면, 다양한 장르의 문장을 접하게 되고, 일본어에 있어서 술어표현에 관한 이해의 문제와 문체, 문장표현상의 이해라고 하는 문제에 직면하게 된다. 한국인 학습자의 구어와 문장어의 혼용에 관해서는 遠藤(1983), 岡野(1987)의 지적이 있고, 술어표현 불균형에 관해서도 佐々木・川口(1994)와 大島(1993) 등의 지적이 있다. 이와 같이, 문장어와 구어의 구별이나 문말에 나타나는 술어표현의 정확한 사용법은 중급이상의 일본어학습자에게는 해결해야 할 난제 중에 하나라고 생각된다. 그러한 학습자로의 일본어교육에 종사하는 사람으로서, 한국어와 일본어의 문말표현 실태와 문장의 장르에 따라 문말표현이 어떠한 양상을 띠는가를 이해할 필요가 있다고 생각하여, 신문의 문장(보도문・칼럼・사설)과 에세이 등의 문말표현을 분석해 온 卓(1997c, 1997b, 1998)이 있다. 분석결과 한국어 문장과 일본어 문장에는 각각의 특색이 있고, 문장의 종류에

따라 어느 정도의 차이가 있다는 것을 알았다. 제4장과 제5장에서 한국
과 일본의 연구논문 20편씩을 분석대상으로 정하고 이를 분석했다. 6장
에서는 그 결과를 보면서 양국어의 문말표현에 관해서 고찰해 보았다.
연구논문은 문장체로서 가장 규범성이 지켜진다고 생각되는 문장이다.
한국어와 일본어로 쓰여진 같은 종류의 문장에서 문말표현은 어떠한 양
상을 보이고 있는 것일까?

　일본어교육 현장에서 「です/ます」체와 「だ/である」체의 학습의 단계
는 언제가 좋을까, 구어어와 문장어의 구별, 문체상의 차이를 과연 어떻
게 접근하고, 파악해가야만 하는 것인가 하는 것은 일본어 교사로서 매
우 어려운 문제임을 실감한다. 일본어학습의 진전에 따라, 가볍게 하루
의 일기에서 리포트, 에세이, 설명문, 논설문, 매스컴문 등을 접하게 된
다. 각각, 장르에 따라 문말표현이 달라지는 것은 당연한 것이다. 학생들
이 외국어인 일본어를 학습하고, 그 문체상의 차이를 이해하고, 문체에
대응하는 문말표현을 구사하는 것은 어려운 것이다. 이러한 문제점을 해
결해 가는 과정으로서 한국어와 일본어 술어구조의 출현방법을 분석하
고, 그 술어표현의 상이점을 조사하고자 했다.

　그래서, 신문의 문말 분석, 칼럼의 문말 분석에 이어, 연구논문 문말
분석을 통해, 일본어에 있어서 문장어, 문장체의 문말표현과 한국어에 있
어서 문장체의 문말표현을 분석해 보았다. 양쪽에서 보여지는 공통점은
문장체가 엄격히 지켜지고 있다는 것과 의미적 경향이 대체로 같다라고
하는 것을 들 수 있다. 다만 각각의 형태상의 차이점은 보여지고 있다고
할 수 있다. 일본어에서는, 「である」형의 사용실태, 가능표현의 실제의
형태 등에서, 한국어 보다 기본술어에 다른 요소를 첨가하는 경향이 강
한 것을 알았다. 한국어는 「だ」와 「である」의 구별이 없고, 「이다」하나
의 형식으로 「だ」와 「である」의 의미를 대신한다. 문장체 문말의 구별기

준은 아니지만, 예를 들면 「~しようとする」에 상당하는 표현 「~려고 하다」 「~고자 하다」중, 구어에서는 사용되지 않는 「~고자 하다」가 연구논문에는 압도적으로 많이 사용되고 있었다. 또, 의문조사 「か」를 동반하는 표현이 일본의 연구논문에는 빈번히 나타나지만, 한국어의 논문에는 「~가, ~까」를 동반하는 표현이 5개의 논문에 15예(논문19번에 8예) 나타날 뿐이다. 「~가」와 「~까」는 앞에 오는 술어의 접속 형태를 하고 있다. 예를 들면 「~왜 그런가?」와 「왜 그럴까?」와 같은 것이다. 이와 같은 예문이 논문에 적은 것은 「~가」 「~까」를 동반하고 있는 표현이 문장에는 적절하지 않다고 생각되기 때문일 것이다.

여기서 일본어의 연구논문 분석 결과와 비교해 보자.

일본어와 한국어에서 술어의 기본이 되는 것은 명사술어, 형용사술어, 동사술어이다. 술어의 구조도 용언의 어간에 보조동사, 접사, 조동사 등의 요소가 붙어, 어미로 종결한다고 하는 것은 대체로 비슷한 경향이다.

그러나, 그 형태상에는 차이가 있다. 명사문의 경우는 「명사 + だ」와 「명사 + である」구별이, 형용사와 동사에는 형태상의 차이가 존재한다. 「형용사」의 기본형은 「い」로 끝나는 것과 「だ」로 끝나는 것이 있다. 동사의 기본형은 「う」단이라고 하는 형태상의 종결이 있어, 각각의 활용형이 다르다. 또한, 조동사도 그 기본형의 종지형에 의해, 활용형이 결정되는 것이다. 「れる・られる」 「せる・させる」는 동사 활용형을, 「ない・たい・らしい」 등은 「い」형용사 활용형을, 「ようだ・そうだ」는 「な」형용사(형용동사)의 활용형을 갖는다. 형태상의 동일성은 일본어 술어에서 대단히 중요한 포인트가 된다.

그것에 비해, 한국어 명사문은 「명사 + 이다」형태 밖에 없다. 그리고 형용사와 동사 기본형의 형태의 차이도 없고, 활용형의 차이도 거의 없다. 다만, 형용사는 일본어의 경우와 마찬가지로 「~하다」형과 「~스럽

다」형의 2종류가 존재한다. 동사는 일본어의 경우 기본형이「う」단으로 끝난다고 하는 통일성은 있지만,「う・く・ぐ・す・つ・ぬ・ぶ・む・る」와 같이 다양한 어미를 가지고 있는 것에 반해, 한국어의 기본형은 전부「~다」로 끝나서 다른 용언과의 차이는 없다. 거기에서 알 수 있듯이 한국어의 형용사와 동사의 구별 기준이 되는 것은 그 용언이 가지고 있는 형태의 특징이 아니라, 그 용언의 의미가 상태성인가 동작성인가에 따라, 형용사와 동사로 구별되는 것이다.

일본어에 있어서「ある・要る・老いる・優れる・疲れる」등의 동사는 그 의미가 상태성을 띤 것이 형태상「동사」형이기 때문에「동사」이지만, 한국어에서「있다・필요하다・늙다・우수하다・피곤하다」(ある・要る・老いる・優れる・疲れる)는「형용사」가 된다.

이처럼 일본어와 한국어의 술어에는 여러 가지 차이가 존재하고 있다. 일본어 연구논문에 있어서 문말표현의 특징을 보면, 우선 술어로 나타나는 어휘수가 다양하지 않은 것을 먼저 들 수 있다. 이것은 한국어의 논문에도 같은 경향이 보인다.

제한된 어휘수와 관련해,「(ら)れる」가 붙는 표현으로「考えられる」와「思われる」의 출현수가 많았던 점도 지적할 수 있다. 한국어에 있어서는「~된다」를 포함하고 있는 수동표현과 함께,「보인다, 나타난다, 여겨진다」등의 자동사를 간접적인 표현수단으로서 사용하고 있다. 여기에서 일본어 연구논문과 한국어 연구논문 모두 간접적인 표현이 선호 되고 있는 것을 확인할 수 있다.

그리고, 가능표현이 많이 보인다. 가능표현 형식으로서는「가능동사」「~ことができる」「~(ら)れる」형 이외에「わかる・みえる」등 의미상 가능표현이 많았지만, 이것은 동사의 종지형이 갖는 단정의 강함을 완화하기 위한 표현형식으로서 이해할 수 있지 않을까. 가능표현 출현은 한국어에 있어서 연구논문에도 많이 나타나고 있다.「~수 있다, ~수 없다」를 수반하는 표현과 함께「보인다」등의 표현 빈도수가 많았다. 일본어에서「~られる」를 이용하여 단정의 강함을 완화하는 표현은 자발의 표현에 가까운 것이라고 생각되는데, 이와 같은 표현은, 한국어에서「~생각이 든다」같은 것으로 드물게 나타난다.

또, 일본어 연구논문에서는 일관된「である」체의 고집을 볼 수 있다. 이것은 I류의「た」계열에서「だった」가 1예도 나오지 않고, 전부「であった」로 끝나는 문말표현이었다는 사실을 들 수 있다. 또,「명사 + だ」와「な형용사」의 경우도「だ」로 끝나는 문말은 볼 수 없다. 다만,「ようだ」4예와「そうだ」3예가 보일 뿐이다.「だ」와「である」의 구별은 일본어 특유의 것으로, 한국어에는 이것에 필적할 구별 수단은 없다. 이것에 비해, 한국어의 구어체와 문장어체의 구별 척도는 어휘와 어법에 있는 것은 아닌가하고 생각된다.「~고자 한다」와「~려고 한다」는 구분하여 사용하고, 그 밖의 문말표현의 점유율이 낮았던 점 등에서 문장체의 특색을 살펴볼 수 있다.

또, 일본어의 경우,「형식명사 + である」등 몇 개인가의 문말표현이 동사의 종지형으로 끝나는 단정표현을 나타내기 위해, 또는 필자의 기분을 표현하기 위해 사용되고 있다. 이것은, 한국어 경우,「것이다」에 편중되어 있는 사실을 지적할 수 있다.

추량표현을 나타내는 표현형식으로는, 상태동사에「う・よう」가 붙는 경우와「であろう」나「だろう」가 붙는 경우가 있다.「だろう」는「であろう」에서 왔다는 설과「だ」미연형에「う」가 붙은 형태이라는 설이 있다.「だろう」는「であろう」보다 빈도수가 높지는 않지만, 문장체로서도 자리매김하고 있는 것 같다.「か」를 수반하는「う・ようか」「であろうか」「だろうか」에 있어서는「だろうか」와「であろうか」가 거의 같은 비율로 사용되고 있다.

한국어의 경우 추량의 형식으로서 대표적인 것은 「겠」과 「ㄹ 것이다」가 있다. 이 두 가지는, 각각 특색이 있다. 그리고, 한국어의 경우, 「~인가」와 「~일까」 표현이 문말에 자주 나타지만, 이것을 일본어로 번역하면, 똑같이 「だろう」로 밖에 할 수 없다. 이 두 개를 보면, 「~일까」 쪽이 「~인가」 보다 구어적인 느낌이 들지만, 여기에 대해서는 더 생각해 보지 않으면 안 될 것이다.

이상, 일본어 학술 연구논문과 한국어 학술 연구논문에 있어서 문말표현을 분석한 결과인데, 양국어의 연구논문 문말표현을 직접적으로 비교한다는 것은 어려운 것이지만, 그 경향은 서로 비슷한 것 같다. 간단히 정리하면, 어휘 변화가 적은 점과 수동표현이 다수 나타난다는 점, 그리고, 문장으로서의 규범이 지켜지고 있는 점 등이다.

지금까지 이번 분석을 통해서 학술 연구논문을 쓰는 경우 자주 나타나는 문말표현 종류에는 어떠한 것이 있는가 대략 알 수 있었다. 그러나 이번에는 국어학 논문으로 제한한 조사였기 때문에 국어학이외의 논문에서는 어떠한 양상으로 나타날지가 아직 의문이다. 인문계와 이과계 논문에는 각각의 특색이 있을 것이고, 그 특색이 문말표현에 영향을 준다는 것을 예측할 수 있다. 자료 범위를 넓히고 세밀한 분석을 통해 일본어와 한국어 문장에 있어서 문말표현 양상을 파악하여 한국어와 일본어의 술어표현을 한층 상세하게 분석하는 것이 다음의 과제이다.

제Ⅱ부

문말표현에 관한 고찰

제1장
女性의 경어표현에 관한 고찰
- TV 인터뷰 프로그램을 대상으로 -

1. 들어가기

현대 일본 여성들의 경어사용실태를 고찰하기 위해, NHK TV프로그램 「오하요저널」(おはようジャーナル) 중에서 당시 화제가 된 여성의 인터뷰를 대상으로 고찰했다. 인터뷰는 1987년 1월에서 1989년 6월까지 방영된 것들이다.

당시 인터뷰의 화제가 된 여성들은 연령과 직업이 다양하고, 화법이 특별히 경직되어 있지 않으며, 너무 스스럼없지 않은 보통 화법이다. 인터뷰를 맡은 사람은 古屋和雄씨이다(이하 F씨로 한다). 동일인에 의한 인터뷰이므로 상대를 대하는 화법이 공통되고, 15분 정도의 인터뷰는 대화내용도 폭넓어 이 인터뷰를 대상으로 고찰하기로 했다. 인터뷰에 출연한 게스트의 일람표는 이 장 말미에 첨부했다.

인터뷰자료는 다음과 같은 기준으로 분석했다.

우선, 해당 프로그램(금요일 아침 8시 35분부터 50분까지)의 VTR을 문자화했다. 문자화는, 음성의 미묘한 변화, 말이 막히거나 더듬는 경우 등은 고려하지 않고, 문으로 이해할 수 있도록 기록했다. 예를 들면 다음과 같다.

사회자(이하 「I」 이라고 한다)

でも、実際その、アクシデントといいましょうか、けがなさったりしたん
でしょう。(하지만, 실제로 그, 사고라고 할까요, 부상을 당하셨죠.)
게스트 (이하「G」라고 한다)
ええ、そうですね。/ジン帯とかね、首がとかね、いろいろありますけ
ど。(예, 그렇습니다. / 인대라든가 목이라든가, 여기저기입니다만.)
I 首?(목이요?)/
G 手も切ったり、足も切ったりとか、いろいろありましたけどね。
(손도 베기도 하고, 다리를 다치기도 하고 이런저런 일이 있었습니다
만.)
I ええ。(네-)/
G でもあの、なんでもないんですよ。(하지만 뭐, 별거 아닙니다.)

　문의 수가 문제시 될 경우는 문을 나누는 방법으로『話しことばの文
型Ⅰ』(구어의 문형Ⅰ, 国立国語研究所(국립국어연구소)・19)의「문이라는 것
은, 진술을 맡은 술어 또는 하나의 독립어를 갖고, 사회관념적으로 일관
된 의미를 나타내며 말을 끊는 것」「문은, 화자가 자기의 감정과 판단,
서술, 명령, 질문, 응답 등을 표현하는 하나의 덩어리를 말한다.」는 서술
과 분류방법에 의거해, 위에 기록한 바와 같이「/」을 넣어 분류하기로
했다. 소리의 끊김이 있어도, 내용에 끊김이 없이 이어지는 경우에는 문
으로 나누지 않는다. 따라서, 다음과 같은 경우는 1문으로 생각한다.

　　(例1)G よくね、直接こうね、いろいろな方とお会いしますと、あれっ
　　意外とおわかいんですねって言われて。(자주, 직접 이렇게 여러 분
　　과 만나면, 어머 의외로 젊으시네요 라고들 말씀 하셔서.)(ケース3)

・ 도치문도 술부에서 끊지 않는다.
　　(例2) G ふだんの生活でもすごい使いますね。これは。
　　(평상시에도 아주 많이 사용하지요. 이것은.)(ケース6)

- 완전히 종지형의 형태가 되지 않아도, 다음과 같이 표현과 내용이 다른 경우에는 끊어서 2문으로 생각한다.
  (例3)G 大学時代、そういうサークルにいたんですけれども。
  (대학시절, 그런 서클에 있긴 했었지만)/
  ただ、ああいうふうに朗読するっていうのはほとんどはじめてで・・・。
  (단, 그런 식으로 낭독하는 일은 거의 처음이라···)

이러한 식으로 22인의 인터뷰 자료를 대상으로 다음과 같은 관점에서 분석했다.

① 여성 게스트의 담화 중, 경어사용의 실태는 어떠한가
② 응답사, 종조사는 어떻게 사용되고 있는가
③ 게스트가 사용하는 명사에서 정중도를 알 수 있는가
④ 게스트는 어떠한 축약표현을 사용하고 있는가, 그것은 정중도에 어떻게 반영되고 있는가

이상의 네 가지 항목으로 나누어, ①은 卓星淑, ②는 遠藤織枝, ③은 小林三惠子, ④는 丸山和香子가 집필했는데, 이 중에서 다음이 필자가 고찰한, 여성 게스트의 담화 중에 나타난 경어사용의 실태에 관한 부분이다.

2. 머리말

일본어에 있어서 경어표현은, 존경어, 겸양어, 정중어, 미화어의 4가지로 분류하는 것이 일반적이지만, 미화어의 기술은 명사 레벨에 맡기고, 여기에서는 존경표현과 겸양표현, 그리고 정중표현으로 나누어 생각하기

로 한다.

이번 공동연구의 자료를 게스트와 사회자의 경어사용법을 중심으로 표현별로 정리한 것이 〈표1〉이다.

분석은 다음과 같은 점에 기초하고 있다.

① 사회자의 질문에 대한 대답 부분을 하나의 단위로 보고, 각각 번호를 붙여, 그 총수를 담화총수로 했다. 하나의 담화에는 몇 개인가의 문 레벨을 포함하고 있는 것이 많기 때문에「담화수＝문수」는 아니다. 사회자의 담화수도 같은 방법으로 계산했다.

② 정리 순서는 연령순으로, 연령이 낮은 쪽부터 케이스1, 2로 나열한다.

③ 존경표현은, 일반적으로 존경어로 취급되고 있는 표현이다.

④ 겸양표현은, 일반적으로 겸양어로 취급되고 있는 표현이다.

⑤ 정중표현은,「です、ます、ございます、おります」와 같은 표현이다.

정중표현은 단독으로 사용되는 경우(「行きます」(갑니다),「そういうこと です」(그렇다는 것입니다) 등)와 존경표현·겸양표현과 함께 사용되는 경우가 있기 때문에(「いらっしゃいます」(계십니다),「お願いいたします」(부탁드립니다) 등), 정중표현의 수에는 존경표현·겸양표현의 수와 중복되는 것도 있다.

〈표1〉에 의하면, 우선 전체 게스트가 사용한 표현을 합해 보면, 존경표현이 78회, 겸양표현이 62회로, 게스트의 케이스 1·5·9·10·12·13·15에서는 한 번도 존경표현이 사용되지 않았다. 또, 케이스 8·16·22에서는 한 번도 겸양표현이 사용되고 있지 않는 등, 존경·겸양표현의 사용이 적은 것이 눈에 띈다. 이는 인터뷰 자체의 성격상 게스트 자신에 관한 일이 화제의 중심이 되기 때문에, 우선, 존경표현이 많지 않는 것을 예측할 수 있다. 그러나, 화제가 자기 자신에 관한 내용이 많으므로 겸양

표현이 많이 사용될 것이라 예상했지만, 겸양표현도 그렇게 많이 나타나지 않았다. 이러한 사용실태는 무엇을 의미하는 것일까? 존경표현과 겸양표현이라고 하는 경어표현을 그다지 많이 사용하지 않는 사람만 게스트로 선정되었던 것일까?

사회자는 사회자의 입장상 존경표현과 정중표현을 잘 구사해 게스트에게 질문하고 있다. 그런데 그에 대응하는 게스트들은 그다지 존경·겸양표현을 사용하지 않고 있다. 정중하지 않은 표현도 종종 나타난다. 양적으로, 사회자 쪽은 존경표현을 353회, 겸양표현을 182회 사용하고 있다. 담화총수는 사회자 쪽이 게스트에 비해 조금 많지만, 하나의 담화 중, 문의 레벨(문의 수)은 게스트 쪽이 훨씬 많다. 이 점을 감안해, 게스트와 사회자의 존경표현과 겸양표현을 살펴보면, 사회자 쪽이 각각 4.5배, 2.9배 많이 사용하고 있다. 이는 게스트를 맞이하는 쪽인 사회자가 언어를 사용하는데 있어, 보다 정중하다는 것을 나타내는 것이라 보여진다.

그러나, 사회자인 남성이 게스트에게 존경표현을 사용하여 이야기를 하는데도, 게스트의 대응이, 경어표현(특히, 겸양표현의 면에서)을 사용하지 않는 경우가 많다고 하는 사실은, 일반적으로 여성은 경어를 자주 사용한다는 통설에 반하는 것으로 생각된다. 이러한 사실에서, 현대 일본여성의 경어에 대한 의식변화의 일면을 엿볼 수 있는 것은 아닐까. 渡辺友左씨가, 「현대사회의 일본인은, 상호존경(敬重)이라는 표식에 의해 정중한 경어형식을 사용하게 되었고, 〈疎(소)〉의 사회결합이라는 표준에 따라 상호 정중한 경어형식을 사용하게 된 것이다」[1]라고 기술하고 있는 것과 관련지어 생각하면, 자신을 낮춤으로써 상대를 높인다는 의식이 일본인들 사이에서 점점 희박해 지고 있다는 사실을 나타내고 있는 것 같다. 〈표1〉을 토대로, 먼저 「존경표현」부터 검토해 보기로 하자.

〈표1〉 경어표현의 사용실태

	게스트				사회자		
	담화총수	존경표현	겸양표현	정중표현	담화총수	존경표현	겸양표현
케이스 1	68	0	3	110	72	20	10
2	37	1	5	92	39	10	13
3	65	6	8	118	67	22	8
4	63	1	1	105	65	9	14
5	51	0	2	55	52	17	8
6	64	2	1	117	64	13	1
7	60	3	1	64	63	17	3
8	36	4	0	95	38	13	3
9	53	0	2	135	55	16	10
10	34	0	1	65	39	20	14
11	50	1	6	123	52	12	6
12	46	0	1	88	48	23	17
13	61	0	2	95	64	20	8
14	37	1	4	82	42	11	8
15	56	0	2	120	56	11	12
16	40	2	0	54	42	13	5
17	41	14	6	110	44	10	15
18	40	9	4	137	41	13	4
19	34	2	6	94	34	14	6
20	51	12	4	108	51	18	5
21	35	14	3	92	35	28	6
22	56	6	0	146	56	23	6
계	1,078	78	62		1,119	353	182

3. 존경표현[2]

　〈표2〉는, 인터뷰 중에 사용되고 있는 존경표현을 형식별로 분류한 것
이다.

　존경표현의 유형 중에는 「なさい、ーてください」의 예도 포함되어 있
다. 이런 표현은, 宮地裕씨에 의하면, 「형식동사」「ーなさる」의 명령형

「ーなさい」는 존경표현으로 사용할 수 없다. 「(ーして)くださる」의 명령형 「(ーして)ください」도 존경표현으로 사용하기 어려워서, 「ー(して)くださいませんか」 등의 형태로 사용되는 등, 표현적 배려가 필요한 경우가 있다」[3]라고 지적하고 있다. 하지만 본 논문에서 「ーなさい」「ーください」는 명령표현에 있어서의 「존경표현」으로 간주하고, 「존경표현」의 형식에 포함시키기로 한다.

〈표2〉를 보면, 게스트가 자주 사용하는 형식은 「ーてくださる」「ーていらっしゃる」「いらっしゃる」이고, 사회자는 「お(ご)ーになる」「ー(ら)れる」「ーていらっしゃる」「なさる」「いらっしゃる」의 형식을 자주 사용하고 있다. 게스트의 존경표현은, 화제가 되는 제3자에게 많이 사용되므로, 「ーてくださる」가 25회나 사용된 것으로 보인다. 「ーていらっしゃる, いらっしゃる」는, 존경표현의 형식으로, 게스트와 사회자 양쪽에서 빈번히 사용되고 있다. 이 형식은, 존경표현 중 가장 일반적인 것으로 생각된다.

〈표2〉 존경표현의 유형

표현형식	게스트의 사용회수	사회자의 사용회수
お(ご)〜になる	3	41
ごらんになる		17
お〜になられる		3
〜(ら)れる	4	45
〜て(ら)れる		7
〜ていらっしゃる	13	78
〜でいらっしゃる		15
〜てくださる	25	7
お(ご)〜です	4	13
お〜くださる		2
お〜い		3
お〜ください		5

~てください		10
~なさい		1
なさる	4	55
いらっしゃる	15	33
おっしゃる	8	17
くださる	1	1
めす	1	
합 계	78	353

한편, 사회자 쪽의 존경표현 형식을 보면,「ーなさる」「お(ご)ーになる」「ー(ら)れる」「ーていらっしゃる」「いらっしゃる」「おっしゃる」등이 눈에 띈다. 게스트의 동작·행위를 나타내는 표현에 경어형식을 사용하고 있음을 알 수 있다. 이것은, 물론 사회자의 입장이라고 하는 점도 작용하지만, 게스트가 사용하고 있는 존경표현의 형식, 종류와 차이를 보인다는 면에서도 흥미로운 대조를 보이고 있다.

또, 게스트의 경우, 동일한 인물의 동일한 행위와 동작을 표현하는 경우에도 존경표현을 사용하는 경우와 사용하지 않는 경우 – 여기서는 보통체라고 하겠다 – 가 있다. 보통체의 사용상황과 비교하기 위해 존경표현의 사용실태를 살펴보기로 한다. 〈표3〉

인터뷰의 한 예로 다음과 같은 대화가 있다.

[例1 케이스2]
I：じゃ、その道を目指していただいたら、ひょっとしたら、同僚になっていたかもしれない。なんか大学で…
　　(그 길을 목표로 하셨다면, 어쩌면, 동료가 됐을 지도 모르겠네요. 대학같은 곳에서)
G：あ、よくご存じですね。(아, 잘 아시네요.)

[例2 케이스22]

Ⅰ: お受けになった、こう、感想はいかがですか。

　　(받으신, 그, 감상은 어떠십니까)

G: はあ、うれしいんでしょうか。(네, 기쁘다고나 할까요)

[例3 케이스15]

Ⅰ: あの、で、写真をいろいろとね、お撮りになって、その中で私とても
　　印象的なのは、あの、ソビエト軍の女性なんですか。笑ってるこう、
　　笑顔の女性がありますね。

　　(저, 사진을 많이, 찍으셨는데, 그 중에서 제가 가장 인상적이었던
　　것은, 그 소련군 여성이던가? 웃고 있는, 미소짓고 있는 여성이 있
　　었지요.)

G: あの、彼女は27歳、25歳だったかな。(그녀는 27살, 25살이었나)

〈표3〉 게스트의 사회자와 제3자(화제의 인물)에 대한 표현

케이스 1	존경표현		보통체	
2	0		4	(어머니, 코치)
2	1	(사회자)	2	(동료)
3	6	(사회자(1), 일관계, 팬)	1	(부모님)
4	1		2	(같은 출연자)
5	0	(사회자(1), 여자 분(1))	22	(부모, 형제)
6	2	(스승(1), ~씨)	0	
7	3	(사회자(1), 현지 사람)	7	(스승, 祖母)
8	4		5	(현지 사람)
9	0		1	(시부모님)
10	0		1	(사귀는 사람)
11	1	(사회자+시청자)	2	(친구, 어머니)
12	0		0	
13	0		0	
14	1	(시청자)	2	(남편, 아이)
15	0		5	(아프가니스탄 난민·병사)
16	2		2	(어머니)
17	14		9	(시골의 초등학생)
18	9		0	

19	2	(사회자, 일반 사람)	4	(아버지, 아들)
20	12	(노인, 간호사, 노인의 가족)	13	(노인들)
21	14	(화제에 나오는 ~씨)	0	
22	6	(같은 직장의 사람, 일을 준 사람)	6	(감독, 에디터, 동료)

〈표3〉에서 알 수 있듯이, 게스트가 사회자(청자)에게 사용한 존경표현
은, 게스트 22인 전체 담화 중에서, 6예에 지나지 않는다. 6예 중, 4예는
직접 사회자에 대한 표현이고, 2예는 시청자도 고려한 표현이다. 즉, 이
상은 「ご存じですね(2)」(아시지요)「ご免なさい」(죄송합니다)「呼んでくだ
さい」(불러주세요)「ご覧になってわかるように」(보셔서 아시는 바와 같이)
「思ってくださった方が」(생각해 주시는 분이) 등으로, 대부분이 존경표현
을 사용하려고 하는 의도가 보이지 않는 판에 박힌 듯한 문구·의례적인
표현이다. 사회자가 게스트에 대해, 존경표현을 빈번히 사용하고 있는
〈표4〉와 비교하면 대조적인 태도라 볼 수 있고, 「おっしゃる」「いらしゃ
る」「おーになる」 등 존경의 정도가 높은 표현도 제3자에 대해서는 사
용되고 있지만, 청자인 상대에게는 사용되고 있지 않다는 점도 주목된다.
　다음으로, 제3자에 대한 존경표현의 사용법에 관한 것으로, 존경표현
은 「선생님, 자신의 팬, 손님, 시청자」라든가, 「개인적으로 신세를 진 사
람, 선배에 해당하는 사람」에게 사용하고 있다. 그러나, 같은 인물에 대
해, 존경표현을 사용하기도 하고 사용하지 않는 예도 있다. 그리고, 일
관계로 등장하는 사람에 대한 표현 중에 이와 같은 예가 많은데, 케이스
15와 같이 존경표현을 한 번도 사용하지 않은 케이스도 있다. 화제의 등
장인물을 개인으로 의식하는 경우에는 존경표현을 사용하고, 소재화한
경우나 자신과 친근한 경우에는 보통체를 사용하고 있다고 볼 수 있다.
　다음으로 사회자의 존경표현의 양상을 살펴보자.

〈표4〉 사회자의 존경표현

존경받는 사람 /	게스트	게스트와 가까운 사람	제3자	시청자	그 외
케이스1	15	3	1	1	
2	10				
3	15	4	2		1 (게스트를 포함한 5인)
4	5		3	1	
5	5	10	2		
6	11		2		
7	14		3		
8	7		6		
9	13		3		
10	15		1	4	
11	9	2		1	
12	21		2		
13	16	4			
14	9	2			
15	10		1		
16	7	5			1 (게스트를 포함한 다른 사람)
17	8		1	1	
18	9	1	3		
19	9	2	2	1	
20	12	1	5		
21	14		13	1	
22	18	3	2		

　사회자의 게스트에 대한 배려는, 잘 조화된 존경표현과 겸양표현에 나타나 있다. 존경표현의 수가 적으면, 겸양표현으로 보충하고 있는 것이다. 그러나, 게스트에 따라서 게스트와의 친소관계가 언어사용에 영향을 주는 케이스도 있다. 〈표4〉에서 존경표현은 게스트, 게스트의 가족에게 사용되는 경우가 많음을 알았다. 화제에 따라, 제3자에게 사용되는 케이스도 있다.(케이스21)

게스트의 연령이 경어표현의 사용실태와 관련이 있는지 알아보기 위해, 경어표현의 빈도 변화를 〈표4〉의 연령순으로 살펴보았는데 연령은 그다지 영향을 주지 않고 있는 것 같다.

친소와의 상관관계를 보자. 케이스 4를 보면, 게스트에게 5회밖에 존경표현을 사용하고 있지 않으며, 겸양표현도 14회 사용하고 있으나, 그 내용은 「お越し頂く」(와 주시다)가 5회, 「お願いします」(부탁드립니다)가 2회, 시청자를 향한 표현(お伝えしてまいります<전해드리겠습니다>、ご覧いただきましょう<보시겠습니다> 등) 4회로, 인사말과 같은 관용적인 표현일 뿐, 게스트에 대한 경의의 뜻은 특별히 나타나지 않았다. 케이스 4는, 사회자가 게스트에게 갖고 있는 친밀감(인터뷰를 주고받는 가운데 이전부터 알고 지낸 사이라는 것이 나타나고 있다)과, 게스트가 사회자보다 젊다는 점이 작용해, 존경표현의 사용이 많지 않은 것으로 보여진다.

또, 시청자에 대한 존경표현은, 10회밖에 나오지 않는 것도 주목된다. 시청자는, 사회자 쪽에 가깝다고 하는 인식에서 이와 같은 결과가 나온 것이라 생각된다.

4. 겸양표현

〈표5〉는 〈표1〉의 겸양표현의 수치를 표현 형식별로 분류한 것이다.

게스트의 경우, 게스트 22명의 담화수 1,078(몇 개의 문 레벨을 포함)개 중, 사용된 겸양표현은 모두 62회이다. 그 중에서, 판에 박힌 듯한 표현 「お願いします(いたします)」(부탁드립니다) 12예를 빼면, 50예에 지나지 않는다. 형식으로서는, 「ーていただく」「(さ)せていただく」「いただく」와 「おーする(いたす)」가 많다. 이러한 두 형식은 겸양표현의 대표격이라고 할 수 있을 것이다. 겸양표현과 존경표현을 연령과 관련해 〈표1〉을

살펴보면, 케이스 17 · 18 · 20 · 21의 경우에는 비교적 사용하고 있는 편
이다. 50대 이후 연령층이다. 케이스 22의 게스트는, 존경 · 겸양의 표현
의 수는 적지만, 정중표현이 가장 많고, 정중도에서는 균형이 잡혀 있다.
또, 이 게스트의 직업(필름편집)과도 관련이 있다고 하겠다. 50년에 걸쳐,
남성과 대등한 관계에서 대화를 해왔을 것이라는 점도 짐작할 수 있다.
또, 사회자가 게스트 자신보다 연하라도 하는 점도 작용하여, 존경 · 겸양
의 두 표현의 사용이 적었으리라 생각된다. 이것과 대조적으로, 케이스 3
의 경우는, 존경표현이 6회, 겸양표현이 8회, 정중표현이 118회, 비정중표
현이 23회 사용되고 있다. 이것으로 존경 · 겸양표현의 수와 전체적인 균
형은 별개의 문제라고 지적할 수 있겠다.

<표5> 겸양표현의 유형

표현형식	게스트의 사용회수	사회자의 사용회수
お(ご)~いただく		23
おこしいただく		33
~ていただく	15	20
~ていただける		2
~(さ)せていただく	8	8
お~する(いたす)	11	16
おねがいする(いたす)	12	29
うかがう	1	29
拝見する	2	11
拝聴する		1
申す	6	2
いただく	4	1
いたす	1	1
まいる		2
~てまいる	1	4
お目にかかれる	1	
합　계	62	182

다음으로, 사회자의 겸양표현을 살펴보기로 하자.

사회자의 겸양표현은 존경표현에 비해 약 반 정도이다. 주로 사용되는 형식을 보면, 「お(ご)ーいただく」23회, 「お越しいただく」(와 주시다)가 33회로 이것은 상대에게 「お、ご」를 붙여, 일단 높이고 나서 「いただく」을 붙이는 형식이다. 사회자의 입장에서 빈번하게 사용하는 겸양표현일 것이다. 「お願いします(いたします)」(부탁드립니다)는 게스트와 서로 나누는 인사말로 29회 사용되고 있다. 「おーする(いたす)」는 16회로, 이야기를 이끌어내는 사회자의 입장을 고려해 볼 때, 많지 않을 것이라고 추측할 수 있다. 「うかがう」(여쭙다)가 29회 나오는 것과는 표리의 관계라 할 수 있겠다. 또, 「ーていただく」「ー(さ)せていただく」「いただく」는 31회로 게스트와 차이는 많지 않다.

이상과 같이, 사회자의 겸양표현은, 게스트의 겸양표현과는 질적으로 차이가 있다는 점을 알 수 있다. 사회자는 게스트를 맞이하여 정중한 표현으로 상대방에게 이야기를 이끌어내면서 인터뷰를 해 가는 입장이라는 점이, 이와 같은 표현형식의 양상에도 잘 나타나 있다고 할 수 있겠다.

5. 정중표현과 비정중표현

정중표현의 대표적인 것은, 「～です」, 「～ます」이다. 이것은, 청자에 대한 배려에서 나오는 표현양식이라 할 수 있다. 인터뷰에 응하는 여성들에게 있어서, 존경표현의 경우와 마찬가지로, 비정중표현과의 차이점을 검토해 보고자 한다. 비정중표현은, 단정의 표현(「ちがう」(틀리다)「なつかしい」(그립다) 등), 생략표현(「・・・という」(・・・라고 하는)「・・・とか」(・・・라든가)), 「はい」(네)에 대한 「ええ、え」(네), 「いいえ」(아니오)에 대한 「いや」(아니) 등의 표현이다. 단정 표현은, 자기 자신에게 한정된 표현(「あ! なつかしい」(아! 그립다))도 포함되지만, 아나운서에 대한 표현도 있다. 양쪽 다 청자에 대한 정중한 배려가 이루어지고 있지 않다는 것이 공통점이라 할 수 있다. 생략표현은, 정중표현이 생략된 경우도 있을 수 있겠지만, 역시 형태를 갖추고 있지 않다는 점에서 「비정중표현」에 포함시키기로 했다. 이와 같은 전제 하에, 실제 인터뷰의 경우 어떠한 양상을 보이는가 살펴보겠다.

「です・ます」는 화자가 붙이려고 하면, 얼마든지 붙일 수 있다. 즉 「ですから」(그러므로)「ーでして」(ー해서)「しましたら」(했더니)「しましたとき」(했을 때)「ありまして」(있고)「それでですね」(그리고요)「おもいます」(생각합니다)「かんがえてますけれども」(생각합니다만)「そうですね」(그렇군요) 등이다.「です・ます」는 실제 대화에서 어떻게 운용되고 있는 것일까?

〈표1〉에서는, 담화총수를 보여주고 있는데, 하나의 담화에 몇 개의 문이 포함되고 있는 것이 일반적이다.

케이스 10을 들어, 「です・ます」의 사용법을 살펴보겠다.

정중표현과 비정중표현의 비율은, 연령과 관련이 많지 않은 것 같다. 케이스 1과 케이스 2는 모두 20대이지만, 한 사람은 주로 정중한 표현을 사용하고 있는 것에 비해, 다른 한 사람은 단정표현을 사용하거나 문말표현을 도중에서 끝내버리는 경우가 많다. 케이스 9와 케이스 14도 둘 다 30대인데, 매우 대조적이다. 30대 전반인 케이스 9는, 1회밖에 비정중표현을 사용하고 있지 않는 것에 비해, 30대 후반인 케이스 14에서는 12회나 사용하고 있다. 정중표현의 비율과 비교해 봐도, 30대 후반 쪽이 비정중표현의 비율이 높다. 케이스 17과 케이스 22도 케이스 9와 케이스 14 경우와 비슷한 경향이다. 케이스 21의 79세의 게스트와 케이스 9의

30대 전반의 게스트는 비교적 정중도가 높다.

〈표6〉 정중표현과 비정중표현의 출현수

	정중표현	비정중표현
케이스 1(20대전반)	110	19
케이스 2(20대후반)	92	3
케이스 9(30대전반)	135	1
케이스 14(30대후반)	82	12
케이스 16(40대전반)	54	9
케이스 17(40대후반)	110	8
케이스 19(50대전반)	94	25
케이스 20(50대후반)	108	9
케이스 21(70대전반)	92	4
케이스 22(70대후반)	146	6

이처럼, 연령과 정중도는 그다지 관련이 많다고 할 수 있는 문제는 아닌 듯하다. 즉, 정중하게 말하는가 말하지 않는가는 개개인의 스타일 문제로, 연령과 관련해 논할 수 있는 문제는 아닌 것 같다.

그러나, 케이스 1의 경우는, 단정이나 생략의 표현이 많은 반면, 「いきましたんで」(갔기 때문에) 「ーですとか」(ー라든지) 「しましたんで」(했기 때문에) 「ありますし」(ー있고) 등, 「です・ます」를 생략해도 상관없는 경우에 정중표현을 사용하고 있다. 이 사람은, 예를 들면, 「そうですね」(그렇군요) 「そうなんですね」(그렇군요)를 40회나 사용하고 있다. 경어표현의 사용에서 존경・겸양표현과 정중표현의 사용은 같은 척도로 잴 수 없는 문제라 생각된다.

케이스 21의 경우는, 위 표에서도 알 수 있듯이 비정중표현이 4회밖에 나타나지 않았다. 반면, 정중표현 예는, 문말의 「です・ます」이외에 「なくなりまして」(돌아가셔서) 「あったもんですから」(있었기 때문에) 「できませんとね」(할 수 없으면) 「なりますし」(되고) 「おもってますので」(생각하

고 있기 때문에)「いいますかね」(말할까요?) 등,「です・ます」를 사용하지
않아도 되는 경우에도 34회나 사용하고 있다. 또,「ございます」(있습니다)
「きいておりません」(듣지 못했습니다) 등의 표현도 나와, 전체적으로 정
중한 분위기를 깨뜨리지 않는 일관적인 특색을 찾아볼 수 있다.

　담화전체의 균형이라는 면에서, 〈표1〉의 케이스 10(30대 후반)의 수치
를 보면, 담화총수34, 존경표현 0회, 겸양표현 1회, 정중표현 65회, 비정
중표현 4회로, 존경표현과 겸양표현이 거의 사용되고 있지 않은 것을 알
수 있다. 또, 담화총수도 적다. 비정중표현의 수가 적은 것은, 전하고자
하는 말을 잘 요약해서 말하고 있다는 것을 의미한다. 그리고, 정중표현
으로 경어표현을 대신해 사용하고 있고, 문이 연결되는 부분에서는「で
す・ます」을 사용하지 않고, 일단 문말이라고 여겨지는 부분에「です・
ます」을 붙여, 문을 마치는 것이다. 장황하게 늘어놓지 않고 요점을 명
확히 집어내는, 대단히 호감이 가는 인터뷰 스타일이었다. 이는 정중도
와 관련해, 대화 전체의 스타일에 관해서도 계속해서 고찰해 볼 만한 문
제라고 생각된다.

6. 경어표현의 남녀의 차이

　일본어에는 여성어가 존재하며, 그것은 특히 경어와도 밀접한 관계가
있다고 하겠다. 그러나, 지금까지 22인의 인터뷰 분석 결과를 살펴보면,
남녀차이(경어의 사용 면에서)라고 하는 것은 거의 느낄 수 없다.

　인터뷰 중에 사회자인 남성이, 존경표현, 겸양표현을 빈번히 사용하고
있는 것을 알 수 있다. 이에 대해, 게스트 쪽이 민감하게 반응하지 않는
것은 흥미로운 사실이라 하겠다. 일반적으로 여성 쪽이 경어표현을 좋아
하는 것 같은 인상을 주는 것은「お・ご・さん」등, 미화어의 사용 실태

에서 비롯된 것이 아닐까 생각된다. 또한, 앞서 인용한 渡辺씨의「敬語・差別語」에는,「접두사「お」나, 정중어「ます」와 같은 것을 경어라고 생각하는 사람이 20년간 줄어 든 것이 분명하다. 이러한 점에서 일반인의 경어의식은 변했다고 할 수 있을 것이다.」[4]라고 하는 지적이 있다. 渡辺씨의 지적대로, 미화어라고 하는 것은 경의의 뜻은 거의 없고, 그 명칭 그대로, 말에 화장을 하는 것이 아닐까하는 느낌이 든다. 아름다운 일본어의 주역은, 정중어・미화어 쪽으로 그 비중이 옮아가고 있는 것이 아닐까 생각된다.

7. 맺음말

현대, 일본여성의 경어실태를 살펴보기 위해서, 22人의 인터뷰 분석을 시도하였다. 여성은 경어표현을 즐겨 쓴다고 하는 것이 일반론이다. 그러나, 이번 인터뷰 분석결과를 보면, 전체적으로 존경표현과 겸양표현, 다시 말해 경어표현이 적고,「です・ます」의 정중표현이 주류를 이루고 있다. 이를 渡辺씨는, 정중이라고 하지 않고, 보통체라고 부른다.[5]

먼저 존경표현은, 인터뷰의 성격상, 제3자(자기주변 이외의 사람)가 화제가 되는 경우는 많지 않기 때문에, 청자인 사회자에 대한 경어표현은 그다지 기대할 수 없는 것이 당연하지만, 6예에 지나지 않았다는 사실은 주목하지 않으면 안 되는 점이다.

두 번째로, 화제가 게스트 자신에 관한 것이 많은 데도 불구하고, 겸양표현이 적다. 여기에 등장하는 인터뷰 게스트들은 사회적으로 활약하고 있는 사람들이다. 회사 등의 동료들 사이에서는 여성・남성의 경어 차이가 그다지 인정되지 않는다는 보고가 있다.[6] 이 사실과 관련해서, 일에 관계된 이야기가 나오게 되면, 경어 비율이 줄어드는 것이라고 생각할

수도 있고, 사회의 변화에 따라 자신을 낮추고 상대를 높인다고 하는 의
식이 서서히 희박해지고 있다고 생각할 수 있을지도 모른다. 겸양의 정
도와는 별도로, 필자본인을 포함한 유학생들은,「ーからまいりました」
(ー에서 왔습니다)「おめにかかれて」(처음 뵙겠습니다)「はいけんさせてい
ただきます」(보겠습니다)「ぞんじます」(알겠습니다) 등의 표현을 일본에
온지 얼마 안 되서는 빈번히 사용하지만(교과서에서 배운 대로 충실히 표현
해서), 일본에 체재하는 시간이 길어짐에 따라,「です・ます」로 바꾸어
사용하는 현상과 밀접한 관계가 있을 것이다. 이와 같은 현상을 어떻게
파악하고, 어떻게 대처해 갈 것인가는 필자의 앞으로의 과제이기도 하다.
　미화어와 정중어에 관해서는, 이미 경어라고 하는 의식이 희박해지고
있다는 보고도 있다. 이번 자료에 등장한 여성들은, 사회자와 동등한 입
장에서 이야기를 나누는데 있어 존경어나 겸양어는 필요하지 않다고 판
단해서 인지, 존경・겸양표현은 많이 사용하지 않는다. 그런 반면에「で
す・ます」를 많이 사용하고 있는 것은 자신의 말투가 너무 거칠지 않고,
상대에게 실례가 되지 않도록 표현하려하는 의식이 잘 나타나 있다고 생
각된다.
　마지막으로, 게스트와 사회자의 경어표현에 있어서의 차이를 살펴본
결과, 게스트의 언어표현에는 현재의 자연스러운 이야기 스타일이, 사회
자의 언어표현에는 직업적 입장이 뚜렷하게 표출되어 있음을 확인할 수
있었다.

▌주
　1) 渡辺友左「敬語・差別語」『解釈と鑑賞』, 平成元年 7月호.
　2) 이논문에서 대상이 되고 있는 존경표현과 겸양표현의 한국어역은 다음과 같다.

존경표현

일본어표현형식	한국어역
お(ご)~になる	~하시다
ごらんになる	보시다
お~になられる	~하시다
~(ら)れる	~하시다
~て(ら)れる	~하고 계시다
~ていらっしゃる	~하고 계시다
~でいらっしゃる	~이시다
~てくださる	~해 주시다
お(ご)~です	~이십니다
お~くださる	~해 주시다
お~なさい	~하시오
お~ください	~해 주세요
~てください	~해 주세요
~なさい	~하시오
なさる	하시다
いらっしゃる	계시다, 오시다, 가시다
おっしゃる	말씀하시다
くださる	주시다
めす	드시다, 입으시다

겸양표현

일본어표현형식	한국어역
お(ご)~いただく	~하시다
おこしいただく	오시다
~ていただく	~해 주시다
~ていただける	~해 주시다
~(さ)せていただく	~하다
お~する(いたす)	~하다
おねがいする(いたす)	부탁드리다
うかがう	여쭙다, 찾아뵙다
拝見する	뵙다
拝聴する	듣다
申す	말씀드리다
いただく	받다
いたす	하다
まいる	오다
~てまいる	~하고 오다
お目にかかれる	뵙다

3) 『日本語教育事典』(大修館) 228面 참조.

4) 国立国語研究所報告(국립국어연구소보고)77『敬語と敬語意識—岡崎における 20年前との比較』, 三省党, 1983年, 24面.

5)渡辺友左「敬語・差別語」『解釈と鑑賞』, 平成元年 7월호.

6) 高崎みどり「模索期の女性語」『ことば』9호, 31면 참조.

제2장
「비정(非情)의 수동」에 관한 고찰

1. 머리말

문장의 종류에 따라, 또한 문의 표현의도에 따라 술어부분에 차이가 나타난다는 사실은 익히 알려진 바이다. 이는 문장의 종류와 문체가 밀접한 관계를 갖고 있다고 하는 의미일 것이다.

신문의 문장(특히, 보도문)[1], 법률의 기술문, 연구논문의 술부를 관찰하면, 「れる・られる」의 사용이 눈에 띈다.[2] 문의 종류와 술부의 표현이 밀접한 관련을 가지고 있다면, 「れる・られる」의 용법과 신문의 보도문, 법률의 기술문, 논문이 요구하는 문체와는 합치될 것이다.

신문 보도문은 어디까지나 중립을 목표로 객관적인 표현이 요구되는 문장이고, 법률의 기술문은 어느 쪽으로도 치우치지 않는 공정한 입장이 요구되는 공용문이라 할 수 있다. 또한, 연구논문은 논리성, 객관성이 요구되는 문장이다.

위와 같은 문장에서 자주 등장하는 「れる・られる」의 「비정(非情)의 수동」 용법, 세 종류의 문장에 공통적으로 보이는 객관성이라고 하는 성격과 「れる・られる」의 의미용법을 중심으로 살펴보고자 한다.

2. 「れる・られる」의 의미와 용법

『研究資料日本文法』⑦조사편 「れる・られる」항[3]을 살펴보면, 수동,

가능, 자발, 경의라고 하는 4개의 의미로 분류하고, 수동과 자발에 관해서 다음과 같이 기록하고 있다.

一. 다른 것으로부터 동작을 받고, 또한 다른 동작·작용의 영향을 받는다는 (수동)의미를 나타낸다.

① 동작·작용의 주체의 이해(利害)와 관계되는 수동. 「時にはそんな設計の為事に全身を奪われることはあっても」(어떤 때에는 그런 설계를 위해 온몸을 바치는 경우가 있더라도)(堀辰雄·菜穂子), 「妻は彼の命であったものを、彼を今その妻に死なれたのである」(아내는 그에게 생명과 같은 존재였는데, 지금 그는 아내를 잃은 것이다)(尾崎紅葉·多情多恨)

※ 가장 일반적인 수동. 「人に好かれる」(남에게 호감을 사다)와 같이 바람직한 감정을 동반하는 것도 있지만, 「財布を盗まれる」(지갑을 도둑 맞다)처럼 피해·본의 아닌 감정을 동반하는 경우가 많아, 특히 「迷惑の受身」(피해의 수동)이라 불리는 일도 있다. 후자의 예처럼 자동사에 의한 것이 그 전형이다.

※ 가장 전통적인 수동이다.

② 비정(非情)의 수동. 유정물(有情物) 이외의 것이 주격이 되는 용법으로 이해(利害)의 뜻은 포함되어 있지 않다.

「鉄蹄の真っ赤になったのが銑砧の上に置かれ、火花が夕闇を破て往來の中程まで飛んだ」(샛빨갛게 달군 것이 모루 위에 놓여있고, 불꽃이 어둠을 뚫고 길 가운데까지 튀었다)(国木田独歩·武蔵野·九)

※ 「れる·られる」는 명치(明治)시대 이후, 외국어 등의 영향도 가세해, 현저하게 발달했다.

※ 「非情の受身」중, 「…と言われる」(…라 말해진다) 「…と見られる」(…라 보인다) 「期待される」(기대된다) 등 현대어에서 많이 사용되고 있는 다수의 인물·집단이 동작주가 되어, 서술내용을 극히 객관적이고 사무적

으로 서술하는 용법은, 수동이라고 하는 의식이 희박해져,「자연가능적
인 수동」이라고도 불리고 있다.

　이러한 종류의 용법은, 명치(明治) 10, 20년대 이후, 외국어의 영향과
함께 연설·강연 등 공용어의 세계에서 많이 사용되어 영향을 미치게 되
었다고 보여진다. (田中章夫「어법으로 본 현대동경어의 특징」(語法からみた
現代東京語の特徵)『国語学』(국어학) 昭和 33·9. 土屋信一「동경어의 성립과
정에 있어서의 수동표현에 관해서」(東京語の成立過程における受身の表現につ
いて)『国語学』(국어학) 昭和 37·12)

　三. 주체의 의지와는 관계없이 동작·작용이 자연스럽게 표현되는 (자
발) 뜻을 나타낸다.

　「眉の皺の自ら伸び、どうやら寿命も長くなったやうに思はれる」(눈
썹의 주름이 저절로 펴지고 아무래도 수명이 길어진 듯하다)(二葉亭四迷·浮雲)

　이상의 기술 중에서, 一의 ②「비정(非情)의 수동」에 초점을 맞춰, 수
동용법을 살펴보고자 한다.

　「비정(非情)의 수동」은, 위의 기술에서 보여지는 것처럼, 일본어 본래
의 수동이라기보다 명치이후 객관적 표현을 즐겨 쓰던 번역어의 영향에
의한 것으로 생각되어 진다. 이에 대해서는 宮地幸一[4]씨와 淸水慶子[5]씨
가 반론을 제기하고 있다. 더욱이, 土屋信一(『古典語現代語 助詞助動詞詳
說』 24~25쪽)[6]씨는,「明治(명치)이후,「れる」「られる」에 의한 수동 표현
이 현저하게 발달했다. 이러한 현상을 명치이후 일본어(동경어) 발달의
특징으로 생각하는 의견이 일반적이다. 또한, 수동표현의 발달이 외국어,
특히 영어의 영향이라고 하는 의견이 일반적이고, 영어의 영향이라는 것
은 확실하지만, 영어의 수동을 받아들여 일본어의 수동이 발달했다고 하
는 것은, 영향을 받기 이전의 일본어에 이미 영어적 수동표현을 발달시
킬 만한 요인이 있었다고 하는 점에 주목하지 않으면 안 된다. 수동표현
이 발달했다는 것은,「れる」「られる」의 의미·용법이 확대되고, 빈번하

게 사용되게 되었다는 것을 의미한다. 즉, 후에 서술하겠지만, 「비정(非情)의 수동」「자연가능적인 수동」이라고 할 만한 수동표현이 빈번하게 사용되게 된 것이다. 이러한 경향은 현대어에서도 공용어의 성격을 가진 언어에 현저하게 나타난다.」라고 하였다. 田中章夫씨는 『어법을 통해 본 현대동경어의 특징』에서, 「공용어로서의 면에서 발달된 특징」이라는 항목에서, 「자연가능태」로 이 수동표현을 들고 있다. 또한 이러한 수동표현은 매스컴관계자 및 지식인들 사이에서, 그 남용을 삼가해야 한다는 의견이 강하게 제기되고 있어, 현재는 오히려 억제되는 경향이라고 기술하고 있다. 매스컴 등에서 「비정(非情)의 수동」표현이 억제되는 경향조차 있다고 설명하고 있지만, (注1)에서도 언급한 바와 같이, 신문 보도문, 그리고 방송용 뉴스 등에서는 변함 없이 빈번하게 사용되고 있는 것이 현 실정이다.

　그러면, 이와 같은 「비정(非情)의 수동」과 「자연가능적인 수동」에 관해서 자세히 살펴보자. 土屋信一씨의 「れる・られる - 수동 〈현대어〉」(『古典語現代語助詞助動詞詳説』)에 의하면, 비정의 수동은 현대어에서 발달한 것이다. 이러한 수동은 한문 훈독어 그 밖의 여러 곳에 조금씩 보이는데, 현저하게 많이 나타나는 것은 명치시대이후라고 지적하고 있으며, 『現代国語法』(今泉忠義・宮地幸一・有精堂・昭和 25)에서는, 「目に見えてあらはれるようになつたのは、白樺派の人々の作品であろう。」(눈에 띄게 나타나게 된 것은, 시라카바파 사람들의 작품일 것이다)라고 설명하고 있다. 명치이후 많이 사용되게 된 것은 외국어, 특히 영어의 영향이겠지만, 동시에 『現代国語法』(今泉忠義・宮地幸一)『現代口語の実相』(湯沢幸吉郎・習文社・昭和26)에서도 주목하고 있는 것처럼, 국어독본에서 많이 사용하게 된 것이, 널리 사용하게 되는데 박차를 가했을 것이다.

　자연가능적인 수동은, 종래에는 비정의 수동의 한 종류로 생각되었지

만, 「비정의 수동」에 비해, 자연가능적인 것에 가깝기 때문에 편의상 하나의 항목을 만든 것이다. 예를 들면, 「…と考えられる」(…라고 생각된다) 「…が期待される」(…가 기대된다) 「式が行われる」(식이 행해지다) 등에 보이는 「れる」「られる」가 바로 그것이다. 동작주가 다수의 사람 또는 조직이기 때문에 수동의 의식이 희박해, 자연가능(자발)에 가까운 성격을 가지고 있다. 이 수동이 현대어에서 많이 사용되는 이유는, 사무적이고 객관적인 사실을 기술하기에 편리하기 때문이라고 생각한다(여전히, 「れる」「られる」를 가능 또는 자연가능이라고 생각하는 사람도 있고, 『日本文法講座 6』의 「일본문법사전」에서는 「자발의 자동사」항에서 이들의 표현을 다루고 있다).

이상의 검토에서도 알 수 있듯이, 비정의 수동과 자연가능수동이 문제가 되는 것은, 소위 신문의 보도문 등에서 자주 사용되는 「と考えられる、期待される、見られる」(라고 생각된다, 기대된다, 보여진다)와 같은 표현을 어디에 포함시킬 것인가 하는 점이다. 이 문제는 「수동」「자발」등의 의미영역에 관계되는 문제이지만, 필자는 이러한 종류의 표현은 「考える、期待する、見る」(생각하다, 기대하다, 보다)라고 하는 동사 자체에 「れる・られる」가 접속되어 생겨나는 문제인 것으로 이해하고 있다. 또, 동작주가 대다수 또는 조직이기 때문에, 수동의 의미가 희박하다고 지적되고 있지만, 이것은 수동의식이 희박하다고 하는 관점보다는 사실 그자체에 포인트를 두기 위한 표현이라고 보는 것이 자연스러울 것이다. 따라서, 위와 같은 견해에 입각해서, 「비정의 수동」과 「자연가능적인 수동」을 생각하기로 한다.

3. 「비정(非情)의 수동」과 「자연가능적인 수동」

비정의 수동, 또는 자연가능적인 수동은, 동작·작용의 주체가 애매할

때, - 즉, 1인칭도 2인칭도 아닌 표현형식 - 사무적이고 객관적으로 사
실을 기술하기에는 편리하지만, 일본어의 「비정의 수동」과 신문문장 등
에서 요구되는 객관성과는 과연 어떻게 조화를 이루고 있는 지는 의문이
다. 객관성이라는 것과 「비정의 수동」과 「자연가능적인 수동」의 관계를
「る・らる」의 본연의 의미 및 그 의의(意義)의 전화(轉化)라는 점과 결
부시켜서 생각하지 않으면 안 된다. 峰岸明의 「る・らる・れる・られ
る・す・さす・せる・させる」(자발・가능・수동・존경・사역)(『国文学 解釈
と鑑賞』昭和 43・10)[7]에는 몇 개의 대표적인 이론이 소개되어 있다. 그것
을 요약하면 다음과 같다.

山田孝雄、金沢庄三郎、三矢重松、松尾捨次郎씨들은, 「る・らる」의
의식의 전화(轉化)를 〈수동→자연세(勢)→능력→경어〉의 순으로 보고,
그 본의(本義)를 「수동」으로 보고 있다.

時枝誠記씨는, 〈자연적 실현→수동・가능・경어〉라고 생각하고, 자연
적 실현이라고 하는 본의를 기본으로 각각의 의미가 파생적으로 분출하
는 것으로 파악하고 있다. 金田一京助씨도 같은 파생과정을 제시하고
있다.

또, 大野晋씨는 「日本人の思考と日本語」(『文学』昭和 42・2)에서 「고
대 일본인이 동작과 작용과 상태의 진행에 관해 가장 깊은 관심을 가졌
던 부분은, 사견(私見)에 의하면 동작과 작용과 상태의 진행이, 자연 그
대로의 흐름인가, 아니면 어떠한 행위에 의해 진행되는 것인가 라고 하
는 점이었다고 생각된다」라 설명하고, 바로 그 근거를 동사의 조어(造語)
에 있어서 ル・ス의 대립에서 찾고 있으며, 고대 일본인 사고방식이 성
립하는 근거 역시 「수작농경을 하면서, 토지에 정착해 생활하고, 춘하추
동의 사계의 온화한 변화 속에서 살아가며」, 「자연에 동화되어, 자연의
순리에 순종하며 생활」하던 고대 일본인의 생활환경에서 찾아내고 있다.

그리고, 이러한 관점에 기초해서,「る・らる」의 의식전화를 〈자연적인 성립(자발) →가능・수동・존경〉으로 설명하고 있다.

이와 같은 설이 있으나, 자연적 표현・자연적 성립에 유래한다고 하는 時枝씨와 大野씨의 설이 가장 타당하다고 기술하고 있다.

「る・らる」의 본의와 의미전화 과정은, 현대어에 있어서「れる・られる」의 의미와 관계 있는 것으로 생각된다. 신문의 보도문 문말에 자주 나타나는「…考えられる、言われる、予想される」(…생각된다, 말해진다, 예상된다)를 수동의「비정의 수동」용법으로 볼 것인지, 자발의「자연가능태」로 볼 것인지는, 이와 같은 본의(本義), 의미전화(意義轉化)의 이해와 관계되는 문제이기도 하다.

다음으로 시각을 바꿔, 森田良行씨의『受動・使役の言い方』(講座日本語教育 제4분권)[8]의 문장을 살펴보자.

사실, 자기 입장에서 말할 때에 수동표현이 많다.「情にほだされる」(인정에 끌리다) 등은 항상 수동 표현으로 사용되고,「情がほだす」(정이 얽매이다)의 능동표현을 갖지 않는다. 일본어 동사에는「ほだす」(붙어 다니다, 얽매다)와 같은 수동 측의 전용단어(語)마저 존재한다. 그렇다고 해서 받는 사람 쪽이 강제적으로 그렇게 할 수밖에 없다고 하는 강한 피동의 입장은 아니다. 저절로 그와 같은 상태로 될 수밖에 없다고 하는 자발에 가까운 수동이다…아무래도 일본인은, 자신이 적극적으로 한다고 하는「為手」(하는 사람)의 입장보다는, 본능적・자발적으로 그렇게 되도록 하는「受け手」(받는 사람)의 입장에 서서 말하는 것을 선호하는 듯 하다. 이것은 일본인의 전통적인 사고방식・느낌방식으로, 이와 같은 일본인의 심리구조는, 일본의 사회구조의 특성과 관계가 없지는 않을 것이다. …일본어는「購買欲をそそられる/食欲をそそられる/招かざる客…」(구매욕을 돋우다/식욕을 돋구다/초대받지 못한 손님…) 등, 받는 사람 입장에서 표현하

는 어법이 많고, 더구나 타자의 행동에 따라 자연히, 또는 본능적으로 그
와 같은 상태가 되는 발상을 존중한다. 여기서 말하는 일본인의 전통적
인 사고방식·느낌방식은, 大野晋씨가 「자연에 동화되어, 자연의 순리에
순응하며 생활」한다고 하는, 즉 일본인의 생활환경에 의해 사고방식이
성립했다는 것과 상통하는 부분이 있다고 생각된다. 大野晋씨는 또,
「ル·ラル가 가능의 뜻으로도 사용되는 것은, 일본인은 가능이라는 것
을 인간의 투쟁적 노력에 의해 획득하는 것이라 생각하지 않고, 자연의
순리에 의한 결과, 자연스럽게 탄생하는 것으로 파악하는 사고방식을 뿌
리깊게 가지고 있다는 것을 보여주는 것이다.」(앞서 게재한 峰岸논문참조)
라고 설명하고 있는데, 이러한 설명은 일관된 것이라고 생각된다. 일본
어의 「비정의 수동」용법과 영어의 passive voice용법이 차이가 있는 것
은 근본적으로는 이와 같은 문제에 있는 것이 아닐까 생각한다.

4. 「비정의 수동」과 영어의 Passive voice

「비정의 수동」용법은 외국어, 특히 영어의 영향에 의한 것이라는 생
각이 일반적인데, 먼저 영어의 passive voice와 일본어의 「수동」에 관한
연구를 정리해 보자. 水谷信子의 『日英比較話しことば文法』 11~12쪽
에는[9], 영어의 passive voice는 「주어와 동사가 표현하는 동작의 주객관
계를 나타내는 동사의 형태」라고 정의하고, 영어의 경우, 같은 사실을
active voice로 표현할 것인지, passive voice로 표현할 것인지는, 화자의
관심에 따라 다르다고 설명하고 있다. 그리고 영어의 경우, passive
voice 표현이 가능한 것은, 타동사 그 중에서도 「동작성이 강한 것으로
제한된다」라고 지적하고 있다.

passive voice의 용법은, 다음과 같이 정리할 수 있다.

(a) 동작주보다도 동작의 대상에 관심이 있는 경우

The house was struck by lightning.

The chapel was built by Henry Ⅷ.

(b) 동작주에 대한 관심이 낮은 경우

He was killed in World War Ⅱ.

The city was well supplied with water.

(c) 문어적인 문체에 많다.

passive voice가 speaking보다 writing에 많은 것은, 동작주가 표면에 드러나지 않는다고 하는 간접성 때문이라 생각된다. 이 경우 writing은 특히 논문이나 저자와 같은 거창한 것에 한정되지 않고, 격식을 차린 편지 등도 해당된다.(격식을 차린 자리에서의 이야기 등도 마찬가지다.)

XYZ(投稿者의 성과 이름) of Tokyo sends this photograph. He says," The photograph was taken recently in Taishakuten Shibamata (Tokyo) on a Sunday morning. The eqipment and film used was :Nikon FA, F 1.4 lens, motor drive, and a yellow filter and Kodak Tri-X film."…(이하생략)

(d) 몇 개의 Clause(절, 節)를 연결할 때 등, 주어가 자주 변하는 것을 막기 위해서 passive voice가 사용되는 경우가 있다.

영어의 passive voice의 문은 〈동작주보다도 동작의 대상이 되는 것에 주된 관심이 간다〉 〈문체적으로는 문어적인 문체에 많다〉라고 요약할 수 있다. 여기서, 영어에 있어서의 passive voice와 일본어의 「비정의 수동」이 상당부분 비슷하다는 사실을 확인할 수 있었다. 다만, 영어의 경우 「동작주가 강한 타동사」에 제한되는 점이 일본어와 비교해 볼 때 특징이 된다.

又, 寺村秀夫의 『日本語のシンタクスと意味Ⅰ』[10] 240~242쪽를 보면, Jespersen, Otto의 The Philosophy of grammar (1924)와 安井稔의 「英

語の受動文について」(1978)『文芸言語研究 言語編』 3.筑波大学文芸・言語学系를 근거로, 安井은「수동문은, 그 문의 테마를 담당하는 주어로서, 동작주 이외의 것을 문두(文頭)에 놓고 싶을 때에 사용하는 구문(構文)의 하나라고 정리할 수 있다」고 지적하고, 일본어 수동의 경우는 다음의 세 가지로 설명하고 있다.

첫 번째는, 동작・작용을 받는 객체를 주제로 내세운 구문(構文)이다.

이 경우, 객체를 주제로 내세우기 위해서는 그 객체가 특정의 것이어야 한다. <ケサ、アノ交差点デ犬ガトラックにハネラレタ(오늘 아침, 저 교차로에서 개가 트럭에 받혔다)/ケサ、アノ交差点デ犬はトラックガハネタの場合の犬のようなもの(오늘 아침, 저 교차로에서 개는 트럭이 받았다 라고 하는 경우의 개와 같은 것)>, 객체주제문이 되면 대비적인 효과가 나는 경우가 있다.

두 번째는, 방향성이 있는 동사의 경우이다. <ヤル、アゲル(주다)→モラウ(받다)/貸ス(빌려주다)→借リル(빌리다)/アズケル(맡기다)→アズカル(맡다)/教エル(가르치다)→教ワル(가르침을 받다, 배우다)의 경우 수동형으로 표현할 것인지 안 할 것인지에 관한 판단>

세 번째는, 어휘적 조건에 관한 것으로, 타동사의 자발형, 또는 그에 대한 자동사가 있는 경우, 수동표현과 어떻게 다른가 하는 것이 문제가 된다. <誰カガラスヲ割ッタ(누군가 유리를 깨뜨렸다)/ガラスガ割レタ(유리가 깨졌다)/ガラスガ割ラレタ(유리가 깨뜨려졌다)의 경우>

위의 설명과 같이, 일본어의 수동표현과 영어의 passive voice 표현은 사용되는 장면이 공통되는 케이스가 많지만, 어휘 레벨에 따라 각각 다른 용법을 가지고 있음을 알 수 있다.

5. 「れる・られる」의미의 관계

위와 같은 생각을 바탕으로 「る・らる」「れる・られる」 4개의 의미, 수동・자발・가능・존경의 상관관계에 관해서 생각해 보자.

위의 설명에서 알 수 있듯이, 가장 밀접한 관계를 가지고 있는 것은, 수동 중에서도 「비정의 수동」과 자발(자연가능태 또는 자연가능적인 수동)의 의미인 것 같다. 어느 부분이 공통적이고 어느 부분이 독자적인 것일까?

岩淵匡씨는, 「(ら)れる」는, 현대어에 있어서 그 용례의 대부분이 수동인데, 이것은 자발과 가능이, 가능동사(「見られる」「起きられる」 등 5단 이외의 동사에서 생겨난 것도 포함한다)와 동사 「できる」 등에 의해 표현되는 경우가 많고, 더욱이 존경 이외의 표현에 많이 사용되는 데서 기인한다고 설명하고 있다.[11]

岩淵씨는, 「れる・られる」의 의미를 수동・자발・가능・존경의 4개로 분류하지만, 주된 용법은 수동으로 보고 있다. 자발・가능・존경은 오해를 불러일으킬 염려가 있으므로 그것을 피하기 위해서라도 다른 어법으로 표현하는 것이 일반적이라고 본다. 그러나, 이것은 어디까지나 구어의 경우이고, 문장에 있어서 「れる・られる」는, 여전히 그 4개의 의미를 갖게 된다. 물론, 이른바 「れる・られる」의 4개의 의미 가운데 「수동」이 대부분을 차지하고 있다는 것은 분명하다. 하지만, 문에 따라서는 수동으로도 자발으로도 가능으로도 해석할 수 있는 애매한 용법이 있는 것도 사실이다.

그럼, 여기서 岩淵씨의 논문 가운데 수동・자발・가능 각각의 의미 해석을 참고로, 의미영역에 관해서 살펴보자.

岩淵씨는 4개의 의미를 두 가지씩 비교하고 있다.

우선, 자발과 가능이다. 자발이라고 생각되는 것은, 대략 다음의 3가지로 나눌 수 있다.

a. 주체의 의지와 능력과는 무관하게 자연스럽게 행해지는 것을 나타낸다.

b. 외적조건에 따라 동작·작용이 행해지는 것을 나타낸다.

c. 표현을 부드럽게 하기 위해 사용한다(완곡).

그러나 실제로 a와 b를 구별하는 것은 어렵고, 어느 쪽으로도 생각할 수 있다고 한다. 그 예문으로서「なんとなく肌寒さを感じられる朝でした/日本人の駄目さが絶望的に感じられた。」(왠지 모르게 으실으실 춥게 느껴지는 아침이었습니다, 『現代語の助詞·助動詞』/ 일본인의 무능력이 절망적으로 느껴졌다, 中野重治『五勺の酒』)를 들고 있다. 그리고, c는 수동으로 생각할 수도 있는 예문으로「神武天皇の大和平定伝説には、継体の事跡が多く影を落としていると思われる。」(진무천황의 야마토평정전설에는, 계체의 사적이 상당히 자취를 남기고 있다고 생각된다, 直木孝次郎『奈良』)와 같이, 주체가 사고·판단의 주관성을 회피하고, 단정하지 않는 듯한 표현이 된다는 것을 설명하고 있다. 이러한 해석 가운데, a와 b는 수긍이 가지만, c는 자발보다, 岩淵씨도 설명하고 있는 바와 같이 수동의 용법에 해당하는 것으로 생각된다. 왜냐하면, a와 b는, 위의 규정을 봐도 알 수 있듯이 논리나 합리적 절차가 포함되어 있다고는 보이지 않기 때문에, 이러한 예문은 자발에 해당하는 의미규정이라고 생각된다. 그러나, c는 정의에서 표현을 완곡하게 한다고 기록하고 있는데, 그 예문을 보면, 문말에「思われる」(생각된다)를 사용해, 표현을 부드럽게 하고는 있지만, a, b와의 관련성은 희박해 보인다. 그래서, a와 b는 자발의 의미영역에, c는 수동 중에서도「비정의 수동」영역으로 이동시키고 싶다. 이 문제에 대해서는, 나중에 다시 한번 생각하기로 한다.

가능은 주체와 주어가 일치한다고 지적하면서, 가능에 관해서는

a. 주체의 의지·능력에 따라서 동작·작용이 가능하다는 것을 나타낸

다.

b. 외적조건에 따라서 허가·허용되는 것을 나타낸다.

c. 외적조건에 따라서 동작·작용이 실현되는 것을 나타낸다.

d. 가능에서 바뀌어, 능력·가치 등을 평가하는 것을 나타낸다.

라고 정의하고 있다. 자발의 b와 가능의 c의 유사성을 지적하고, 가능의 b는 수동과 유사하다고 언급하고 있다. b의 예문으로서「試驗は誰でも受けられます。」(시험은 누구라도 칠 수 있다)를 들고 있지만, 이와 같은 경우에는 문맥에 따라서 가능인지 수동인지 구별할 수 있기 때문에 근본적인 의미영역의 문제라고는 생각할 수 없다. c의 예문으로서는「背泳ぎには、優勝の期待がかけられる。『日本文法大事典』」(배영에서는 우승기대를 걸 수 있다.『日本文法大事典』)을 들 수 있지만, 이 예문은, 동일한「외적조건」이라고 해도 일본인의 무능력함과 지금까지의 수영 실적, 주변과 비교하고 난 후의 판단과는 질적으로 차이가 존재한다고 판단되기 때문에, 그 구별(자발과 가능)은 가능하다고 생각된다.

다음으로, 수동과 자발 부분을 보자.

수동은, 대개 다음과 같은 의미를 갖는다.

a. 주어에 이해(利害)관계가 미치는 것.

b. 이른바 비정의 수동.

c. 객관적인 서술에 사용되는 수동.

a는 일본고유의 수동(迷惑の受身·피해의 수동)을 가리키는 것이므로, 여기서는 b와 c를 중심으로 살펴보기로 한다. 예문으로서는, b가「私の椅子と直角に置かれた椅子。」(내 의자와 직각으로 놓여진 의자, 吉行淳之介『不意の出來事』), c가「兒童は、人として尊ばれる。」(아동은, 사람으로서 존중받는다, 『兒童憲章』)를 들고 있다. 이러한 종류의 예문은, 특히 법률 기술에 자주 보이는 것이다. 그리고, b에는 객관적인 서술이 보이게 되

고, c는 b에서 파생되었다기보다, b의 일부라고 생각되어야 한다고 설명하고 있다. 이 수동의 b, c는 명치이래 발달한 것으로, 특히 c는 주체가 일반적이고, 객관적 서술에 편리하여, 많이 사용되게 된 것이다. c에는, 주체의 주관적인 판단이 포함되지 않기 때문에, 자발과 구별이 어렵다는 점에서 수동과 자발이 관련이 있다고 보는 것이라 한다.

여기에서, 水谷씨의 Passive voice와 비교한 「비정의 수동」을 다시 한 번 생각해 보자. 水谷씨의 설명에 의하면, 「비정의 수동」은, ①동작주보다도 동작대상에 관심이 있다, ②문어적인 문체에 많다고 하는 특징이 있다고 한다. 岩淵씨도 ①과 관련해서 주체가 일반적이라는 것을 지적하고 있지만, 동작대상에 주목해야 한다는 것까지는 언급하지 않고 있다. 다음으로, ②와 관련해 생각해 보면, 문어라는 것은 한번 자신이 생각한 것을 재검토해 표현한 것(구어에 비해)이고 간접적 표현과 공용문에서 요구되는 객관적 서술이라고 하는 점이, 동일 선상에 있는 것이 아닌가 생각된다. 또, 이런 종류의 예문이 법률용어에 자주 보이는 것은, 법률문에서 주관을 배제하기 위해 많이 사용하고 있기 때문은 아닐까 생각된다.

이상, 위의 논문을 참고로 「비정의 수동」·자발이 갖는 의미영역에 관해서 살펴보았다. 「비정의 수동」과 자발의 의미 중복은, 「れる·られる」로 끝나는 술어 내지는 연체수식어의 외적조건이 자연스러운 것인가, 아니면, 주변의 상황·통념·상식에 따른 것인가의 판단 문제인 것 같다. 다음으로, 필자 나름대로 자발의 의미영역과 「비정의 수동」의 의미영역을 정리해 보고자 한다.

먼저, 자발은 「주체의 의지나 능력과는 무관하게 자연적으로 일어나는 것에 대한 표현」, 「비정의 수동」은 「대상에 주목해, 객관적인 것을 강조하는, 강한 단정이 아니라, 완곡하며 부드러운 표현」이라고 이해할 수 있지 않을까 한다. 자발과 수동 양쪽 모두 주체보다는 「일/사건」에 중점

을 둔 것이라 하겠다. 그러나, 자발 표현은 「れる・られる」의 역할과 동시에 술부의 동사자체가 중요한 비중을 차지하고 있다고 생각된다.

다음으로, 신문문장 등에 자주 사용되는 「れる・られる」를 동반한 문말표현의 예로써, 실제 용법을 살펴보고자 한다.

6. 실제 예문에서 「れる・られる」의 의미

1. 時期は、昭和天皇の喪が来年一月に明けるため、その後の来年春から天皇陛下の即位の礼が行われる秋までの間になるとみられる。
   시기는, 쇼와천황의 상이 내년 1월로 끝나기 때문에, 그 후 내년 봄부터 천황폐하 즉위 예가 행해지는 가을까지의 사이가 되리라 보여진다.

2. 新要領に基づく教育は、以降措置を経て、一九九二年度(平成4年度)からの小学校を皮切りに、九三年・中学校、九四年・高校の順で実施される。
   새로운 요령에 기초한 교육은, 이후 조치를 거쳐, 1992년도(평성 4년도)부터 소학교를 시작으로, 93년・중학교, 94년・고등학교 순으로 실시된다.

3. この農業にテーマを絞った拡大総会は一五日午前、最高権力機関の人民代議員選出に続いて行われた。
   이 농업을 테마로 한 확대총회는 15일 오전, 최고 권력기관인 인민대의원선출에 이어서 행해진다.

4. 建設計画は今月二七日開催される日伯紙パルプ資源開発の役員会で正式に決定され、四月にブラジル側と最終的な詰めの作業に入る。
   건설계획은 이번 달 27일 개최되는 일본백지펄프 자원개발의 임원회에서 정식으로 결정되어, 4월에 브라질 측과 최종적인 마무리 작업에 들어간다.

5. 生産<u>される</u>パルプは日本とブラジルが半分ずつ引き取る予定。

생산된 펄프는 일본과 브라질이 반씩 인수할 예정.

6. 今年は財政黒字分百三十八億ポンドが繰り上げ償還<u>される</u>。

올해는 재정흑자분 138억 파운드가 앞당겨 상환된다.

7. クオリティー・オブ・ライフは生活の質とか人生の質と訳<u>される</u>。
「医療はただ命を長引かせさえすればいいのではない」
という反省から<u>生れた</u>。
その人らしく誇りをもって<u>生きられる</u>よう、いのちの質を重んじよう
という姿勢を表す。

퀄리티 오브 라이프는 생활의 질 또는 인생의 질로 번역된다.
의료는 단지 생명을 연장시키기만 하면 되는 것은 아니다
라고 하는 반성에서 생겨났다.
그 사람답게 자부심을 갖고 살아갈 수 있도록, 생명의 질을 존중하
고자 하는 모습을 나타낸다.

8. そして、入院期間が最長という日本の医療と福祉の水準が、こうした
数字からも浮き彫りに<u>される</u>。

그리고, 입원기간이 가장 길다는 일본의 의료와 복지 수준이, 이러한
수치에서도 부각된다.

9. 交際費について「公開の例外規定の対象」という政府の主張に対し、
判決は「交際費が行政の全く自由な裁量にゆだね<u>られる</u>ことの危険
性」を指摘した上、住民の「知る権利」を尊重した立場を強調してい
る。

교제비에 대해서 「공개 예외규정 대상」이라고 하는 정부의 주장에
대해, 판결은 「교제비가 행정의 완전히 자유로운 재량에 맡겨지는
것에 대한 위험성」을 지적한 후에, 주민의 「알 권리」를 존중하는 입
장을 강조하고 있다.

10. 受験生の国立大離れを食い止めねば、との思惑が先行し、何のために入試をするのかという基本のところがお座なりにされた。

수험생의 국립대기피현상을 막지 않으면, 이라는 생각에 앞서, 무엇을 위해서 입시를 실시하는가 라고 하는 기본적인 부분을 소홀히 하게 되었다.

11. このような不振の原因として、市場の七割を占める安い外材などによる木材価格の低迷があげられている。

이와 같은 부진의 원인으로써, 시장의 7할을 차지하는 싼 외재 등에 의한 목재가격의 하락세를 들 수 있다.

12. この点に余り反省もなく、さらに目先の経済性、能率性を追求しようとするのが、いま国有林で進められている経営計画だといえる。

이점에 대한 별다른 반성도 없이, 게다가 눈앞의 경제성, 능률성을 추구하려는 것이, 지금 국유림에서 진행되고 있는 경영계획이라고 할 수 있다.

13. 芦屋とは今年初めの「裸の大将」(フジ)以來、これが二度目だそうだが、「いつもいろいろと考えられるところが多く尊敬しています」とここでも大感激だった。」

芦屋와는 올해 초「벌거숭이 대장(후지TV)」이래, 이것이 두 번째라고 하는데,「언제나 여러 가지 생각하게 하는 점이 많아 존경하고 있습니다」라며 감격하고 있었다. (아사히신문 1989·3·15/16 조간)

이상, 13예문은 신문에서 발췌한 예문이다. 1~6예문은 일반기사(보도문)에서, 7~10예문은 사설에서, 11~12는 논단에서, 13은 인터뷰기사에서 인용한 것이다. 이상의 예문을 보면, 13은 전통적인 수동의 용법이지만, 그 외의 12번까지의 용법은, 이른바 비정의 수동, 영어의 Passive voice에 가까운 것이다. 구체적으로 그 예를 보기로 하자.

우선, 1번에서 7번까지의 용법,「礼が行われる、とみられる、実施され

る、行われた、開催される、決定され、生産される(パルプ)、償還される、訳される」(예가 행해지다, 로 보여진다, 실시되다, 행해지다, 개최되다. 결정되다, 생산되다<펄프>, 상환되다, 번역되다) 등의 예를 보면, 먼저 그 대상이 되는 것에 초점을 맞추고 있다는 것을 알 수 있다. 거행된 행사, 결정된 내용, 생산된 것, 상환된 금액, 번역된 언어와 같은 것이, 우선적으로 인상에 남는다. 단, 「とみられる」(~로 보여진다)는, 대상에 대한 글쓴이의 추정이 포함되어 있는데, 여기에서 글쓴이의 개인적인 기분이 억제된 객관적 태도를 엿볼 수 있다.

7번의 「生きられるよう」(살아 갈 수 있도록)은, 가능의 용법이기 때문에 언급하지 않아도 좋을 것이다. 8번의 「浮き彫りにされる」(부각된다)는, 위에 기록한 1번에서 7번까지의 용법과 같은 종류로 볼 수 있다.

11, 12번의 「あげられている」(들 수 있다)와 「進められている」(진행되고 있는)의 경우를 보자. 이것은 「あげている」(들고 있다)、「進めている」(진행하고 있다)로 고쳐 문을 다시 읽어보면, 전자의 경우는 주체의 존재가 클로즈업된다. 「あげられている」쪽은 그 대상이 되는 것이 전면에 나오지만, 문 전체에서 느껴지는 인상은 약해, 별로 눈에 띄지 않는다. 「れる・られる」가 표현을 부드럽게 한다는 것은, 이와 같은 측면에서 일 것이다. 후자의 「進められている」도 「進めている」로 바꿔, 다시 읽어보면, 「国有林」(국유림)의 존재가 강조된다. 하지만 「進められている」는 「経営改善計画」(경영개선계획)쪽으로 관심이 간다고 할 수 있겠다.

이와 같이 생각해 보면, 「れる・られる」의 「비정의 수동」이라는 것은, 대상으로 눈을 향하게 해, 글쓴이의 기분이 억제되고, 문 전체에서 느껴지는 인상을 약하게 하는 뉘앙스가 있는 것 같다.

14. 新潟県の上越地方に赤い雪が降り、黄色い砂の黄砂現象があったのではないかとみられています。

新潟현 上越지방에 붉은 눈이 내려, 황색 모래의 황사현상이 있었던 것은 아닐까 보여집니다. (NHK원문)

15. 「アメリカは、(中略)日本、インド、エルサルバドルの三国が軍縮委員会の構成国になるように提案するものと見られています。」
「미국은, (중략)일본, 인도, 엘살바도르의 삼국이 군축위원회 구성국이 되도록 제안할 것으로 보입니다.」(방송언어·2)

16. 「こうした貧しい人々に一目も早く幸福が訪れるよう、政府の根本的対策が切に望まれています。」
「이러한 가난한 사람들에게 한시라도 빨리 행복이 찾아오도록, 정부의 근본적 대책이 절실히 요구되고 있습니다.」

17. 「封建性と因襲の気分ただよう邦樂界にあって、近代的な行動性を持つ志寿太夫さんの今後の活躍が大いに期待されています。」
「봉건성과 인습의 분위기가 감도는 아악의 세계에 있으면서도, 근대적인 행동성을 갖는 志寿太夫씨의 앞으로의 활약이 크게 기대되고 있습니다.」(「日本人の百人」<일본인 백인> 방송원고)

14에서 17은, 앞에 인용한 田中章夫씨 논문[12]에서 든 예문이다. 모두 방송에서 사용되고 있는 문이다. 14, 15의 「見られています」(보입니다)라고 하는 술부는 완곡한 추정, 16, 17의 「望まれています」(요구되고 있습니다)「期待されています」(기대되고 있습니다)는 「수동」으로 표현함으로써 문이 부드러워진 느낌이 든다. 이러한 문들은, 일상의 구어에서는 찾아볼 수 없는, 방송언어이기 때문에 보여지는 문말표현일 것이다.

그런데, 필자가 이 논문을 쓸 때, 자주 사용하는 「思われる」의 의미용법은, 어떠한 성질의 것일까? 필자 자신은 어떠한 때 「思われる」를 사용하게 되는 것일까? 거기에는 먼저, 나 자신을 어느 정도 앞에 내 놓고 싶지 않은 기분이 있다. 그리고 무난하게 표현하고 싶은 의도도 포함되

어 있다. 즉, 논리적이고 합리적인 사고방식을 지니고 있다는 것을 넌지시 비추고 싶어서 이다. 대체로 이와 같은 의미용법을 갖고 있는 것 같다.

「思う」라는 동사자체가 갖고 있는 본래 의미에 「れる・られる」의미가 첨가된 「思われる」(생각된다)는, 지금까지 인용한 다른 예문과는 다른 뉘앙스를 가지고 있는 것은 아닐까. 上野田鶴子[13] 「日本語・英語」(『講座日本語学』「外国語との対照」 II 126쪽부터)에서 지적하고 있는 것처럼 「思う」와 「think」는 모두 사적(詞的)인 부분과 사적(辞的)인 부분을 동시에 가지고 있는 동사이다. 그러나, 거기에 「れる・られる」가 결합해 「思われる」가 되면, 그 의미가 달라지는 것은 당연할 것이다. 그리고, 「思われる」와 「be thought」는 그 의미가 전연 다르다는 점에서도, 「思われる」는 특별한 용법이라고 판단된다. 寺村씨도 앞에 인용한 책에서, 「思う」(생각하다), 「感じる」(느끼다), 「想像する」(예상하다) 등의 사고(思考)동사 수동형이 수동, 가능, 자발 중에서 어느 의미인지 분별하기 어렵다고 지적하고 있다.

「思われる」를 「思える」(생각할 수 있다)또는 「思うことができる」(생각할 수 있다)로 바꿔 보자. 「思われる」를 「思える」또는 「思うことができる」로 바꿔 보면, 전체적으로 뉘앙스가 달라지는 것을 알 수 있다. 다음으로 「思う」로 바꿔 보자. 「思う」를 약하게 한 것이 「思われる」인 것처럼 느껴지는데 이는 완곡한 단정이라고도 할 수 있다. 이 「思う」, 「思われる」는 개별적으로 생각하지 않으면 안 되는 문제라 생각된다. 앞에 기술한 岩淵씨의 예문 중에서, 「神武天皇の大和平定伝説には、継体の事 が多く影をおとしていると思われる。」(神武천황의 大和평정전설에는, 継体의 흔적이 진하게 그림자를 드리우고 있다라고 생각된다)가 「비정의 수동」으로도 「자발」로도 생각할 수 있는 근거가, 바로 이 「思う」라고 하는 동사자체

에 있는 것은 아닐까하는 의문이 생기는 것도 같은 이유이다. 이 「思う/
思われる」는, 앞으로 계속적으로 검토해 나아가야만 하는 과제라 하겠
다.

7. 맺음말

수동·자발·가능·존경의 4개의 의미를 포함하고 있는 「れる·られ
る」와 같은 어법은 한국어에는 존재하지 않는다. 물론, 한국어에도 「생
각되다」와 「생각되어지다」와 같은 말을 생각해 보면, 수동과 자발의 의
미와 비슷하게 생각된다. 그러나, 한국어의 경우는 수동용법과 자발용법
이 동일한 형식으로 나타나는 것은 없다.

이와 같은 「れる·られる」의 의미용법은, 森田씨, 大野씨가 지적하고
있는 일본인의 사고법과 밀접한 관련이 있을 것이다.

하나의 말이 갖고 있는 의미 – 긴 시간을 거치면서 변해가는 – 에 경
계선을 긋는다는 것 자체가 무리한 이야기일 것이다. 그러나, 모국어에
존재하지 않는 어법을 규명하는 것은, 동시에 자신의 말 즉, 모국어를 선
명하게 하는 작업이다.

이상, 「れる·られる」의 의미와 용법에 관해서 검토해 보았다. 이러한
「れる·られる」는 의미관계, 그리고 품사의 규정도 문제가 된다. 현대
어의 극히 좁은 범위에서 「れる·られる」를 고찰해 보았지만, 앞으로
「と思われる」의 용법, 「れる·られる」의 용법에 있어 해석의 불분명함
을 시대적인 변화·흐름에 따라 검토해 그 의미를 분명히 하고 싶다. 이
와 같은 시각에서 계속해서 고찰해 나가려고 한다.

▌주

1) 1장에서 살펴본 신문문장 문말표현의 분석결과, 조동사로 끝나는 문말 중, 「れる・られる/れた・られた」의 비율은 보도문, 칼럼, 사설이 각각 47.3% /70.5%, 11.5%/68.7%, 8.4%/70.4% 였다. 이 외에「られていた、られて いない、られるらしい、られるようだ」의 문말 즉, 연체수식어나 접속부분을 넣 으면 그 비율은 좀더 높아진다. 田中章夫씨는 매스컴 관계자 사이에서 이러한 종류의 표현이 잘 사용되고 있지 않다고 기술하고 있지만, 이 지적은 의문스럽 다. 또 注(4) 清水씨의 논문에서는 근대 평론집, 근대 시가론집의 有情・非情 受身의 비율을 나타내는데,「非情」의 비율은 67.0%, 77.7%의 수치를 나타 내고 있다. 이것에 비해 인터뷰(NHKおはようジャーナル女性 22명)나 某会 合의 연설(20분간)에서 그 예는 거의 보이지 않는다.
2) 4장, 5장, 6장 참조.
3) 『研究資料日本文法』⑦助辞編「れる・られる」항목 明治書院.
4) 宮地幸一「非情の受身表現考」『近代語研究』제2집.
5) 清水慶子「非情の受身の一考察」『成蹊国文』14.
6) 『古典語現代語 助詞助動詞群説』「れる・られる」항목 学燈社.
7) 『国文学 解釈と鑑賞』昭和43年 10월호 至文堂.
8) 『講座日本語教育』第4分冊 早稲田大学語学研究所.
9) 水谷信子『日英比較 話しことばの文法』くろしお出版.
10) 寺村秀夫『日本語のシンタクスと意味Ⅰ』くろしお出版.
11) 岩淵匡「(ら)れる」・「(さ)せる」의 의미에 관해서『講座日本語教育』第9分 冊 稲田大学語学研究所.
12) 田中章夫의 앞에 제시한 논문.
13) 上野鶴子「日本語・英語」『講座日本語学 外国語との対照Ⅱ』明治書院.

제3장
「형식명사 + だ」에 관한 고찰

1. 첫머리

　일본어의 문말표현의 대표적인 존재로서 조동사「ダ」로 끝나는 형식이 있다. 예를 들면,「명사(형식명사)+ダ」,「부사+ダ」,「조사+ダ」등이다. 예를 들면, 다음과 같은 용례가 있다.

1)　表面は当時の満洲国の検察官、実は抗日運動の<u>リーダ-だった</u>。(朝日新聞)
　　표면은 당시의 만주국의 검찰관, 실제는 항일운동의 리더였다. (朝日신문)

2)　だが、カフジにはなお百人程度のイラク軍兵士が残っており、包囲する多国籍軍側と散発的な戦闘が続いている<u>模様だ</u>。(朝日)
　　그러나, 카후지에는 여전히 백 명 정도의 이라크 군병사가 남아있어, 포위하고 있는 다국적군 측과 산발적인 전투가 계속되고 있는 상황이다. (朝日)

3)　ルモンド紙は長期化しそうな戦争の様相を報道しながら、社説で、「米国の戦争目的が、イラク軍のクウェート撤退という国連安保理の委託範囲を越えつつあるのではないか」と懸念を表明した、フセイン体制がいかに非道であろうとも、その全滅を目指すのは、国連決議からみて、行き過ぎだという<u>わけだ</u>。(朝日)
　　르몽드지는 장기화 될 조짐이 보이는 전쟁의 사태를 보도하면서, 사

설에서 「미국의 전쟁목적이, 이라크군의 쿠웨이트 철수라는 국제안
전보장이사회의 위탁범위를 넘어서고 있는 것이 아닌가」라는 우려
를 표명했다. 후세인체제가 아무리 비도덕적이라 할지라도, 그 체제
의 전멸을 목표로 삼는 것은, 국제연합의 결의에서 볼 때, 너무 지나
치다는 것이다.

4) そして、この『セオリ-F』が日本叩きの新しい材料として使われよう
としている、という<u>ことだ</u>。(川原総一郎『総理を操った男たち戦後
財界戦国史』)

그리고, 이 『세오리-F』가 일본 두들기기의 새로운 재료로 사용되게
하고 있다는 것이다. (川原総一郎 『총리를 조종했던 남자들 전후 재
계 전국사』)

5) 状況に振り回されていては、機を見て平和解決の道をさぐることな
ど、とうていできない<u>からだ</u>。(朝日)

상황에 휘둘려서는, 기회를 봐서 평화해결의 길을 찾는 일 따위, 도
저히 불가능하기 때문이다. (朝日)

6) 問題は、それらをどう区別する<u>かだ</u>。

문제는, 그것들을 어떻게 구별하는가 하는 것이다.

7) 近年はクリスマスも加わって、祭りや祝いもずいぶんと多彩になって
きたものだ。

근래에는 크리스마스도 가담해서, 축제나 축하행사도 매우 다채롭게
되어 왔던 것이다.

이상과 같이 「ダ」로 끝나는 형식은 여러 가지가 있지만, 그 중에서도
(예3)과 (예4)는 이른바 「형식명사+ダ」[1]의 형식이다. 이런 종류의 표현
형식은, 일본어를 모국어로 하는 사람에게는 너무나도 자연스럽고 당연
한 표현일지 모르지만, 외국인 일본어의 학습자에게 있어서는 대체로 두

가지 면에서 이해하기 힘든 것으로 보인다. 하나는, 이른바 종지형 종결의 표현형식(동사, 형용동사, 형용사, 동사+ている, 동사+タ, 형용사+タ, 동사+ていた 등)과, 종지형 종결의 문말형식에 이어서 형식명사를 수반하는 판단표현이 오는 경우에, 그 의미가 어떻게 달라져 가는가 하는 것이다.

다른 하나는「ものだ、ことだ、のだ、わけだ、はずだ」등의 형식명사 자체가 지니고 있는 의미의 차이를 들 수 있다.

이와 같은 문제의식에서 판단을 나타내는 표현형식 가운데 항상 의문점이 많았던「ものだ、ことだ、のだ、はずだ、わけだ」가 문말에 오는 예문을 들어, 그 의미, 용법을 생각해 보기로 한다.

2.「ものだ」와「ことだ」

우선, 이 두 개의 문말형식부터 생각해보자. 형식명사「もの」와「こと」는 한국어로 번역할 경우, 같은 말로 번역된다. 실제로 일본어학습자의 작문의 예를 보면,「もの」와「こと」를 혼용하는 경우가 많다.「ものだ」와「ことだ」는 어떻게 구별되는 것일까? 그리고 종지형에「ものだ」와「ことだ」를 덧붙임으로 그 문장의 의도는 어떻게 변화되는지 예문을 보면서 생각해 보기로 한다.

「もの」를 포함한 예문
1. この小論は、もとよりその様な深奥な哲理の思推を志向する<u>ものではない</u>。(山口明穂『国語の論理』 東京大学出版会 1989年)
   →이 소론은, 원래 그와 같이 심오한 철학적인 사추를 지향하는 것은 아니다.
   ~일은 아니다.

2. ところで、ふたり(二人)といふ数詞は、「わが背子と二存麻世波」の用字
   が示すやうに、既に「二つの存在」といふ意味を持つ<u>ものである</u>。(山口)
   →그런데 「ふたり」라는   수사는 「わが背子と二存麻世波」의   용자가
   나타내듯이 이미 「둘의 존재」라는 의미를 지니는 것이다.
   일이다.

3. 指紋は絶対必要だ、との見解はどうなったのか知りたい<u>ものだ</u>。(朝日
   新聞)
   →지문은 절대로 필요하다라는 견해는 어떻게 된 것인지 알고나 싶
   다.

예문1)의 「もの」는 「소론」을 가리키고 있어서, 「こと」로 바꾸어 놓을
수는 없다. 문말을 종지형 종결의 「지향하지 않다」로 하면 너무나도 갑
작스럽게 변화한 듯한 인상을 가진다. 「소론」의 문말로서는 어울리지 않
는다.

예문2)의 「もの」는 「ふたり라는 수사」를 가리키고 있어서 「こと」로
바꾸면 이상해진다. 그리고 문말을 종지형 종결의 「의미를 가진다」로 끝
내는 경우와 비교해 보면 설명문체로서의 여유가 느껴진다.

예문3)은, 이미 판단표현으로서의 「형식명사+だ」의 영역을 넘어서, 필
자의 기분을 강하게 나타내는 용법으로 가벼운 감동, 비꼬는 듯한 뉘앙
스를 준다. 이와 같은 「ものだ」는 원래의 「ものだ」에서 이와 같은 의미
로 변화한 것일 것이다. 「もの」가 종조사로서도 사용되는 것은 「もの
だ」에서 「だ」가 생략된 것으로 볼 수 있다. 왜냐하면, 명사 「もの」가 문
말에 오는 것은 일반적으로 이해하기 어려운 현상이기 때문이다.

상기의 예문3)이외의 용법은, 「~は、~ものだ」라는 패턴으로, 종지형
종결로 끝나는 표현보다 쉽게 정리되어, 읽는 사람에게 일종의 여유를
주는 것으로 생각된다.

4. …当然であるが、このように主格を表わす語を使わないというのは、主格に当たる考え方がなかったという<u>ことである</u>。(山口)

→ 당연한 이야기인데, 이 같이 주격을 나타내는 말을 사용하지 않는다는 것은, 주격에 대한 개념이 없었다라는 것이다.

~없었다라는 사실이다.

~없었다라는 점이다.

5. 祭りとは、文字を分解すれば、神様に肉を捧げる行事ということだ。

→마쯔리란, 문자를 분해하면 신에게 고기를 올리는 행사라는 것이다.

우선,「ことだ/である」의 표현형식은「という」와 함께 나타나는 케이스가 많다.「ということだ」의 형태는 종지형종결로 끝나는 문말 보다는 필자의 판단이 한층 강조된 것 같은 느낌이 든다. 또, 종지형 종결로 마무리한 경우와 비교해 보면, 일단「こと」로서 맺을 수 있고, 그 생각이 정리되어 있다는 뉘앙스를 준다고 할 수 있다. 예문4)는「개념이 없다」가 뒤에 나타나는「ことだ」를 이끄는 하나의 포인트가 될 것 같다. 그리고「という」를 수반하는「ことだ」의 경우에,「という」에 선행하는 부분의 내용에 의해「ものだ」가 채택된 것인지,「ことだ」가 채택된 것인지가 결정되는 것으로 보인다.

예문5)는,「ことだ」를 사용하고 있지만 이것은「ものだ」를 넣어도 자연스러울 것으로 보인다. 그러나 필자가 축제라는 행사를 어떻게 받아들이고 있는가에 의해「ものだ」인지「ことだ」인지가 선택되는 것이라 할 수 있다.

6. 成章にとっては、これらは、等しく「が」の論理で捉えられる<u>ものであり</u>、差はなかったという<u>ことだ</u>。

→나리아끼라에게 있어서는 ,이것들은 모두 한결같이 「が」의 논리로
받아들일 수 있는 것이며 차이가 없었다는 것이다.
없었다는 점이다.
없었다는 사실이다.

이 예문에 관련하여 寺村氏는 「もの」와 「こと」에 대해 다음과 같이
언급하고 있다. 「오늘날 일본어에서는, 『モの』라는 것은, 눈과 귀 등의
오관에서 받아들일 수 있는 모든 구체적인 개체를 대표하는 단어로서 사
용되고 있다고 말해도 좋을 것이다. 그것은 모든 구체적인 「사물」(物)에
서, 그 개별성을 제거한 개념을 가리키며, 그런 의미에서, 모든 구체적인
「사항」(事)에서 그 개별성을 제거한 개념인 「コト」라는 명사와 대립하
고 있다. 말하자면, 양쪽 다 극도로 추상화된 개념이라고 할 수 있다.」[2]
즉, 「もの」는 구체적인 개체에서 추상화된 개체를 나타내고, 「こと」는
구체적인 사항에서 추상화 된 사항을 나타내고 있다. 추상화한 부분을
「もの」로 받아들일 것인가 「こと」로 받아들일 것인가는 필자의 판단에
의한 것일 것이다. 또 실질명사로서의 의미를 보면, 「こと」는, 인간이 경
험, 상상하는 대상 안에서, 시간의 추이와 함께 변화해 간다고 생각할 수
있는 존재 또, 그 변화의 과정, 사태, 사항의 성질, 사항, 인간의 행위의
한 부분, 경험, 방침이고, 「もの」는, 존재한다고 생각되는 모든 것, 물체,
물품, 행위의 대상이 되는 무언가로 정리 할 수 있다.
이러한 정의와 상기의 예문을 함께 생각해보면, 인간이 관계하는, 즉
인간이 주체가 되어 생각한다던가, 경험하거나, 의식하는 무언가가 있는
경우에는 「こと」로, 구체적인 존재가 강조되는 것은 「もの」라고 생각할
수 있다.
하나 더, 여기서 생각하고 싶은 것은 예문3)의 「ものだ」이다.

3. 指紋は絶対必要だ、との見解はどうなったのか知りたい<u>ものだ</u>。(朝日新聞)

→지문은 절대로 필요하다, 라는 견해는 어떻게 된 것인지 알고나 싶다.

指紋は絶対必要だ、との見解はどうなったのか知りたい<u>ことだ</u>。(조일신문)

→지문은 절대로 필요하다, 라는 견해는 어떻게 된 것인지 알고 싶다.

이 예문의 경우는, 「ものだ」가 감동의 종조사화한 것으로 보여지지만, 이 경우 「ことだ」를 넣으면, 「ものだ」에 비해서, 필자의 기분이 다소 억제된 것처럼 받아들여진다.

예문을 한국어로 번역할 경우, 「もの」와 「こと」가 모두 「것」이라는 단어로써 번역되지만, 「물건」인지 「사정」인지는 판단의 기준으로 재보면 대강은 이해할 수 있을 것이다. 「ことだ」의 부분은 「것이다」이외에 「일이다」를 대응시켜 볼 수 있지만, 「ものだ」에 「일이다」는 적절하지 않음을 알 수 있다. 한국어의 「것」에는 「こと」와 「もの」의 양쪽 모두 사용되고 있는 것 같다.

3. 「のだ」

앞에 서술한 「ものだ」와 「ことだ」가 실질명사로서의 기능이 강한 점, 그리고 형태상으로도 매우 유사한 것에 반해, 「のだ / のである」는, 형식명사 중에서도 가장 사용빈도수가 많고, 그 의미용법의 레벨이 다양한 것 같다.

예문

1. つまり、「好きだ」あるいは「嫌いだ」といったような語の場合、感情の主体・対象「が」で表され、そのため、「が」で表されたものがそのどちらであるが、識別できないという迷いが生じてくる<u>のである</u>。

ものである

ことである

わけである

はずである

→ 즉, 「좋아하다」 또는 「싫어하다」와 같은 말의 경우, 감정의 주체·대상이 「が」로 나타나며, 그 때문에, 「が」로 표현되는 것이 그 어느 쪽인가, 식별할 수 없는 혼란이 생기게 되는 것이다.

2. 祭りには、神への奉納として歌と踊りと酒が付き物な<u>のだ</u>。

→ 마쯔리는 신에게 바치는 것으로, 노래와 춤 그리고 술이 항상 따라다니는 것이다.

3. 信仰は後退して、人間本位の交歓会へと移る<u>のだ</u>。

→ 신앙은 후퇴하고 인간본위의 모임으로 이행한 것이다.

4. あれは若くて美しいことを名前で表している<u>のである</u>。

→ 그것은 젊고 아름다운 것을 이름으로 나타내고 있는 것이다.

위의 예문1)은 山口明穂氏 『국어의 논리』의 「1장 주격의식」에서 인용한 것이다. 주격에 대하여, 여러 가지 예를 들어가면서 그의 논리에 입각해 설명하며, 독자에게 납득을 촉구하는 문장이라고 할 수 있다. 종지형 종결과 비교하면, 여기에서의 「の」는, 일단, 서술된 내용을 다시한번 다른 형태의 판단의 재료로 하기위한 기능, 이른바 객체화, 개념화의 기능을 한다. 「こと」「もの」「わけ」 등으로 바꾸어 놓을 수 있는 경우를 고려해 보면, 「ものだ」, 「ことだ」는 부자연스럽고 「わけだ」와 「はずだ」는 의미면에서 변화는 있지만, 부자연스럽지는 않은 것 같다. 예문2)와 예문 3)도 같은 용법으로 볼 수 있다. 예문4)는 다른 예문의 「のだ」보다는 강하지 않고, 오직 설명적으로 받아들일 수 있다. 그러므로 「ものだ」「こ とだ」와 다른 점부터 생각해 보면, 우선 「もの」와 「こと」가 명사로서 독립성이 높은 데 비해, 「のだ」의 경우는, 「の」와 「だ」의 결합력이 강하다는 점을 들지 않을 수 없다. 결국 진술의 힘이 강해졌다고 하는 것이다. 구어 「んだ」, 「のである」에 있어서의 「の」의 형식명사로서의 성질은 훨씬 약화된 어법이 아닌가 하고 생각된다. 초급의 일본어 학습자가 「ん です / んですか」를 빈번하게 사용하는 경우가 눈에 띄지만, 이 의미를 정확하게 설명할 필요가 있을 것이다.

그리고, 술부의 구조에서 「ことだ・ものだ・はずだ」보다 뒤에 위치하는 점도 지적할 수 있다. 「こと」「もの」와 같이 종조사화 하고 있으나 「こと」「もの」의 종조사 용법과 비교해, 종조사로서의 용법이 여러 가지로 복잡하게 나뉘어 있으며 종조사로서의 확립도가 높다는 점에서도 「こと」「もの」와는 의미와 용법에 차이가 있다고 생각된다.

4. 「はずだ」

예문

1. もし、何かを考えれば、そこには「が」なり「は」なりといったことば が使われたはずである。(山口)
   →만일 무엇인가를 생각한다면 거기에는 「が」나 「は」 같은 말이 사용되었을 것이다.

2. 三日前に出したのだから、もう着いたはずです。
   →3일전에 부쳤으니까 이미 도착했을 겁니다.

3. 田中さんは今週は東京に出張だといったから、あしたの会議には来な
いはずです。
→다나카씨는 이번 주 동경에 출장 간다고 했으니까, 내일 회의에는
오지 않을 겁니다.

이 예문의 「はずだ」「はずである」의 부분을 한국어로 번역할 경우
「ものだ / ことだ / のだ」를 번역할 때와 같게 할 경우, 그 의미가 충분
히 전달되지 않는다.

또, 「確かに」(분명히) 등의 부사를 넣어 그 전체적인 의미를 보충하지
않으면 안된다. 「はずである」를 생략해버리면 예문1)은 하나의 완전한
문장으로서 성립되지 않는다. 앞의 부분과 호응하는 형태로 이루어져 있
기 때문이다. 예문2)도 같은 형태이다. 예문3)은 어떨까? 이것은 「田中さ
んは今週は東京に出張だといったから、あしたの会議には来ないはずで
す。」(다나카씨는 이번 주 동경에 출장 간다고 했으니까, 내일 회의에는 오지
않는다)라고 하면 어딘지 부족한 느낌이 든다. 문말에 종조사 「よ」 등을
붙이면, 「よ」에 의해 말하는 사람 나름대로의 판단의 기분이 표출될 것이
다. 이 점이 「ものだ」「ことだ」「のだ」와 「はずだ」가 다른 점일 것이
다. 「ものだ・ことだ・のだ」의 부정형은, 「~ではない」(~이 아니다)형태
인 것에 반해서, 이와 같은 문장에 있어서 「はずだ」의 부정형은 「はずが
ない、はずはない、はずもない」 등이 사용된다. 「はずがない」는 그러한
사정이 생길 가능성이 없다라는 의미를 나타낸다. 상기 예문의 부정형으
로서 「はずではない」를 넣을 수는 없을 것이다. 물론 「こんなはずではな
い」(이럴 리가 없어) 등의 문장은 성립된다.

이와 같은 사실은 문말의 「はずだ」가 담당하는 의미와 깊은 관련성이
있을 것이다.

그러나, 「はずだ」에 「た」가 붙으면, 부정의 형식이 「はずではなかっ

た」가 가능하다. 이것은 「はずだ」와 「はずだった」의 의미 레벨이 변화된 것이라 생각된다. 「はずだ」의 경우에는 「はずだ」가 하나의 조동사에 가까운 역할을 담당하고 있는 데 반해, 「はずだった」의 경우에는 「はず」와 「だ」의 각각의 의미가 독립된 형태를 유지하고 있기 때문이 아닐까 생각된다.

4. 理論上にはうまく行くはずだったが、
   →이론상으로는 잘 되어야 되는데,

5. こんなはずじゃなかった。
→이럴 수는 없어. (이런 것은 전혀 예상도 못한 일이야.)

6. 彼がくるはずじゃなかったのに。
→그 사람이 오는게 아니었는데.

「はずだ」를 「ものだ,ことだ」로 바꾸어 놓으면 그 의미가 완전히 달라지게 된다. 그 부정형인 「はずがない」는 그 외에 다른 형식명사를 포함하는 표현으로 바꿀 수 없다. 이 사실에서 「はずだ」「はずがない」를 다른 형식명사에 「だ」를 수반한 형식과 같은 레벨에서 생각하는 것도 타당하지 않은 것으로 보인다.

「のだ」와 「はずだ」를 보면 「はずだった/のだったはずなのだ」와 같이 「のだ」쪽이 뒤에 오기 때문에 「のだ」가 진술성이 강하다고 말할 수 있을 것이다.

5. 「わけだ」

「わけ」는, 다섯 개의 형식명사 중에서, 실질명사로서의 의미가 가장 강하다고 말할 수 있다. 실질명사로서의 의미를 보면,「도리. 일의 절차. 일의 이유, 왜 그렇게 되는가의 원인·근거, 말·사안의 의미·내용. 형식명사로서 위에 서술했던 사항을 정리하는 역할을 한다. 귀찮은 일」등이다. 그리고 이「わけだ」의 부정표현으로서 예문에도 있는 것처럼「わけがない」「わけではない」「わけにはいかない」등이 보인다. 이것은 명확한 의미용법에서 있으나 없으나 무관할 정도의 의미용법까지 폭이 넓다. 예문을 보자.「わけだ」는「ものだ、ことだ、はずだ」와는 그 뉘앙스가 다르고 비교적 가까운 형식으로는「のだ」를 들 수 있다.

「のだ」보다 조금 강하고 두드러지는 듯한 느낌으로, 이러한 추리, 추론에서 이러한 결과가 되었다고 하는 논리적 뉘앙스에 가벼운 어감을 섞어서 쓰이는 예가 많다. 추리소설 등의 논리정연한 내용에서 자주 등장한다. 예문을 보면, 앞에 무엇인가 근거가 되는 내용이 서술되고, 그 뒤에「わけだ」가 오는 패턴이다.

예문1)과 예문4)는 이러한 이유에서 이렇게 되었다고 하는 추론과 논리를 수립하기 위해 사용되는「わけ」이다.

종조사의 용법은, 예문2)와 같이 고교생 대화의 인용문에 나와 있지만, 문장과 문장의 연결에 재미삼아 사용하고 있다고 하는 느낌마저 든다.「の」를 사용해야 할 곳에 과장되게「わけ」를 사용하는 있는 느낌이 든다.

예문3)은 예문1)과 예문4)와 비교하면,「わけだ」가 두드러지지 않고 온건한 뉘앙스를 보인다. 이 예문은 다른 형식명사「もの」나「こと」를 사용해도 좋을 듯이 보인다.

종지형 종결과 비교해 보면, 설명의 방법에 있어서 말하는 사람의 어필이 강한 인상을 준다.「ものだ」「ことだ」에 비해, 단정이 두드러진다. 일본어 학습자에게 있어서, 이 형식을 이해하는 것은 중요하겠지만, 남용해서는 안되는 표현이라 생각된다.

예문

1. 「そうか、それで分かったぞ、あんたは川中からおれの話を聞いてきた
んだな。そうでなくて、さっきのような推論が組み立てられる<u>わけが
ない</u>。…(逢坂 剛『裏切りの日々』集英社文庫)
　→그랬군, 이제 알겠군. 너는 가와나까한테 내 얘기를 듣고 왔어. 그
렇지 않고서는 아까같은 추론을 성립시킬 수가 없지.

2. 「電話がきた<u>わけ</u>。そんで行った<u>わけ</u>。そしたら四人しか来てなかった
<u>わけ</u>。四人じゃ盛り上がらないから電話した<u>わけ</u>。どういう<u>わけ</u>か、
皆いなくて二人だけ来て、六人で行った<u>わけ</u>」「よかったじゃん」
「しゃべりまくったけどさあ。なんかぐちばっかりな<u>わけよ</u>」
電話の中で二人の若いお嬢さんの会話です。…(朝日新聞　声)
→ 「전화가 온거야. 그래서 갔거든. 그랬더니 4명 밖에 안 온 거야. 넷
이선 신나게 못 노니까 전화했지. 그런데 웬 일들인지 아무도 없어,
2명만 또 나와, 여섯이서 간 거야.」 「괜찮았네.」 「마구 떠들어댔는데,
시시껄렁한 불평 불만만 늘어놓는거야.」
전화로 하는 두 아가씨들의 대화내용입니다.

3. ルモンド紙は長期化しそうな戦争の様相を報道しながら、社説で、
「米国の戦争目的が、イラク軍のクウェ-トという国連安保理の委託
範囲を越えつつあるのではないか」と懸念を表明した。フセイン体制
がいかに非道であろうとも、その全滅を目指すのは、国連決議からみ
て、行き過ぎだという<u>わけだ</u>。(朝日)
　→르몽드지는 장기화 될 조짐이 보이는 전쟁의 사태를 보도하면서,
사설에서 「미국의 전쟁목적이 이라크군의 쿠웨이트철수라는 국제안
전보장이사회의 위탁범위를 넘어서고 있는 것이 아닌가」 라는 우려
를 표명했다. 후세인 체제가 아무리 비도덕적이라 할 지라도, 그 체
제의 전멸을 목표로 삼는 것은 국제연합의 결의에서 보더라도 너무

지나치다고 하는 것이다.

4. もともとは「腹」に「血筋」を表す「から」(柄、族)が結び付いた語で、おなじはらから生まれた血縁者。だから兄弟姉妹を指すわけである。
→ 원래 「腹」(배)에 「핏줄」을 나타내는 「から」가 붙어서 된 말로, 같은 배에서 태어난 혈연자. 그러므로 형제자매를 가르키는 것이다.

6. 맺음말

문말에 이른바 「형식명사+だ」를 수반하는 표현형식을 보았다. 「もの、こと、の、はず、わけ」에 「だ」가 붙은 것이다. 이러한 표현이 사용된 문장은 종지형에서 끝난 문장과, 그 판단의 강함에 있어서 각각 양상이 조금씩 달랐다. 「もの、こと、の」라는 형식명사를 사용해서, 앞에 서술한 사실을 정리하는 형식으로 단정하는 것이다. 사설, 논문등 논리적 관점이 중시되는 문장의 문말에 자주 출현하는 것도, 이와 같은 잘 정리된 뉘앙스 때문이라고 생각된다. 「~ということだ、~というものだ」(~라는 것이다)와 같이 전달형식과도 복합된 형식으로 사용되는 것과 「~ものと思われる、~ことと考えられる」(~라 생각한다(생각된다))와 같은 표현도 두드러진다. 「ものだ」와 「ことだ」가 거의 같은 레벨이라고 하면, 「のだ」는 형태적으로도 「ものだ」와 「ことだ」보다도 뒤에 오는 것이기 때문에 쓰는 사람의 주관이 작용한다고 볼 수 있다. 「はずだ」와 「わけだ」는 쓰는 사람이 전면에 나와 있어서, 단정의 정도가 강하다.

「もの」「こと」「の」「はず」「わけ」 등의 형식명사가 각각 실질명사로서 사용되는 경우에는 한국어에 있어서도 각각 알맞은 번역이 있으나, 「형식명사+ダ」의 형태로 문말에 오는 경우는 대체로 「것이다」의 형태가 된다.

일본어교육에 있어서도, 중급이상의 레벨이 되면, 한국어로는 「것이
다」로 번역되는 이 표현형식의 이해를 명확히 해 두지 않으면 안된다.
이러한 표현형식을 어떻게 이해·구별시키는가를 위의 고찰을 토대로
정리 해 보자.

우선, 「ものだ」와 「ことだ」는, 형태적으로 유사하기 때문에, 「もの」와
「こと」의 실질적 개념을 명확하게 해 줄 필요가 있다. 앞의 고찰을 통
해서 분류한 바와 같이 「もの」는 구체적 명사를 받는 형태라는 것을 인
식시킬 필요가 있다. 「こと」는 무언가의 작용, 움직임 등의 동작과 관련
되어 있는 것을 받는다는 인식이 중요하다고 할 수 있을 것이다. 「の」는
「こと」, 「もの」양쪽과 서로 바꾸어 넣을 수 있는 경우도 있고, 그 어느
쪽도 아닌 애매한 경우도 있다. 명사적인 것을 받는가, 작용을 받는가라
기 보다 문장전체를, 한번 더 듣는 사람 혹은 읽는 사람에게 환기시킨다
는 태도로 이해시키는 것이 가능할 것이다.

「はず」는 글쓰는 사람의 주관의 강한 단정표현(예를 들면, 내 생각에는
확실히와 같이) 한국어역의 「것이다」 앞에 오는 동사 등 용언의 형태가
다른 점, 또 부사 등을 보충하지 않으면 안된다는 것 등으로 구별시킬
수 있다. 「わけ」는 우선, 실질적 개념을 설명한다. 또, 「わけ」는 이야기
의 서두에 갑자기 나오는 것은 부자연스럽고, 그 전에 원인, 이유를 서술
한 뒤 그 결과로서 결국 「わけ」가 온다. 만일, 이 원인, 이유가 서술되지
않았을 때는 글쓰는 사람의 마음 속에서 그러한 내용이 포함되어 있음을
설명하는 것이 가능할 것이다.

또, 실질명사로서의 성격이 강해 보이는 「もの、こと、わけ」, 실질명
사의 용법도 있는 반면, 종조사의 용법도 가지고 있는 「もの、こと、わ
け」의 형식, 그 용법이 거의 한정되어 있지만, 종조사의 용법은 갖지 않
은 형식명사 「はず」, 문장뿐만 아니라, 회화에서도 종종 등장하는 「の」

의 용법 등, 각각의 특징적인 면이 있다.

이들의 용법과 한국어의 「불완전명사+이다」의 표현형식[3]은, 공통된 부분도 있는 것 같지만, 안이하게 같은 레벨로 비교할 수 있는 성질은 아닐 것이다. 먼저, 각각 대역이 되는 형식명사(불완전명사)의 형태·의미 면에 있어서 차이점이 존재하고, 또 그들의 형식에 선행하는 동사, 형용사의 tense와 aspect의 차이도 있다. 일본어의 「형식명사+だ」형식과 한국어의 「불완전명사+이다」의 각각의 독자적인 부분과 공통된 부분을 계속해서 고찰하고 싶다.

▌주

1) 명사의 일종으로 형식명사, 불완전명사를 말한다. 이는 실질적인 의미를 갖지 않고, 형식적으로 사용되는 명사이다. 실질적인 의미를 갖는 일반명사를 실질명사라고 칭하는데 대응하는 말(語)이다. 형식명사는 「もの あいだ うち かた とおり とき ところ ふし まま はず ゆえ 点 段 分」 등이 있지만, 실질적인 의미가 없기 때문에, 의미를 한정하는 어구가 앞에 오고, 그 어구를 받는 것만으로 사용되는 것이 특징이다. 형식명사라는 명칭을 붙인 것은 松下大三郎이지만, 佐久間鼎은 무언가 구체적인 내용을 나타내는 보충의 말이나 句·節을 요구하고, 그 어구를 받아 무언가 품사의 자격을 부여하는 것을 넓게 吸着語라고 이름 붙이고, 형식명사는 명사적인 吸着語라고 명명했다.

　明治書院『日本文法講座 6. 日本文法辞典』

　또, 寺村秀夫는 『日本語のシンタクスⅡ』에서 説明のムード라는 항목을 들고, 이러한 용법에 대해 다음과 같이 언급하였다.

　前節의 조동사와 같이, 동사나 형용사의 확언형(確言形) 뒤에 접속하여 그 동사, 또는 형용사를 중요하게 정리한 것 전체에 대한 화자의 태도를 나타내는 형식의 하나의 그룹을 관찰할 수 있다. 구체적으로 다음 6개의 전형적인 형식과 이 형식을 포함하는 표현이 대상이 된다.

　(1) ハズダ, ワケダ, トコロダ

　コトダ(コトニナル、コトニスル、コトガアル、コトニナッテイル)

　モノダ、ノダ

　寺村秀夫를 참고로 여기에서도 이러한 다섯 가지의 형식을 그 대상으로 한다.

2) 寺村秀夫『日本語のシンタクスと意味Ⅰ』くろしお出版, 297~298面.

3) 이러한 종류의 문말표현은 한국어에서 불완전 명사에 「이다」라고 하는 말
(語)을 붙인 용법으로 번역하는 경우가 많다. 물론 부사를 사용해서 그 뉘앙
스를 갖도록 하지 않으면 안 되는 경우도 있다. 다만, 한국어의 경우도 이 불
완전 명사의 정의, 즉 범위는 연구자에 의해 각각 차이가 있고 「이다」의 품사
논쟁은 아직도 계속되고 있다. 교육부 제정 학교문법 통일안에도 결국 指定詞
와 助詞로 나누고 있다. 「이다」는 이 이외에 依存形容詞설, 格語尾설, 調音
素 또는 媒介音설이 있다.

제4장
「だ」系列과 「である」系列의 변별적
사용실태에 관한 고찰
-「だ」와「である」에 연결되는 형식과 관련하여-

1. 첫머리

일본어의 문말표현[1]에는 한국어의 [~이다]로 해석되는 표현이 「~だ」로 종결되는 표현과 「~である」로 종결되는 표현의 구별이 있다. 일반적으로 일본어학습자는 「だ」와 「である」를 구어체와 문장체[2]로 인식하게 된다. 그러나, 실제로 일본어의 문장을 접해 보면 종류에 따라 「だ」계열과 「である」계열이 함께 사용되기도 하고, 「だ」와 「である」가 철저하게 구분되어 사용되기도 하는 듯하다. 4장에서는 실제 문장에서 사용되고 있는 「だ」와 「である」, 또한 「だった」「であった」「だろう」「であろう」 등을 포함한 「だ」계열과 「である」계열에 관해 생각하기로 한다.

한 에세이의 문장을 보자.

1) 「アリガトオー」と叫ぶのである。・・・・・・本当に変なやつなのだ。が、とてつもなく明るい。そしていつもそばにいるだけで、穏やかな気持にさせてくれるのだ。

「고마워」라고 소리치는 것이다. …… 정말 이상한 녀석이다. 하지만 너무나도 밝은 사람이다. 그리고 옆에 있는 것 만으로 항상 마음을 편하게 해주는 것이다.

2) 「アッそれはコレコレこういうこと?」と、わたしの言わんとすることを正しい表現にしては念を押してくれるので、「なるほど。コレコレはこういうふうに言えばいいのね」と、さらにわたしはそれを復唱して、何だか英語の特訓を<u>受けているようでもあった</u>。

「아하, 그건 이러이런 걸 말하는 거야?」하고, 내가 하려 하던 말을 정확하게 표현하고서는 못을 박으므로「아 그렇구나. 이거이거는 이렇게 말하면 되는 거네」하고, 다시 한번 난 그말을 복창해, 영어특훈이라도 받는 듯 하기도 했다.

3) 相変わらずジェフは・・・時折大工さんになったり水道屋さんになったりして<u>幸福そうだった</u>。

변함없이 제프는 때로는 목수가 됐다가, 수도고치는 사람이 됐다 하면서 행복해 보였다.

4) 父親のニコは有数の建設会社の社長。地元では知らぬ人のいない<u>名士だ</u>。その長男として、日本であれば後継者間違いなし、<u>である</u>。ところがジェフはそんなことはおかまいなし。別に立派なおやに反発しているというふうでもない。・・・・・・それを両親が生活の足しにしているとは考えられないので、きっとそのこのために<u>蓄えているのだろう</u>。が、十八になったら「アナタはもう<u>立派な大人である</u>。大人と社会人であるから、学生の身分だろうが、アルバイトだろうが、おやから経済的に自立しなければならない」という断固たる方針によって、ベイリー家では大学の授業料を一時立て替えはするが、自分の稼ぎを得るようになったら返済しなくてはならない。家賃をとるのもその一環らしい。

아버지 니코는 유수한 건설회사의 사장. 그 지방에서는 모르는 사람이 없는 유명인사다. 그 장남으로, 만일 일본에서라면 후계자는 따놓은 당상이다. 그런데 제프는 그런 것은 안중에도 없다. 그렇다고 해

서 잘난 부모에서 반발하고 있는 투도 아니다. …… 그걸 부모가 생
활에 보태고 있으리라는 것은 생각할 수 없으므로, 분명히 그 아이
를 위해 저축하고 있는 것이리라. 하지만, 18세가 되면 「너도 이제는
어엿한 어른이다. 성인이고 사회인이므로 학생신분이든 아르바이트
를 하든 간에 부모로부터 경제적으로 독립해야한다」는 단호한 방침
에 따라, 베일리씨 집에서는 대학수업료를 일시적으로 대신 내주기
는 하지만, 자기가 벌 수 있게 되면 갚아야만 한다. 집세를 받는 것
도 그 일환인 것 같다.
あの娘は英語がしゃべれない! 安藤優子、集英社文庫、2001年
저자인 安藤優子(안도 유코)가 자유로이 자신의 유학경험을 써내려
가고 있는 문장이다. 이 글의 문말표현에는 밑줄 친 것과 같이
「だ」계열과 「である」계열이 함께 사용되어 문말표현이 다양해 보
인다.

원래 「だ」와 「である」는 형성과정에 있어서 「である」에서 「だ」로 변
화된 것임을 알수 있다.[3] 「だ」와 「である」는 하나의 뿌리에서 온 말이
다. 주에서도 알 수 있듯이 「だ」와 「である」는 현대어에서는 구어체와
문장체의 한 척도가 되며, 문장체에서는 「である」가 주가 되고 간간이
「だ」가 사용된다고 한다. 그러면 실제의 문장에서 「だ」와 「である」는
어떻게 사용되고 있을까? 「だ」와 「である」에 접속하는 말 중에 이론적
으로 생각할 수 있는 것과 실제로 나타나는 사용실태의 분포와는 어떠한
차이가 있는 가를 고찰해 보기로 하자.
실제 문장의 자료로는 신문의 문장(보도문, 칼럼, 사설)과 학술논문에 사
용되고 있는 문말표현이다.[4] 이들 문장에 나타나는 「だ」계열과 「であ
る」계열의 실태를 먼저 살펴보고, 또한 「だ」와 「である」가 개별적으로
다른 품사와의 접속 면에서는 어떠한 특성을 보이는가 살펴보고자 한다.

2. 고찰

1) 신문문장에서의 문말표현

여기에서 신문의 문장은 보도문, 칼럼, 사설이다. 보도문과 칼럼과 사설은 신문의 문장이라는 카테고리에 들어가나, 각 문장의 표현의도는 각각 다르다고 할 수 있다. 보도문은 이미 일어난 사건을 중립적이고 공정하게 서술하는 것이 주된 표현의도이고, 칼럼은 에세이에 가깝게 자신의 생각을 비교적 자유로이 표현하는 문장이며, 사설은 신문사의 입장에서 각 시점에서 문제가 되는 사안에 관한 주장을 펴는 글이라 할 수 있다. 이러한 3종류의 문장의 문말표현에 「だ」와 「である」가 어떻게 나타나는지 보기로 한다.

<표1>일본신문문장의 문말표현의 분포[5]

구분	문말형식	보도문		칼럼		사설	
		출현수	백분율	출현수	백분율	출현율	백분율
I류	① 動詞+た	2,668	27.0	567	16.1	980	9.9
	② 形容詞+た	47	0.5	20	0.6	41	0.4
	③ 動詞+補助動詞+た	527	5.3	157	4.5	273	2.8
	④ ~補助形容詞+た	4	0.0	7	0.2	10	0.1
	⑤ ~だった	151	1.5	118	3.4	86	0.9
	⑥ ~であった	3	0.0	3	0.1	36	0.4
	⑦ 助動詞+た	373	3.8	67	1.9	179	1.8
	⑧ 形式名詞+だった	6	0.1	4	0.1	21	0.2
	⑨ 形式名詞+であった	0	0.0	0	0.0	5	0.1
	小　計	3,779	38.2	943	26.9	1,631	16.6
II류	⑩ 動詞の終止形 (以下同じ)	1,121	11.4	738	21.0	1,351	13.7
	⑪ 形容詞	171	1.7	138	3.9	492	5.0
	⑫ 動詞+補助動詞	1,709	17.3	408	11.6	1,274	12.9
	⑬ ~補助形容詞	19	0.2	58	1.6	387	3.9
	⑭ ~だ	413	4.2	244	6.9	406	4.1
	⑮ ~である	80	0.8	106	3.0	955	9.7
	⑯ 助動詞	770	7.8	399	11.3	2,247	22.8

	⑰ 形式名詞+だ	45	0.5	45	1.3	236	2.4
	⑱ 形式名詞+である	7	0.1	14	0.4	394	4.0
	소 계	4,335	44.0	2,150	61.0	7,742	78.5
Ⅲ류	⑲ 体言止め	1,606	16.3	251	7.1	96	1.0
	⑳ 助詞止め	104	1.0	164	4.7	387	3.9
	㉑ その他	48	0.5	9	0.3	0	0.0
	소 계	1,758	17.8	424	12.1	483	4.9
	총 계	9,872	100.0	3,517	100.0	9,856	100.0

<표1>은 보도문과 칼럼, 사설의 문말표현(분석대상: 朝日<아사히>·每日<마이니치>·讀賣新聞<요미우리신문>의 2개월 분에 해당하는 보도문, 제1면 하단 칼럼, 사설의 문말표현)을 정리한 것이다. 일본어의 문말표현에서 「だ」계열과 「である」계열은 「~だ」「~である」「~だった」「~であった」「~だろう(か)」「~であろう(か)」의 형태로 나타난다.

위의 표에서는 「た」系列(Ⅰ類)의 「だ」「である」를 포함하는 문말형식은 ⑤ ~だった ⑥ ~であった ⑦ 助動詞+た ⑧ 形式名詞+だった ⑨ 形式名詞+であったで 나타나고 「非た」系列(Ⅱ類)에서는 ⑭ ~だ ⑮ ~である ⑯ 助動詞 ⑰ 形式名詞+だ ⑱ 形式名詞+である의 형식으로 나타난다.

보도문, 칼럼, 사설의 대략적인 특성을 보자.

「た」系列에서는 「であった」가 「だった」에 비해 소수 사용되고 있다는 점을 들 수 있다.

보도문과 칼럼에 비해 사설에 ⑥ ~であった와 ⑨ 形式名詞+であった가 약간 빈도 수가 높다. 신문의 문장에는 「た」系列에서는 「であった」보다는 「だった」가 우선적으로 사용되고 있다는 점을 알 수 있다.

「非た」系列을 보면 보도문과 칼럼, 사설에 ⑭ ~だ ⑮ ~である ⑯ 助動詞 ⑰ 形式名詞+だ ⑱ 形式名詞+である의 분포와 형식으로 나타난다. 「非た」系列에서는 「だ」와 「である」의 사용이 문장의 종류에 따라 달리 나타나는 것을 볼 수 있다. 보도문과 칼럼에는 「だ」가 「である」보다 많이 출현하고 있는데 반해 사설에서는 「である」가 많이 출현하고 있는 것을 알 수 있다.

2) 학술논문의 문말표현

<표2> 일본어학술논문의 문말표현의 분포[6]

논문번호	た계열		동사る형		동사+보조동사		その타		い형용사		보조형용사		である		합계
	출현수	백분율	출현수	백분율	출현수	백분율	출현수	백분율	출현수	백분율	출현수	백분율	출현수	백분율	
1	2	1.8	36	31.9	16	14.1	33	29.2	0	0	0	0	26	23	113
2	2	2.0	29	28.4	10	9.8	33	35.4	3	2.9	2	2.0	23	22.5	102
3	4	4.4	24	26.4	11	12.1	25	27.4	1	1.1	0	0	26	20	91
4	12	8.2	36	24.7	27	18.5	30	20.5	5	3.4	4	2.7	32	21.9	146
5	1	1.1	28	31.5	4	4.5	23	25.8	3	3.4	1	1.1	29	32.6	89
6	11	11.5	26	27.1	7	7.3	22	22.9	4	4.2	1	1.0	25	26	96
7	1	0.7	45	31.9	30	21.3	48	34.0	2	1.4	2	1.4	13	9.2	141
8	7	7.8	12	13.3	4	4.4	50	55.6	0	0	1	1.1	16	17.8	90
9	4	2.9	39	28.3	16	11.6	51	37.0	5	3.6	5	3.6	18	13.0	138
10	2	2.2	29	31.5	5	6.5	31	33.7	2	2.2	0	0	23	25.0	92
11	11	11.3	27	27.8	8	8.2	15	15.5	4	4.1	7	7.2	25	25.8	97
12	1	0.8	41	33.6	9	7.4	42	34.4	5	4.1	4	3.3	20	16.4	122
13	10	8.1	57	46.3	13	10.6	17	13.8	12	9.8	2	1.6	12	9.8	123
14	4	3.8	26	24.8	5	4.8	32	30.5	8	7.6	1	0.9	29	27.6	105
15	18	18.4	27	27.6	10	10.2	25	25.5	5	5.1	2	2.0	11	11.2	98
16	2	2.9	29	42.0	2	2.9	24	34.8	2	2.9	1	1.5	9	13.0	69
17	14	17.5	25	31.3	7	8.7	14	17.5	4	5	2	2.5	14	17.5	80
18	16	10.1	53	33.5	23	14.6	29	18.4	5	3.2	3	1.9	29	18.3	158
19	12	10.5	38	33.3	9	7.9	29	25.5	3	2.6	3	2.6	20	17.6	114
20	10	8.1	42	34.2	22	17.9	25	20.3	0		1	0.8	23	18.7	123
합계	144	6.6%	669	30.6%	238	10.9%	598	27.3%	73	3.3%	42	1.9%	423	19.4%	2187

일본어학술논문의 문말표현을 정리한 것이 <표2>이다. 일본어학(또는 일본에서의 국어학) 관련 논문 20편의 문말표현을 정리해본 결과이다. 표에는 나타나있지 않으나 「た」系列의 문말표현을 보면, 「~だった」와

「~であった」의 분포를 보면, 신문의 문장과 달리「~だった」는 1예도
사용되지 않고「~であった」만이 7예 사용되고 있다.「非た」系列에 나
타나는 문말표현 중「だ」와「である」계열은「その他」의 문말형식 중
「ーだろう」23예,「か」를 동반하는「だろうか」가 23예 출현하는 것과
「ようだ」4예,「そうだ」가 1예 보이는 것이다.

그러나 신문의 문장이나 수필에 보이는 명사나 그 이외의 품사에
「だ」가 연결되는 문말표현이 학술논문 20편에 1예도 나타나지 않고 있
다. 이는 학술논문의 문말표현에서 문장체인「である」체가 확고하게 지
켜지고 있다는 사실을 보여주고 있다고 할 수 있다.

3.「だ」系列「である」系列의 사용

1)「だった」와「であった」

(1) 신문문장의「だった」와「であった」

신문문장의「だった」와「であった」는 문말형식 중 1류의 ⑤ ~だった,
⑥ ~であった ⑦ 助動詞+た ⑧ 形式名詞+だった ⑨ 形式名詞+であった
에 나타난다.

⑤ ~だった와 ⑥ ~であった의 분포를 보면 <표1>을 통해 보면 보도
문과 칼럼에서는 ⑤ ~だった에 현저하게 치우치고, 사설에서도 ⑤ ~
だった와 ⑥ ~であった는 86예 대 36예이다. <표3>의 사설의 분포를 참
조하면, 명사, 형용동사, 부사, 조사 등에「だった」와「であった」가 붙으
나 명사와 형용동사가 주를 이루는데, 이 점은「だ」와「である」에서도
같은 경향이다. 단「た」계와「非た」계 사이에 차이점이 보인다.「だっ
た」와「であった」에서는 명사나 형용동사에「だった」가 연결된 문말표
현에 치우쳐 있으나,「だ」와「である」에서는 명사, 형용동사 이외에 [조

사]나「べきである」(해야만 한다)와 같은 표현도 많다. 형식명사를 포함한 분포에서도 과거나 완료의「た」를 동반하는 경우에는「形式名詞+だった」가 많고「形式名詞+だ」와「形式名詞+である」를 보면 역시「である」로 치우치는 경향을 보이고 있다. 명사와 형용동사의 경우에는 문체에 있어「だ」와「である」의 구분하려는 의식이 뚜렷하다고 할 수 있을 것 같다.(<표4, 5>참조) 물론 이 현상은 사설에 한한 것이다.

⑦ 助動詞+た 의 경우에는 보도문, 칼럼, 사설에 단지 4예가 보일 뿐이다. 보도문에「ーようだった」(ー인 것 같았다) 1예, 칼럼에「ーべきだった」(ー해야만 했다) 1예, 사설에「べきだった」2예가 사용되고 있다.

이러한 표현이 소수 출현하는 이유는, 조동사를 포함하는 표현은 원래 조동사나 형식명사를 동반하는 표현의 성격 상「た」계열 보다는「非た」계열이 적합하기 때문이라 생각된다. 조동사의 경우「ーようだった」(ー인 것 같았다)나「ーべきだった」(ー해야만 한다)보다「ーたようだ」(ー한 듯하다),「ーべきだ」(ー해야만 한다)가 다수 나타나고 있다는 사실에서도 알 수 있다.

⑧ 形式名詞+だった는 보도문에 6예, 칼럼에 4예, 사설에 21예가 나타나고 있다. 보도문과 칼럼에 형식명사를 포함하는 표현이 적게 출현하는 것은 보도문과 칼럼이 갖는 간결성과 중립성에 기인한 것이 아닌가 생각된다. 가능한한 간결하게 써야 하는 보도문과 간결하고 직선적인 칼럼에는 적당한 표현이 아닐 것이다.

⑨ 形式名詞+であった는 보도문과 칼럼에는 보이지 않고 사설에만 5예 나타나고 있다. 여기에서 우리가 알 수 있는 사실은 형식명사에「だった」,「であった」를 붙일 때는 형식명사에「だ」와「である」를 붙일 때와 선택기준이 다르게 적용되고 있는 것이 아닌가 생각된다. 사설에서도「だった」가「であった」보다 많이 선택되고 있는 점에서 이러한

사실을 확인할 수 있는 것이 아닐까.

형식명사를 포함하는 표현이 「形式名詞+だった」와 「形式名詞+であった」가 「形式名詞+だ」와 「形式名詞+である」보다 현저하게 적게 출현하는 것은 조동사의 분포상황과 연관지워 생각할 수 있겠다. 형식명사를 포함하는 이 표현형식이 조동사적 요소가 강하므로 「た」계열보다는 「非た」계열 쪽이 많은 것이라 생각된다.

(2) 학술논문의 「だった」와 「であった」

학술논문의 「た」계열의 분포를 보면 논문에 따라 분포율이 다양하다. 상세한 분포상황은 생략하기로 한다.[7] 상세한 내용을 보면 「だった」로 종결되는 문말표현은 1예도 나오지 않는다. 「であった」만이 7예 출현하는데 그 예를 열거하면 다음과 같다. 「名詞であった」(명사였다), 「it seems であった」(it seems였다), 「内訳であった」(내역이었다), 「一だけであった」(一뿐이었다), 「50分であった」(50분이었다), 「記号であった」(기호였다) 「一ようであった」(一인 것 같았다)이다. 명사, 조사, 조동사에 접속되고 있다. 예를 보면 역시 명사에 접속된 표현이 주를 이루고 있다. 예 「it seems であった」(it seems였다)의 「it seems」는 명사로 의식하고 있는 듯하다. 여기에서 지적할 수 있는 점은 학술논문에서는 문장체 =「である」체로 규정짓고 있으며, 역으로 말하면 문말표현의 다양성은 재고되고 있지 않다고 하는 사실 일 것이다.

2) 「だ」와 「である」

(1) 신문문장의 「だ」와 「である」

신문문장 중에는 보도문, 칼럼, 사설 중에 나타나는 「だ·である」의 분포가 일률적인 경향이 아니다. 보도문과 칼럼의 분포를 보면 「だ」쪽으

로 치우쳐 있다. 사설의 「だ」와 「である」의 분포는 <표3>을 보면 「であ
る」쪽에 치우치고 있는 것을 알 수 있다.

<표3>사설의 「だ · である」의 분포[8]

문말형식	출현수	문말형식	출현수
名詞+だった	68	名詞+だ	242
形容動詞語幹+だった	13	形容動詞	86
副詞+だった	1	副詞+だ	4
助詞+だった	2	助詞+だ	69
文+だった	2	文+だ	5
소　계	86	소　계	406
名詞+であった		名詞+である	608
形容動詞語幹+であった	25	形容動詞語幹+である	134
副詞+であった	7	副詞+である	12
助詞+であった	1	助詞+である	85
文+であった	1	文+である	32
べきであった	1	べきである	61
	1	ようである	16
		そうである	7
소　계	36	소　계	955

　<표3>을 보면 사설에서 「だった」와 「であった」의 출현 경향과 「だ」
와 「である」의 출현경향이 다르다고 하는 것을 알 수 있다. 신문의 사설
은 신문의 문장 중에서는 가장 문장체의 규범을 따르고 있는 문장이나
「た」系列에서는 「であった」보다 「だった」쪽으로　기울어지고　있다는
사실을 알 수 있다. 그러나 이것이 「非た」系列에서는 「である」쪽이 선
호되고 있다는 사실을 알 수 있다. 명사, 형용동사, 부사, 조사, 문 뒤, 또
한 「べき、よう、そう」에 붙는다. 명사와 형용동사가 주를 이룬다. 사설
에서는 명사와 형용동사의 「だ」와 「である」접속에 출현수에는 차이가
보이나 동시에 나타나고 있다. 이는 문장체의 규범과 문말표현의 다양성
이라는 요인이 작용하고 있기 때문이 아닐까. 위 표를 보면 「べきであ

る」(해야만 한다(61예)),「ようである」(인 것 같다(16예)),「そうである」(인 듯하다(7예))가 보이는데 참고로「べきだ」(해야만 한다(66예)),「ようだ」(인 것 같다(49예)),「そうだ」(인 듯하다(15예))[9]사용되고 있다.「ようだ」(인 것 같다)가 가장 많은 차이를 보이고 있다.[10]「べき」、「よう」、「そう」가 「だ」와「である」와의 접속관계를 보면 조동사의 경우에서도「だ」와 「である」의 선호도가 다른 것을 알 수 있다. 이러한 선호도는 보도문이나 칼럼의「だ」「である」의 분포를 보면 확실해진다. 명사와 형용동사의 경우에는「だ」와「である」가 섞여 나타나 문말표현의 변화를 주고 있다.

한편, 보도문에 보이는「だ・である」문은「413文・80文(名詞文70文、形容動詞文4文)」이다. 보도문은「だ」에 치우쳐있음을 알 수 있다. 칼럼의「だ・である」의 분포는「244文・106文(名詞文93文、形容動詞文6文)」으로 「だ」가「である」의 약 2배 정도 사용되고 있다.

<표4> 사설의「形式名詞+だ」[11]

文末形式	出現数	文末形式	出現数
ものだった	10	ものだ	48
ことだった	8	ことだ	88
のだった	1	のだ	30
ところだった	0	ところだ	11
わけだった	0	わけだ	16
はずだった	2	はずだ	43
小　　計	21	小　　計	236

<表5>사설의「形式名詞+である」[12]

文末形式	出現数	文末形式	出現数
ものであった		ものである	50
ことであった	2	ことである	152
のであった	1	のである	138
ところであった	2	ところである	8
わけであった		わけである	9
はずであった		はずである	37
小計	5	小計	394

사설의 형식명사를 동반하는 표현의 분포에서는 형식명사 중「もの」(것)「ところ」(것, 점)「わけ」(것, ~는 당연하다)「はず」(~할 터)는「だ」와 「である」의 분포가 두드러진 차이를 보이지 않으나「こと」(것)와「の」(것)의 경우는「ことである」와「のである」가「ことだ」와「のだ」보다 다수 출현하고 있다. 명사성과 관련해 생각해보면「のだ」는 명사성 보다는

조동사성이 강한 표현이라 생각이 되나, 사설의 경우 「のである」쪽이 많이 사용되고 있는 것을 보면 아직 명사성이 강하게 남아있는 것 같다. 이에 비해 「はず」(~할 터) 「はずだ」(~할 터이다)와 「はずである」(~할 터이다)는 거의 비슷한 수준으로 나타나고 있다. 오히려 「のだ」보다 한층 조동사성이 강한 표현이 아닐까 생각된다.

(2) 학술연구논문의 「だ」와 「である」

그러면 학술연구논문의 경우를 살펴보자.

학술논문의 경우 문체의 특성상 「た」系列의 출현이 적다. 그 중에서도 「だった」와 「であった」를 동반하는 경우를 보면 「であった」만 7예 나타나고 있다.

학술논문에서는 명사, 형용동사, 조사 등이 「だ」와 연결된 형태로 출현하는 예가 1예도 보이지 않고 있다. 이는 무엇을 말하는 것일까? 학술논문은 에세이나 신문문장과 같이 가볍게 읽히는 문장이 아니다. 전문가가 자기의 이론이나 연구를 논리적으로 전개해 나가는 문장이라 할 수 있다. 일반독자를 의식하지 않고 있다고 할 수 있다. 문말표현에도 다양한 표현이라기보다 거의 정형적이라 할 수 있는 표현이 많을 뿐 아니라, 어휘의 다양성도 보이지 않는다. 딱딱하고 단조로운 문체라 할 수 있다. 이와 같은 특성이 문말표현에도 그대로 반영된다고 할 수 있다.

<표6>은 학술논문 20편에 나타난 「である」를 동반하는 문말표현을 정리한 것이다.

<표6> 학술논문에 나타난 「である」의 분포[13]

論文番号	な形容詞	名詞+である	形・名+である				助詞+である	ようである	そうである	べきである	ごとくである	その他	合計
			もの	こと	の	その他							
	出現数	出現数	出現数	出現数	出現数	出現数	出現数	出現数	出現数	出現数	出現数	出現数	
1	2	7	2	6	5	1	0	2	0	0	0	1	26
2	1	8	1	7	3	0	2	0	1	0	0	0	23
3	0	5	3	6	11	0	1	0	0	0	0	0	26
4	4	18	0	2	6	0	0	2	0	0	0	0	32
5	3	7	6	2	7	0	2	1	0	0	0	1	29
6	5	11	4	3	0	2	0	0	0	0	0	0	25
7	3	6	2	1	0	0	1	0	0	0	0	0	13
8	3	10	0	1	0	1	0	1	0	0	0	0	16
9	9	5	1	1	1	0	1	0	0	0	0	0	18
10	2	2	3	4	7	0	1	0	0	0	0	2	23
11	1	14	5	2	0	0	1	0	0	0	0	2	25
12	3	7	0	0	4	1	1	4	0	0	0	0	20
13	5	7	0	0	0	0	0	0	0	0	0	0	12
14	6	4	2	4	3	3	4	1	1	1	0	0	29
15	0	3	2	0	1	1	1	2	0	0	0	1	11
16	6	2	0	0	0	0	1	0	0	0	0	0	9
17	2	2	4	1	0	0	3	0	0	0	0	0	14
18	5	17	2	1	0	0	4	0	0	0	0	0	29
19	7	7	6	0	0	0	0	0	0	0	0	0	20
20	4	3	4	0	3	0	1	5	1	1	1	0	23
合計	71	146	48	43	52	9	24	18	3	2	1	7	423

　학술논문에는 명사, 형용동사, 조사, 부사, 형식명사를 동반하는 경우는 전부 「である」의 형태를 취하고 있다. 조동사의 표현에 「ようだ」(~할 것 같다) 4예, 「そうだ」(~할 듯하다) 3예의 7예를 제외하면 「である」체가 완벽하게 지켜지고 있었다. 학술논문에는 「ようである」(18예)가 「ようだ」(4예)보다 많이 나타나고 있으나, 「そうだ」와 「そうである」는 소수이나 각각 3예 씩 나타나고 있다. 「そうだ」의 품사적 성질이 조동사에 가깝다는 것이 아닌가 생각한다. 형식명사를 동반하는 표현에서는 예외없

이「である」로 나타났다. 형식명사를 포함하는 표현은 이러한 면에서 명
사성이 강한 표현이라는 것을 알 수 있다. 이러한 의미에서도 학술논문
은 가장 보수적인 면을 갖고 있다고 볼 수 있다.

　학술논문과 같이 규범적이고 보수적인 문장에서는「である」체가 명사
문, 형용동사문일 경우 확실히 지켜지고 있다는 사실을 확인할 수 있다.

3)「だろう」와「であろう」

(1) 신문문장의「だろう」와「であろう」

　여기서 추량 또는 추측을 나타내는「だろう」(~일 것이다)와「であろ
う」(~일 것이다)를 포함하는 표현을 살펴보기로 하자.

　「だろう」와「であろう」의 전체적인 분포를 보면「だろう」에 치우치
고 있는 것을 알 수 있다.「だろう」와「であろう」에 동시에 연결되는 것
은 명사, 형식명사, 형용동사이다.「だろう」와「であろう」에「だ」와「で
ある」와 마찬가지로 명사와 관련이 깊다는 사실을 알 수 있다.

　「だろう」와「であろう」「う」의 앞에 연결되는 말을 정리한 것이
<표7>이다.

　동사의 경우에는「動詞+だろう」에 대해「動詞+であろう」는 나타나지
않고「動詞+う・よう」의 형태로 나타나고 있다. 여기에서도 동사는 명
사성과 거리가 먼 품사라「である」계일인「であろう」와 쉽사리 연결되
지 않는다는 것을 알 수 있다. い형용사의 경우도 동사와 마찬가지로
「ーいであろう」는 나타나지 않고「ーかろう」(~일 것이다)의 형태로 나
타난다.

　표를 보면 명사, 형식명사, 형용동사어간, い형용사는「だろう」에 연결
되는 비율이 높으나 동사와 피동의 경우에는「動詞+う・よう」「ーられ
よう」가 많이 출현하고 있는 것을 알 수 있다. 신문의 사설에서의 추량

표현이 사용될 때, 명사, 형식명사, い형용사, 형용사어간에 「だろう」가
붙는 것은 문장체로서 저항감이 별로 인식되지 않으나, 동사나 동사에
피동의 조동사 「られる」가 붙을 경우에는 「だろう」와 「ーう・よう」사이
에는 어감의 차이가 존재하고 있는 것 같다.

<표7> 사설의 「だろう」「であろう」의 분포[14]

文末形式	出現數	文末形式	出現數
名詞+だろう	41	名詞+であろう	38
形式名詞+だろう	60	形式名詞+であろう	25
形容動詞語幹+だろう	30	形容動詞語幹+であろう	13
何、なぜ(疑問詞)+だろう	7	副詞+であろう	1
動詞+だろう	80	動詞+う、よう	124
動詞+補助動詞+だろう	17	動詞+補助動詞+よう	10
形容詞+だろう	32	てよかろう	6
～ ないだろう	33	形容詞語幹+かろう	2
～ なかっただろう	1	なかったろう	2
～ ではないだろう	8	ではなかろう	4
～ られるだろう	2	(ら)れよう	20
～ べきだろう	50	べきであろう	25
～ 助詞+だろう	12	名詞+だったろう	2
		名詞+であったろう	1
		形容動詞語幹+だったろう	1
小 計	373	小 計	274

　보도문 「だろう・であろう」(9文・0文)과　칼럼 「だろう・であろう」(121
文・0文)에는 「だろう」만이 나타나고 있다. 이사실에서 「だろう」와 「で
あろう」는 「だ」와 「である」의 미연형이라는 단순한 형태에서 한 걸음
나아가 「だろう」는 「であろう」와 다른 레벨의 조동사로 자리잡고 있다
는 사실을 알 수 있을 것이다. 「だろう」와 접속되는 말은 품사를 가리지
않으나, 「であろう」에 접속되는 말은 명사, 형용동사가 주가 되고 있다.

(2) 학술연구논문의 「だろう」와 「であろう」

학술논문에서는 신문문장의 사설과 다른 양상을 보이고 있다. 「だろう」와 「であろう」를 비교해 보면 「だろう」 24例, 「であろう」 34例 이와 더불어 동사에 「う、よう」가 붙어 추량의 의미를 나타내는 표현이 21齣 나타나고 있다.

학술논문에서 명사문이나 형용동사문에서는 명사, 형식명사, 형용동사에는 「である」가 철저하게 사용되고 있는데 반해, 추량표현에는 「だ」와 「である」계열의 「だろう」와 「であろう」가 함께 출현한다는 사실을 우리가 확인할 수 있다. 단, 「だろう」보다는 「であろう」가 비율이 높기는 하다.

출현하고 있는 문말표현을 보면, 「だろう」에 연결된 형식이 명사, 형식명사, 형용사외에 「동사+だろう」(~일 것이다) 「동사+られるだろう」(~될 것이다)도 보이고 있다. 이는 사설과 같은 경향이라 할 수 있다.

그러나, 「であろう」에 연결된 형식에 명사, 형식명사, 형용동사가 많으나, 동사, 보조동사, 「られる」와 과거 완료의 「一た」뒤에도 「であろう」가 붙은 표현이 등장하고 있다. 이는 신문문장의 사설과는 다른 양상이다. 명사성이 없는 동사, 보조동사, 조동사 뒤에 「であろう」가 붙는다는 것은 「だろう」와 「であろう」는 같은 뿌리인 「だ」와 「である」의미연형으로 인식하고 있다는 증거이다. 이점에서 학술논문의 문말표현은 보수적인 성향이 있다고 말 할 수 있는 것이 아닐까.

여기에서 지적할 수 있는 것은 「だろう」가 학술논문에 사용되고 있다는 사실은 문장체로서의 어법화가 상당히 진행되고 있다는 사실이다.

<논문에 나타나는 추량표현>[15]

<う・よう>	<だろう>	<であろう>
意味になろう	どこからくるのだろう	どうであろう

意味になろう	まとめることができるだろう	漠然としているであろう
見なすことができよう	言えるだろう	考えられるであろう
言えよう	あるだろう	十分であろう
必要があろう	言ってよいだろう	十分であろう
言えよう	一であることによるだろう	予想されるのであろう
言えよう	多用されるものだろう	自然であろう
いえよう	どうだろう	使うことができるのであろう
見ることができよう	出ているのだろう	確かであろう
言えよう	予測されるためだろう	役立つであろう
理解されよう	働くからだろう	一因であろう
見ることができよう	自然なことだろう	反復であろう
ことになろう	といってよいだろう	当然であろう
言えよう	となり得るだろう	察するであろう
詳かになろう	かんがてもよいだろう	表すところであろう
こともできよう	ということができるだろう	説明しうるであろう
言えよう	言えるだろう	一てもよいであろう
言えよう	言えるだろう	言いかねないであろう
あることになろう	次のようになるだろう	できるであろう
課題となろう	特徴づけることができるだろう	自然であろう
無縁ではなかろう	ただしいだろう	発話するであろう
言えよう	表すことになるだろう	自然であろう
	規則となるだろう	主張するのができるのであろう
	言ってよいだろう	出てくるのであろう
	得られるだろう	用いられるのであろう
		一られるためであろう
		必要であろう
		有用であろう
		自然であろう
		自然であろう
		一般的であろう
		分類されるべきものであろう
		得られるであろう
		検証し得たであろう
		見ることができるであろう

「だろう」와「であろう」에 붙은 형식 중 명사를 보면,「だろう」에는 「の」「もの」「ため」「こと」등의 형시명사인데 비해,「であろう」에 연결된 명사나 형용동사의 어간은「十分」「の」「自然」「確か」「一因」「当然」「ため」「もの」등이 보인다. 보통명사나 형용동사의 어간이 확실한 경우에는「であろう」가 사용되고 있고,「の」「もの」「ため」등의 형식명사에는「だろう」와「であろう」가 병용되고 있는 것이다. 보통명사와 형식명사의 차별성을 엿볼 수 있다.

4)「だろうか」와「であろうか」

(1) 신문문장의「だろうか」와「であろうか」

의문조사「か」를 동반하는「だろうか」와「であろうか」를 보기로 한다.「だろう」와「であろう」의 출현빈도와 현격한 차이를 보이고 있다. 의문조사「か」를 동반하는 경우에는「ーだろうか」가 주를 이루고 있는 것이다.

사설에는「だろうか」가 96文 출현하고「であろうか」가 7文 출현한다. 7문의 예이다.

> 喜びであろうか(즐거움일까)、応えたであろうか(응한 것일까)、学ばなかったであろうか(배우지 않았던 것일까)、あるのであろうか(있는 것일까)、産業なのであろうか(산업인 것일까)、暗いものであろうか(어두운 것일까)、どこへ行ったのであろうか(어디에 간 것일까)

「もの、の」와 함께 사용되는 예가 4예 보이고, 명사, 동사, 조동사와 사용된 예도 보인다.

보도문에는「だろうか」도「であろうか」도 나타나지 않고 칼럼에는

「だろうか」만이 11文 나타난다. 신문의 문장에서는 「か」를 동반하는 「であろうか」의 존재는 약화되어 버린듯하다.

(2) 학술연구논문의 「だろうか」와 「であろうか」

학술논문에 나타나는 「だろうか」와 「であろうか」로 끝나는 예를 보면 아래와 같다. 신문의 문장에서는 거의 보이지 않는 「－であろうか」가 학술논문의 경우에는 여전히 나타나고 있다.

＜う・ようか＞	＜だろうか＞	＜であろうか＞[16]
ということになろうか	言えるのではないだろうか	使い分けられるのであろうか
必要があるのではなかろうか	入れてもいいだろうか	どうなるであろうか
考えられるのではなかろうか	「」になるのだろうか	属することになるのであろうか
自然ではなかろうか	説明できるだろうか	よるのであろうか
なり得るのではなかろうか	説明したらいいのだろうか	どうであろうか
－できるのではなかろうか	属するのだろうか	どうであろうか
	示されているだろうか	どうであろうか
	果たしているのだろうか	感じられるであろうか
	どうだろうか	どうなるであろうか
	難しいのではないだろうか	自然なのであろうか
	どうだろうか	接続するのであろうか
	言えるのではないだろうか	表すのであろうか
	ならないだろうか	影響であろうか
	感じられるのではないだろうか	どのようなものであろうか
	なるのではないだろうか	どのようなのであろうか
	言えるのではないだろうか	一関係に立つものであろうか
	－ができるのではないだろうか	
	生まれてくるのではないだろうか	
	物語っているのではないだろうか	
	動詞なのだろうか	
	どうだろうか(3)	

그러나 학술논문의 「だろうか」와 「であろうか」의 쓰임을 살펴보면 차이점이 나타난다. 「ーだろうか」는 형식명사, 부사, 조동사 등과 나타나는 표현과 함께 「ーのではないだろうか」의 부정표현을 동반한 완곡한 표현이 많다고 하는 점이다. 「ーであろうか」에는 부정표현과 동반하는 보이지 않고 있다. 문장표현에서 부정표현을 동반하는 「ーのではないだろうか」는 거의 관용화되어가고 있는 것 같다. 또한 위의 예에서도 보듯이 「ーのではなかろうか」는 보이나 「ーではないであろうか」의 형태는 보이지 않고 있다. 의문조사 「か」를 동반하게 되면 「だろうか」와 「であろうか」의 앞에 오는 명사나 동사 등의 선택구분은 불명확해지는 듯하다.

명사문이나 형용동사문 등에서는 「である」체가 확실하게 지켜지는 학술논문에서 「だろう」와 「だろうか」 등이 나타나는 것은 「であろう」와 「であろうか」와 함께 규범적인 표현으로 자리잡고 있다는 것을 말해준다고 할 수 있겠다.

4. 마무리

고찰결과, 「だ」体와 「である」体의 구별은 두 가지로 이야기할 수 있겠다. 문말표현에서 「だ」体와 「である」体의 사용은 문말표현의 다양성이라는 맥락과 문장의 종류에 따라 문장체의 규범성의 잣대라는 맥락이 있다고 할 수 있다. 수필과 신문문장 중의 칼럼에 「だ」体와 「である」体가 함께 사용된다는 점이 문말표현의 다양성과 관련이 있다고 보이며, 문장체의 규범성은 신문문장 중에서 사설에 「である」体의 문말표현의 빈도수가 많다는 점과 학술논문에서는 「である」体가 견고하게 지켜지고 있다는 점에서 확인할 수가 있다.

또한 「だ」体와 「である」体의 개별형식에 관한 고찰결과 「た」系列와

「非た」系列로 나누어 생각할 필요성이 있겠다.

먼저 과거나 완료의 뜻을 갖게되는 「た」가 「だ」또는 「である」와 연결되어 「だった」와 「であった」의 형태가 될 경우, 신문의 문장에서는 가장 규범적인 문장체를 보이고 있는 사설의 경우에서 조차 「であった」로 끝맺는 술어의 형태가 거의 나타나지 않고 명사문이나 형용동사문이 「だった」로 종결되는 빈도수가 높다는 사실을 지적할 수 있다. 「た」系列의 경우 「だった」와 「であった」의 구분의식이 약해지고 있다고 할 수 있겠다. 그러나 문말형식의 다양성을 중시하는 경우에는 이것과 다른 경향을 보일 수도 있겠으나 이는 커다란 흐름이라고 할 수 있겠다. 단 학술논문의 경우에는 학술논문이 갖는 특성상 소수이긴 하나 「であった」로 거의 통일되어 있었다.

「非た」系列을 보면 「だ」와 「である」의 구분은 문장체의 규범을 어느 정도 지키느냐에 따라 사용이 구분되고 있음을 알 수 있다. 신문문장에서는 보도문, 칼럼, 사설의 순으로 「である」의 사용빈도가 높아지고, 학술논문에서는 「ようだ、そうだ」의 두 가지 조동사가 7예 보이는 것 이외에 명사문, 형용동사문 등에서 「である」체가 철저하게 지켜지고 있었다.

「だ」와 「である」에 주되게 접속되는 품사는 명사와 형용동사어간이다. 명사와 형용동사어간이라는 범주는 「だ」와 「である」에 동시에 접속되기도 하고 또 다양성이 문제시 되지 않은 경우에는 어느 한 쪽 만을 선택할 수 도 있다. 「だ」와 「である」에 동시에 접속된다는 사실은 명사성이 강한 단어임을 나타낸다고 하는 사실을 알 수가 있다. 형식명사를 동반하는 표현들이 아직 「だ」와 「である」에 동시에 연결되고 있다는 사실에서, 조동사 「ようだ」「そうだ」 등과는 레벨이 다른 조동사성을 갖고 있다는 한가지 요인이 될 수 있다는 사실도 지적할 수 있겠다.

두 번째로 「だろう」와 「であろう」를 보면 문장체에도 함께 사용되고 있다는 것을 알 수 있다. 사설에서는 「だろう」가 빈도수가 많고 학술논문에서는 「であろう」가 많으나 「だろう」의 빈도수도 적지 않다. 「だろう」의 문장체가 점진적을 진행되고 있다는 것을 알 수 있다. 그러나, 「だろう」와 「であろう」에 연결되는 명사에는 구분이 있다는 사실도 알 수 있었다. 형식명사에 해당하는 명사는 「だろう」와 「であろう」에 구분없이 사용되나, 보통명사나 형용동사의 어간에 해당하는 것은 「であろう」에 접속되고 있다.

세 번째로 의문조사 「か」를 동반한 「だろうか」와 「であろうか」의 경우를 보면 사설은 거의 대부분이 「だろうか」로 나타나고 있으며, 문장체를 확고하게 지키고 있는 연구논문에서도 「だろうか」와 「であろうか」가 거의 동 비율로 나타나고 있다. 이는 「だろうか」와 「であろうか」의 「だ」体와 「である」体의 구분 의식이 희미해지고 있다는 사실을 말하고 있다고 할 수 있겠다. 즉 「だろうか」가 문장체의 표현으로 자리잡고 있다는 것을 의미하고 있는 것이라 말할 수 있을 것이다. 특히 부정표현을 동반하는 「ーではないだろうか」는 문장체의 표현으로 확고하게 자리매김하고 있다는 것도 확인할 수 있었다.

일본어교육의 현장에서 「だ」체와 「である」체의 인식에 있어서, 「だ」는 구어체와 「である」는 문장체와 어울린다고 일반적으로 설명을 하나, 문장체에 있어서도 문장의 종류에 따라 다양성을 필요로 하는 문장에는 「だ」와 「である」가 일정한 비율로 나타나고, 딱딱하고 보수적인 문장일 때는 「である」에 치우치고 있다는 사실을 지적해야 하리라 본다. 또한, 「だ」와 「である」에 동시에 접속할 수 있는 말은 명사성이 강한 말이 온다는 사실도 지적해야 할 것이다.

▌주

1) 문말표현은 넓은 의미의 술어표현을 말한다. 일본어의 술어표현은 동사술어, 형용사술어, 명사술어가 대표적이다. 「だ」나 「である」로 종결하는 문말표현은 명사술어, 즉 체언으로 종지하는 경우가 대표적이나 조사나 부사 등과 나타나는 경우도 있다. 이 논문에서는 이러한 경우도 포함시킨다.

2) 여기서 구어체는 일본어의 「話し言葉」에서 사용되는 스타일을, 문장체는 「書き言葉」에서 사용되는 스타일이라 생각하기로 한다.

3) 「だ」는 「斷定助動詞」 「なり」의 連用形 「に」에 接續助詞 「て」와 動詞 「ある」가 붙어 「にてある」가 된 뒤, 「である」, 「であ」를 거쳐 형성된 것이라 생각되어지고 있다.

「だ」는 室町時代에 형성되기 시작하여 江戸時代에 발달해 오늘에 이르고 있다. 이와 관련해 「である」는 또한 「であ」가 사용되고 이것이 「ぢゃ」가 되었다. 이 「であ」 「ぢゃ」에 관해 로드리게스는 日本文典에 다음과 같이 서술하고 있다.

Dearu(である)の代わりにDea(であ)となってゐる事がある。例へば、Mina xitta cotodea.(皆知つた事であ。) Gia(ぢゃ)と同意。これに就いて注意すべき事は、Gia(ぢゃ)はDea(であ)であって、GiaでもDeaでもなく、GよりもDで發音し始める中間音であるが、ある人々はそれをGiaと發音してゐるのである。

(Dearu(である)대신 Dea(であ)가 된 적도 있다. 예를 들어보면, Mina xitta cotodea.(皆知つた事であ。)모두들 알고 있는 일이야. Gia(ぢゃ)와 같은 의미임. 여기에서 주의해야 할 점은,Gia(ぢゃ)는 Dea(であ)라는 사실이다. Gia도 Dea도 아니며, G보다 D쪽으로 발음하기 시작된 중간음을 몇몇 사람들이 Gia로 發音했던 것이다.)

[dearu]→[dea]→[dia]→[dʒa]로 변화한 것으로 생각되어지고 있다. 또한 「だ」는 東国(도호쿠)의 方言으로 文献에 나타나는 경우도 있다.

「だ」와 「ぢゃ」는 江戸語와 上方語의 한 기준으로도 볼 수 있다. 일반적으로 江戸末期에서 明治初年에 걸쳐 「だ」에는 문중에 사용되는 경우는 별도로 하고, 의문사나 종조사와 함께 나타나는 케이스가 많고, 강조, 힐문의 뉴앙스를 지니고 있는 듯이 느껴진다. 명치시대 중기부터 「だ」는 山田みさ(야마다 미사)나 西村貞(니시무라 사다) 등이 文章語로 시도한 일이 있으나, 문장어의 주가 되지 못하고 「である」쪽이 主가 되고 「だ」는 가끔 사용되게 되었다.

형용동사의 경우, 「である」가 붙은 경우는 형용동사의 어간에 조동사 「である」가 붙은 것을 생각하는 것이 일반적이다. 山田孝雄는 품사분류에서 「だ」와

「である」를 조동사에 해당하는 복어미(復語尾)로보는 것이 아니라 존재사(存在詞)로 규정하고 있다.
『国語学辞典』
『助詞·助動詞』
『研究資料日本文法』⑦助辞編(三)助詞·助動詞辞典(断定の助動詞)

4) 여기에서 실제 문장의 자료로 신문의 문장과 학술연구논문을 택하고 있는데, 이는 우선 이 두가지 문장이 개인의 개성이 가장 적게 나타나는 문장이라고 생각했기 때문이다. 또한,신문의 문장을 선택한 이유는 신문문장이 그 문장의 종류(보도문, 칼럼, 사설)에 따라 문장체의 정도가 다르게 나타나고 있다고 생각되었으며, 학술연구논문은 문장체의 정도에 있어 신문문장과 차별화된다고 생각되었기 때문이다.

5) 신문문장의 문말표현에 관한 자료는 탁성숙(2001)『문말표현에 관한연구 -일본어와 한국어의 대조의 관점에서-』「1장 일본어신문문장의 문말표현」의 분석자료를 사용하고 있음. 분류기준이나 그밖의 것은 여기에서는 생략하기로 한다.

6) 학술논문의 문말표현의 분석자료는 탁성숙(2001) 4장 「일본어학술논문의 문말표현」에서 사용한 자료(학술논문 20편)를 대상으로 하고 있다. 자세한 사항은 탁성숙(2001) 참조.

7) 탁성숙, 2001, 80~81쪽 참조.

8) 탁성숙의 <표13> 社説における「だ·である」の分布, 2001, 29면 참조했음.

9) 탁성숙『文末表現に関する研究一主に日韓両語の対照の観点から一』(문말표현에 관한 연구-일본어와 한국어의 대조의 관점에서-) <표8> 三つのジャンルにおける「助動詞」の分布, 2001, 24면 참조.

10) 「ようだ」와 「べきだ」를 놓고 생각해 볼 때 「ようだ」와 「ようである」의 출현수와 「べきだ」와 「べきである」의 출현수를 보면 차이가 보인다. 「ようだ」가 많이 출현하고, 「べきだ」, 「べきである」는 거의 동일한 수준으로 나타나고 있다. 「だ」, 「である」와의 접속이 활발하게 이루어지는 것은 명사적 성질과 가장 밀접한 관계가 있다고 여겨지는데, 이러한 관점에서 볼 때, 「よう」와 「べき」 중 「べき」가 명사성이 강하므로 「べきだ」, 「べきである」가 문체의 스타일에 따라 선택적으로 사용되고 있고, 「よう」는 명사성보다는 조동사적인 성향이 강하게 되어 「ようだ」에 치우치고 있는 것이라 생각된다.

11) 탁성숙 <표14>「形式名詞+だ」, 2001, 31면 참조했음.

12) 탁성숙 <표15>「形式名詞+である」, 2001, 31면 참조했음.

13) 탁성숙 <표6>「である」의 분포, 2001, 95면 참조했음.

14) 탁성숙 <표12> 社説における助動詞「だろう、う、よう」の分布, 2001, 27면
    참조했음.
15) 1부 4장의 추량표현의 예문 참조.
16) 1부 4장의 추량표현의 예문 참조.

제5장
「동사 + 었다/ㄴ다」와 「동사 + た/る」
- 신문의 문장과 학술논문에 나타나는 형식을 대상으로 -

1. 첫머리

한국어에 있어서 과거의 의미는 「었」「었었」이라는 접사를 통해서 나타낸다. 좀더 구체적으로 말하면, 「었」은 과거를, 「었었」은 대과거를 의미하는 것으로 구분하기도 한다. 그것에 비해서, 일본어의 경우, 「た」가 일괄적으로 과거의 의미를 나타낸다. 또, 한국어의 「~고 있다」 또는 「~어 있다」로 표현되는 동작의 진행, 동작이 이루어진 결과 상태를 표현하는 용법은, 일본어에 있어서는 「~ている」 또는 「~てある」 등의 형식으로 나타내게 된다. 그리고 비과거를 나타내는 것으로는 「ㄴ다」와 「~る」가 사용된다.

한국인 일본어학습자나 일본인 한국어학습자는 문말표현을 학습하는 첫단계에서, 양쪽 언어의 tense, aspect의 부분을 병행적으로 받아들여, 과거는 「~た」, 진행형과 결과상태형은 「~ている」, 비과거는 「~る」라는 식으로 이해하지만, 막연하게 학습이 진행되어 감에 따라 , 번역이나 작문할 때, 양 언어의 사이에 차이점이 있다는 것을 깨닫게 된다. 갑자기 tense나 aspect의 부분의 이해가 쉽지 않고, 학습 진행상 난관으로 등장하게 된다.

이러한 문제의식 하에 본논문에서는 한국어와 일본어의 문말표현 중에서 「었」, 「고~있다」, 「ㄴ다」 그리고 「~た」, 「ている」, 「る」에 관한 선행논문을 참고로 하면서, 신문문장과 연구논문 등에서 발췌한 일차자료를 대상으로, 일본어와 한국어의 tense, aspect의 양상이 어떻게 나타나는가를 「었」, 「ㄴ다」와 「~た」 「~る」를 중심으로 고찰해 가고자 한다.

2. 선행연구

일본어에 있어서 tense와 aspect의 문제는 武金田一春彦의 「国語動詞の一分類」[1]이후, 많은 학자에 의해 연구가 진행되고 있지만, 여기에서는, 한국어와 관련된 연구에 초점을 맞추려고 한다.

선행연구에 들어가기 전에, 이 고찰의 전제가 되는 것은 다음과 같은 점에 있다.

우선, 「었」과 「~고 있다」, 「ㄴ다」와 「~た」, 「~ている」, 「~る」는, 병행적으로 받아들일 수 있다는 것이다. 그리고, 「~었」, 「~고 있다」, 「ㄴ다」와 「~た」, 「~ている」, 「~る」는 병행적으로 받아들일 수 있는 부분이 있는 반면, 각각 독자적인 부분을 가질 것이라고 예측할 수 있는 것이다. 또, 이러한 형식의 앞에 오는 용언에 의해 그 의미가 변화할 것이라는 점이다. 고찰을 행함에 있어, 이 같은 세 가지 측면에서 생각해야 할 것이다.

서정수(1990)는, 한국어의 시제와 상에 관한 고찰과 더불어 한국어와 일본어의 시제와 상에 관한 종합적인 분석을 행하고 있는데, 「었」과 「た」의 기본기능으로 시제는 「과거」, 상은 「완결」인 점은, 한국의 국어학자인 최현배 이후 밝혀졌음을 서술하고 있다. 그리고, 한층 상세한 분석을 행해, 2차적 기능으로서 「었」은, 제한적이지만 현재와 미래의 시제를 나타내고, 상도 시제가 현재일 때는 진행, 미래일 때는 반복의 기능을

갖는다고 하고, 「た」도 제한적이긴 하지만, 현재와 미래의 시제를 나타
내는 것이 있고, 상은 반복을 나타낼 때가 있다고 정리하고 있다. 그리고
진행의 상은 한국어의 「었」에 한해 가능하다고 언급하고 있다. 「진행의
상」은 다음과 같은 경우이다.

> 철수는 (지금까지) 애인을 기다렸다.
> 　　　　애인을 기다리고 있었다.
> 학생들이 (한 시간 전부터) 책을 읽었다.
> 　　　　책을 읽고 있었다.

다음에, 「~고 있」과 「~てい」는 시제성을 갖지 않는 순수의 상적개념
으로, 시제적으로는 표시형태를 갖지않고 「~고 있」과 「~てい」는 특정
의 시제로 사용할 때에는 시제표시형태를 수반해야 한다. 즉, Φ/ (ɯ),
(었) / (た), ((으)ㄹ것이)를 수반해서 시제를 표시하고 있는 것이다. 약
간의 차이는 있지만, 예를 들어 한국어의 경우는 결과상을 나타내는 형
식으로 「~어 었」이 있다는 점, 「~고 있」의 용법은 「~てい」에 비해 제
한적이라는 점 등의 차이가 있으나 많은 부분에서 비슷하다. 또, 「~고
있」과 「~てい」는 「~상태」의 용언과 접속할 때는 「+지속」이 계속되면
진행상이고, 「~지속」이 되면 결과상이 되는 것이 통례이며, 이것이 「~
고 있」과 「~てい」의 본질적인 특성이라고 분석하고 있다.[2]

그리고, 일본어의 「~る」와 한국어의 「~ㄴ다」의 의미를 보면, 양쪽
모두 앞으로 일어날 일을 의미한다는 것이고, 다른 점은 한국어의 경우,
일본어에서 「~ている」로 나타내는 현재진행의 상태도 「ㄴ다」로 나타낼
수 있다는 것일 것이다. 일본어 동사의 「る」형에는 「동사」의 종지형만이
포함되지만, 한국어의 「ㄴ다」에는 voice의 수동과 사역의 요소가 포함되
게 된다. 「이, 히, 리, 기, 우, 구, 추」가 어간의 뒤에 붙어서, 사역과 수동

의 의미를 첨가하게 된다. 수동은 또, 「~되다」「받다」「당하다」「~어
지다」 등의 말로 나타내게 되지만, 이것들도 「ㄴ다」에 포함되어 있다.
사역도 「시키다」「~게 만들다」「~게 하다」 등으로 표현되는 경우도
있다. 이것은 일본어의 「られる」나 「させる」보다는 생산성의 면에 있어
서는 그다지 높지 않고, 실제로 한국어의 문장 속에 나타나는 수동표현
은 「이, 히, 리, 기, 우, 구, 추」보다는 「~되다」가 두드러지며, 빈번하게
사용되고 있는 것 같다. 또, 한국어에 있어서 사역표현도 「이, 히, 리, 기,
우, 구, 추」보다 「~게 하다」같은 어구를 사용하는 경향이 있지만, 사역
표현은 그 표현의 특성상 일본어에서 생산성이 있는 형식임에도 불구하
고 그다지 출현하지 않는다. 또 어간에 「으시」를 붙여서, 존경의 의미를
나타낸다.

문장의 문말표현의 분류에 있어서 일본어에서 voice의 요소는 「동사의
종지형」과는 별도의 항목에 들어가 있지만, 한국어에서 voice의 요소를
포함하고 있는 문말표현은 「동사+ㄴ다」에 들어가 있기 때문에 같은 레
벨의 비교는 어렵다.

한편, 生越(1997)[3]에서는, 한국어와 일본어의 과거형의 사용법 중에서
특히 「결과상태형」에 대해서 고찰하고 있는데, 눈앞에 무언가의 동작·
변화의 결과상태가 존재하는 상황에 관해, 한국어 「~었」과 일본어의
「~た」를 「~었」과 「~어 있다」, 「~た」와 「~ている」의 사용법을 검
토하면서 고찰하고, 각각 다음과 같은 특성을 갖고 있다고 분석하고 있
다.

우선, 과거형과 결과상태형을 구별해서, 「조선어에서는, 눈앞의 상황에
대해서, 그 상황이 생긴 때의 경위를 파악할 수 있고, 그 상황을 변화후
의 상태로 파악했을 때, 즉, 그 상황을 어떤 사건의 결과부분으로 파악했
을 때에는 과거형을 사용할 수 있다. 그 경위를 파악할 수 없고, 눈앞의

상황은 파악할 수 없을 때, 즉, 그 상황을 하나의 정리된 사안으로 재구축 할 수 없을 때에는 결과상태형을 사용한다. 이것은, 기본적으로는 일본어의 과거형과 결과상태형의 관계에도 적용된다. 다만, 일본어에서는, 경위를 파악할 수 있다고 하는 기준, 즉, 과거형의 사용할 수 있는 기준이 엄격하기 때문에, 결과적으로 결과상태형의 사용범위가 조선어에 비해 폭이 넓다.」라 하고, 그것을 다음과 같이 도식화하고 있다.

조선어 -어 있다   -었-
일본어   -テイル   -タ-
 少   변화의 경위에 대한 파악도   多

生越(1997)는, 조선어와 일본어 모두 눈앞의 상황을 이미 보았던 것이고, 그것을 다른 사람에게 보고하거나, 재확인할 때에는, 결과상태형을 사용한다. 그리고, 일본어는 눈앞의 상황이 관계된 일의 전부를 알지 못하면 과거형을 사용할 수 없지만, 한국어는 눈앞의 상황이 어떤 일의 결과라는 것만 알면 과거형을 사용할 수 있다고 하고 있다.

서정수(1990)는 한국어의 시제/상의 기본단위는, Φ, 고 있, 었, 었었이고, 고찰의 수순으로서는, 현재, 미래, 과거의 순으로 하고 있다.

「었었」에 대해서는 다음과 같이 정리하고 있다.

한국어에서는 과거를 서술하는 것으로 「었」과 「었었」이 사용된다. 일반적으로 「었」은 「~た」와 병행해서 파악할 수 있다. 「었었」은, 그 용법이 제한적으로, 서(1992)는 「었었」의 특징을 다음과 같이 열거하고 있다.

(1) 과거상태의 표현으로는 「었었」쪽이 보다 확실하고, 현재와의 강한 단절감을 표현한다. 그것은 「었」보다 「었었」쪽이 「과거성」이 강하기 때문이라고 볼 수 있다.

(2) 과거상태의 표현에도 「었」과 「었었」이 주로 사용되지만, 완결 등

의 표현에서는 「었었」쪽이 좀 더 먼저 일어난 일을 표현하여, 확실한 완결을 나타낸다. 「었었」은 사건의 표현에서도 단절감을 나타낸다.

(3) 불확정과거는 시간과 사건의 횟수가 확실하지 않은 과거사의 서술이지만, 종래의 "과거의 경험"이라는 것에 해당된다. 일반적으로 「었었」쪽이 보다 자연스럽게 사용되는 경향이 있다.

「었었」에 대해서는 生越(1993)[4]의 고찰도 있지만, 生越는 나타나는 사안의 시점과 현재와의 심리적인 면에서의 시간적 경과를 강조하고 싶을 때에 사용할 수 있는 것으로 생각된다고 하고 있다. 또, 伊藤(1990)[5]는 「었」에 「상대적으로 현재에 영향을 주지 않는 과거의 상태」의 용법과 「과거의 움직임이나 변화의 결과가 현재에 영향을 미치고 있는 것」의 용법인 두 가지의 용법이 있고, 「과거의 상태」를 나타내는 용법인 「었」은 「었었」으로 바꿀수 있다고 지적하고 있다.

이러한 견해들을 정리해 보면, 한국어에 있어서, 과거의 상태를 나타내는 요소는 「었」과 「었었」을 합쳐서 생각해야 할 것이다.

「る」와 「た」, 「~ている」와 「ㄴ다」와 「었」, 「~고 있」에 대해서는 송미령[6]의 상세한 고찰이 있다. 시간해석에 있어서 일본어와 한국어에서 주목해야 할 점은, 사상에 대해서 전체로서 완성적으로 파악하는 「する(る)」형과 「した(た)」형은, 사상의 동적인 과정 및 완료에 주목하는 한국어의 「한다(ㄴ다)」형과 「했다(었)」형과는 다른 점에 있다고 하고 있다.

또, 일본어에 있어서 「する」형과 「している」형은 문에서 두 개 중에서 어느 쪽인가가 선택되지 않으면 안된다는 의무적인 대립관계에 있다고 보고 있다. 비과거의 「する」형은 기본적으로 발화시 이후의 미래를 나타내고, 동적인 동사인 「する」형은 현재를 나타낼 수 없기 때문에 「している」형으로 현재를 나타내고 있다.

그리고 한국어에 있어서 「한다」형은 발화시 시점에서 운동의 상태나 움직임의 과정에 주목해서 사실적으로 현재를 받아들이고, 「했다」는 발화 이전의 사상의 성립과 완료에 주목해서 표현하는 시간형식이다. 따라서, 「한다」형은 미래와 현재의 사상을 나타낼 수 있으며, 「했다」형과 <비과거(미래·현재) -과거>의 시간적 대립을 이루고 있다.

「している」형과 「하고/ 해 있다」형은, 한국어의 「~하고/ 해 있다」의 「있다」의 존재적인 의미가 잔존해, 「している」와 「~하고/ 해 있다」형은, 문법화의 정도가 다르다고 보고 있다.

3. 고찰

이상, 한국어의 시제 및 상을 나타내는 요소와 일본어에 있어서 시제 및 상을 나타내는 요소에 대해 정리해 보았다. 그럼, 일본어와 한국어의 문말표현의 분포에 그 양상을 달리하는 일차 자료를 근거로 고찰해 보기로 하자.

자료로서는 일본어와 한국어의 신문의 문장[7]과 연구논문의 문장[8]의 문말표현을 이용한다. 일본어의 신문의 문장은 3종류의 일간지의 보도문·칼럼·사설의 문말표현을 3류 21종으로 분류한 것이고, 연구논문은 일본어학에 관한 논문11개를 6종류로 분류한 것이다. 한국어의 신문문장은 일간지 1개월분의 보도문·칼럼·사설에서 그 문말표현을 3류 16종으로 분류한 것이고, 연구논문 쪽은 한국에 있어서 일본어 문학연구자의 논문 8개를 6종류로 분류한 것을 다루기로 한다. 각각 자료에 관한 상세한 것에 대해서는 주 (8) (9) (10)을 참조.

우선, 신문문장에 나타난 시제에 관련된 문말표현 쪽부터 보기로 하자.

<표1> 보도문·칼럼·사설의 문말표현(일본어)

	문말형식	보도문		칼럼		사설	
		출현수	백분율	출현수	백분율	출현수	백분율
Ⅰ類(た)系	① 동사+た	2,668	27.0	567	16.1	980	9.9
	② 형용사+た	47	0.5	20	0.6	41	0.4
	③ 동사+보조동사+た	527	5.3	157	4.5	273	2.8
	④ ~보조형용사+た	4	0.0	7	0.2	10	0.1
	⑤ ~だった	151	1.5	118	3.4	86	0.9
	⑥ ~であった	3	0.0	3	0.1	36	0.4
	⑦ 조동사+た	373	3.8	67	1.9	179	1.8
	⑧ 형식명사+だった	6	0.1	4	0.1	21	0.2
	⑨ 형식명사+であった	0	0.0	0	0.0	5	0.1
	소 계	3,779	38.2	943	26.9	1,631	16.6
Ⅱ類(非た)系	⑩ 동사의 종지형 (이하동일)	1,121	11.4	738	21.0	1,351	13.7
	⑪ 형용사	171	1.7	138	3.9	492	5.0
	⑫ 동사+보조동사	1,709	17.3	408	11.6	1,274	12.9
	⑬ ~보조형용사	19	0.2	58	1.6	387	3.9
	⑭ ~だ	413	4.2	244	6.9	406	4.1
	⑮ ~である	80	0.8	106	3.0	955	9.7
	⑯ 조동사	770	7.8	399	11.3	2,247	22.8
	⑰ 형식명사+だ	45	0.5	45	1.3	236	2.4
	⑱ 형식명사+である	7	0.1	14	0.4	394	4.0
	소 계	4,335	44.0	2,150	61.0	7,742	78.5
Ⅲ類(특수)	⑲ 체언止め	1,606	16.3	251	7.1	96	1.0
	⑳ 조사止め	104	1.0	164	4.7	387	3.9
	㉑ 기타	48	0.5	9	0.3	0	0.0
	소 계	1,758	17.8	424	12.1	483	4.9
	총 계	9,872	100.0	3,517	100.0	9,856	100.0

<표2> 보도문·칼럼·사설의 문말표현(한국어)

	문 말 형 식	보도문		칼럼		사설	
		출현수	백분율	출현수	백분율	출현수	백분율
Ⅰ類	① 동사+었(았)다	783	58.4	110	20.4	132	9.1
	② 동사+보조동사+었(았)다	42	3.1	14	2.6	30	2.1
	③ 형용사+었(았)다	20	1.5	13	2.5	16	1.1
	④ 보조형용사+었(았)다	0		3	0.6	2	0.1
	⑤ 명사+지정사+었다	31	2.3	33	6.1	18	1.2
	⑥ 형식명사+지정사+었다(았다)	0		4	0.7	1	0.1
	⑦ 지정사+었(았)다	2	0.2	0	0	0	0
	소 계	878	65.5%	179	32.9%	199	13.7%

Ⅱ 類	⑧ 동사+ㄴ 다	79	5.9	89	16.3	374	25.7
	⑨ 동사+보조동사	148	11	40	7.3	152	10.4
	⑩ 형용사	20	1.5	46	8.5	141	9.7
	⑪ 보조형용사	11	0.8	24	4.4	148	10.2
	⑫ 명사+지정사	83	6.2	86	15.8	245	16.8
	⑬ 형식명사+지정사	31	2.3	34	6.3	149	10.2
	⑭ 지정사	17	1.3	2	0.4	7	0.5
	소 계	389	29.0%	321	59.0%	1,216	83.5%
Ⅲ 類	⑮ 명사 완료문	70	5.20	3	0.6	0	0
	⑯ 기타	3	0.3	41	7.5	41	2.8
	소 계	73	5.5%	44	8.1%	41	2.8%
	총 계	1,340	100.0%	544	100.0%	1,456	100.0%

<표1>은 일본의 신문문장의 문말표현을 정리한 것이고,[9] <표2>는 한국의 신문의 문말표현을 정리한 것이다.[10] 일본신문의 문말표현은 전체의 문장수가 23, 245문이지만, 한국의 신문의 대상이 된 문장은 3,340으로 비교의 문수로서는 적은 편이지만, 1개월의 보도문, 사설, 칼럼을 모은 것으로, 대체로 그 경향은 파악할 수 있으리라 생각되기 때문에 비교해 보기로 한다.

우선, 두 개의 표를 비교해 보면, <표1>의 「た」계의 1류와 <표2>의 1류의 분포에 커다란 차이가 보인다.

<표1>의 일본어의 경우에는 1류의 분포를 보도문·칼럼·사설순으로 보면, 38.2%, 26.9%, 16.6%를 보이고 있다. 이에 비해, 한국어의 경우, 각각 65.5%, 32.9%, 13.7%의 분포를 보이고 있는 것이다.

여기에서 보도문에 있어서 1류의 전체적인 분포에서 일본어의 경우는, 「동사+た」(27.0%), 「동사+보조동사+た」(5.3%), 「조동사+た」(3.8%), 「~だった」(1.5%)의 순으로 되어 있다.

<표2>를 보면, 「동사+었다」(58.4%), 「동사+보조동사+었다」(31.1%), 「명사+었다」(2.3%), 「형용사+었다」(1.5%)의 순으로 되어 있다.

그리고, 「었었」은 극소수 나타났기 때문에 「었」에 포함되어 있다. 그

러나, 「었었」은 「었」과는 다른 부분이 있기 때문에, 「었었」의 의미에도 주의해야하나, 「었었」의 의미 안에서 「었」으로 커버할 수 있는 부분이 있기 때문인지, 문장체에 「었었」은 극히 소수 밖에 출현하고 있지 않다.

<표3> 연구논문의 문말표현 (일본어)[11]

논문 번호	た계열		동사る형		동사+ている (보조동사)		형용사 (보조형용사)		である		기타		합계
	개수	비율	개수	비율	개수	비율	개수	비율	개수	비율	개수	비율	
1	2	1.8	36	31.9	16	14.1	0	0	24(14)	21.2	35	31.0	113
2	2	2.0	29	28.4	10	9.8	3	2.9	22(11)	21.6	36	35.3	102
3	4	4.4	24	26.4	11	12.1	1	1.1	26(20)	28.6	25	27.4	91
4	12	8.3	35	24.1	27	18.6	6	4.1	30(8)	20.7	35	24.1	145
5	1	1.1	28	31.8	3	3.4	3	3.4	28(15)	31.8	25	28.4	88
6	11	11.5	26	27.1	7	7.3	5	5.2	25(9)	26.0	22	22.9	96
7	1	0.7	45	31.9	30	21.3	4	2.8	13(3)	9.2	48	34.0	141
8	7	7.8	12	13.3	4	4.4	1	1.1	15(2)	16.7	51	56.7	90
9	4	2.9	39	28.3	16	11.6	10	7.2	18(3)	13.0	51	37.0	138
10	2	2.2	29	31.5	5	6.5	2	2.2	23(15)	25.0	31	33.7	92
11	11	11.3	27	27.8	8	8.2	11	11.3	25(18)	25.8	15	15.5	97

<표4> 연구논문의 문말표현(한국어)[12]

논문 번호	과거형	동사 (ㄴ다)형	기타	동사+ 보조동사	기타	형용사 (현재형)	보조 형용사	명사 +이다	것이다	기타	합계
1	3(3.3%)	30	18	4	0	16	12	7	0	0	90
2	53(39.8%)	29	2	15	0	16	6	4	8	0	133
3	8(3.4%)	52	15	7	0	25	30	32	58	2	229
4	2(1.9%)	39	2	17	0	5	24	11	2	2	104
5	29(32.5%)	24	1	10	0	5	9	3	8	0	89
6	1(2.0%)	26	1	3	0	3	6	3	4	0	48
7	5(3.7%)	37	4	22	4	10	34	5	12	0	133
8	24(22.6%)	22	0	20	0	9	7	15	8	1	106

<표3>과 <표4>를 보면, 전체적으로 「た」계열의 분포가 평균적이지

않음을 알 수 있다. <표3>의 일본어의 경우, 「た」로 끝났던 문말의 출현율은 논문번호7의 0.7%부터 논문번호 11의 11.5%까지 일정하지 않다.

<표4>에서 문말에 「었」이 포함된 문말의 출현율을 보면, 논문번호 4의 1.9%에서 논문번호 5의 32.5%, 논문번호 2는 39.8%까지 이고, 일본어의 논문의 문말표현에 나타난 「た」계열의 분포보다 한국어의 논문에 나타난 「었」의 분포에 편중된 현상이 보인다.

이와 같이 신문의 문장에 있어서, 보도문에는 「었」을 포함한 술어표현이 치우쳐서 나타나고, 연구논문의 문장에는 일률적이진 않지만, 「었」의 분포에 치우친 현상이 보여진다. 그럼, 우선 「동사+た/る」와 「동사+었다/ㄴ다」를 중심으로 먼저 고찰하고, 다음에 개별적 어휘 레벨로 고찰을 진행해 보자.

1) 「동사+た/る」와 「동사+었다/ㄴ다」

<표1>과 <표2>에서 가장 눈에 띄는 것은 「동사+た」와 「동사+었다」의 분포의 차이이다.

한국어의 경우는 「동사+었다」가 58.4%로 전체의 절반이상을 차지하고 있다. 그것에 비해 일본어의 경우는 「동사+た」는 27.0%이다. 보도문이라는 같은 레벨의 문말표현에 2배 가까운 차이가 보이는 것은, 어떤 이유에서일까. 일본어의 「た」와 한국어의 「었」이 갖고 있는 요소가 차이가 있음을 나타내는 것일 것이다.

서정수(1990)는, 논문 「한·일 두 나라말의 시제와 상」에서 다음과 같이 정리하고 있지만, 이것은 지금까지 다른 학자의 주장과 그다지 차이가 없다. 서(1990) 141페이지에 「었」과 「た」의 가장 기본적인 의미 기능은 「과거」라고 하고 있다. 그리고 「었」과 「た」의 기본기능은 시제/상을 보면, 마찬가지로 과거/완결이고, 2차적 기능 「었」은, 과거/완결, (현재),

(미래)/반복이고, 「た」는 과거/완결, (현재), (미래)/반복이며, 진행의 상은 한국어의 「었」에만 가능하다고 서술하고 있다.

그러나, 生越(1997)는, 결과상태를 나타내는 때의 「た」와 「었」에 관한 고찰이지만, 「た」와 「었」의 의미의 차이를 지적하고 있다. 즉, 한국어의 「었」이 「た」보다 영역이 넓다고 하는 점이다. 일본어의 「た」보다 한국어의 「었」쪽이 규제가 적다. 일본어에서 「~ている」로 표현되는 영역까지 한국어는 「었」으로 커버하고 있다고 지적하고 있다.

여기에서 생각할 수 있는 것은, 「었」과 「た」가 갖고 있는 기본적인 의미의 차이, 즉 生越(1997)와 송미령(2000)이 지적하고 있는 한국어와 일본어에 있어서 「과거」에 관한 기본적 인식, 시간해석의 차이, 문체에 대한 일본어와 한국어에 있어서 차이, 그리고 「었」과 「た」의 앞에 오는 개별 용언(동사)의 차이 등이다.

실제로, 한국어의 신문문장의 보도문을 읽어보면 그 단조로움에 놀라게 되지만, 단조로움의 가장 큰 원인은 「동사+었다」에 있는 것 같다. 이것은 신문의 문장을 주의해서 읽는 사람은 누구라도 알 수 있을 것이다. 장재성(1995)[13]은, 신문문장의 문말표현의 단조로움을 지적하고, 문말에 변화를 주면 한층 좋은 문장이 된다고 서술하면서 첨삭의 실례를 들고 있다.

그럼, 실제의 자료를 바탕으로 한국어와 일본어의 신문문장의 「동사+었다」와 「동사+た」의 상세한 양상을 검토해보자.

우선, <표1>을 보면,

첫째로, 「동사+た」와 「동사」의 종지형을 비교하면, 보도문만이 「동사+た」의 비율이 높고, 칼럼과 사설은 「동사의 종지형」쪽이 비율이 높은 것을 알 수 있다. <표2>에서는 보도문과 칼럼은 「동사+었다」쪽이 비율이 높고, 사설 쪽만이 「동사+ㄴ다」쪽이 2배 가까운 것을 알 수 있다.

둘째, 한국어의 「동사+었다」의 비율이 매우 높다고 하는 것이다. 한국어의 보도문의 「동사+었다」는 왜 이와 같이 치우친 현상을 보이고 있는 것일까.

<표5> 세 개의 장르에 있어서 동사의 분포 (일본어)

문말형식	보 출현수	칼 출현수	사 출현수	문말형식	보 출현수	칼 출현수	사 출현수
なった	351(13.2)	53(9.3)	130(13.3)	なる	167(15.0)	44(6.0)	102(7。6)
した	919(34.4)	102(18.0)	344(35.1)	する	183(16.5)	70(9.5)	151(11。2)
あった	43(1.6)	74(13.1)	62(6.3)	ある	159(14.2)	185(25.1)	404(29。9)
いった	3(0.1)	15(2.6)	3(0.3)	いう	216(19.3)	146(19.9)	115(8。5)
기타동사+た	1,044(39.1)	274(48.3)	338(34.5)	기타동사+た	315(27.8)	239(32.2)	495(36。6)
합성동사+た	308(11.6)	49(8.7)	103(10.5)	합성동사+た	81(7.2)	54(7.3)	84(6。2)
소 계	2,668(100.0)	567(100.0)	980(100.0)	소 계	1,121(100.0)	738(100.0)	1,351(100.0)

셋째, <표5>를 보면 알 수 있듯이 일본어의 경우는 신문문장에서 사용되고 있는 동사의 분포가 몇 개의 단어에 제한되어 나타난다고 하는 것이다. 「た」계에서는 「～なった」 「～した」 「あった」가 치우쳐 나타나며, 그 중에서도 「～した」가 「동사+た」전체의 보도문 34.4%, 사설 35.1%, 칼럼이 비교적 낮은 18.0%이지만, 칼럼 가운데에서도 「～した」가 가장 높은 비율인 것은 보도문과 사설의 경우와 동일하다.

「동사의 종지형」에 있어서는 「なる」 「する」 「ある」 「いう」가 많이 출현한다. 보도문에서는 이 네 개의 동사가 평균적으로 나타나는데, 모두 합쳐서, 65%를 차지하고, 칼럼과 사설에는 「ある」가 25.1%, 29.9%로 비율이 높다. 일본어의 「동사의 종지형」 가운데에서 「ある」가 보도문 전체의 1/7, 칼럼 전체의 1/4, 사설전체의 3/10을 차지하고 있지만, 「ある」는 한국어로 번역하면 「있다」가 되고, 한국어에서는 「있다」는 동사에 들어가지 않고, 형용사 또는 존재사에 속하므로 비교할 때, 「ある」부분

은 제외하는 것이 타당할 것이다. 한국어의 「있다」가 포함되어 있는 「형용사」의 비율이 일본어의 「형용사」의 비율보다 높은 것은 이 「있다」와 관계가 깊다.

이와 같이 신문문장에 몇 개의 동사가 집중적으로 나타나지만, 동일한 현상이 연구논문에도 나타난다.[14] 빈번하게 출현하는 동사는 「する」「なる」「ある」「言う」 등이다. 이것은 보도문 등의 정형화된 문장인 것도 영향이 있겠지만, 그와 동시에 「する」 등의 동사가 사용빈도가 높은 동사라는 점도 관련이 있을 것이라 생각된다.

<표6> 세 개의 장르에 있어서의 동사의 분포 (한국어)

문말형식	보	칼	사	문말형식	보	칼	사
	출현수	출현수	출현수		출현수	출현수	출현수
~했다	67(8.5)	7(6.4)	14(10.6)	~한다	7(8.9)	28(31.5)	209(56.9)
명사+했다	337(43.1)	36(32.7)	38(28.8)	명사+한다	13((16.5)	18(20.2)	32(8.7)
~됐다	60(7.7)	13(11.8.)	24(18.2)	~된다	29(36.7)	10(11.2)	48(13.1)
~졌다	55(7.0)	9(8.2)	11(8.3)	~진다	2(2.5)	5(5.6)	5(1.4)
기타동사+었다	264(33.7)	45(40.9)	45(34.1)	기타동사+ㄴ다	28(35.4)	28(31.5)	73(19.9)
소 계	783(100.0)	110(100.0)	132(100.0)	소 계	79(100.0)	89(100.0)	367(100.0)

넷째, <표6>을 보면 신문문장의 동사의 어휘가 몇 개의 동사로 편중되어 있다. 이점은 한국어의 신문문장에서도 동일한 경향이라고 말할 수 있다. 한국어의 경우는 「동사+었다」로는 「~했다, 명사+했다」「~됐다」「~졌다」가 보도문, 칼럼, 사설에 「동사+었다」의 50%이상을 차지하고, 그 중에서도 「했다」를 수반한 동사는 보도문에는 51.6%, 칼럼에는 39.1%, 사설에는 39.4% 출현했다. 보도문의 동사의 절반이상은 「~했다」로 끝나는 문말표현이라는 것이다. 일본어의 경우 「~した」가 편중되어 나타난다고 해도 34, 35%였던 것에 비해, 한국어의 보도문의 「~했다」의 51.6%는 그 출현율이 높다고 할 수 있다.

「동사의 ㄴ다」의 형식은 어떨까. 「동사의 ㄴ다」를 보면, 한국어도 마찬 가지로 「~한다」「~된다」「~진다」의 동사가 등장하는 빈도가 높다. 특 히 사설에는 「~한다」가 두드러진다.

보도문에는, 이 형식은 79예로 「동사+었다」에 비해, 그 출현율이 1/10 에 지나지 않는다. 그리고, 「~한다」가 20예로 「2자+한다」, 「1자+한다」 「~고 한다」「~야 한다」 등 이다. 「2자」로는 「공존, 충당, 요구, 연발, 선발, 정리, 진출」 등으로, 「1자」로는 「뜻, 말, 향, 달, 못」이다. 「한다」의 앞에 오는 것은 1자, 2자한자어, 순수한 한국어, 인용의 「という」의미인 「고 한다」, 의무 또는 당연의 「~べきだ、~なければならない」의 의미 를 가진 「야 한다」, 불가능의 의미인 「못한다」 등이다. 野間秀樹[15]의 분 류에도 이와 같은 형식은 보다 주관성이 강한 표현에 속한다. 「한다」에 는 앞에 「~면 ~려고 ~어야」 등의 표현과 더불어 「する」의 의미 이외 에 조동사적 의미가 포함되어 있다고 생각된다. 그러나, 일본어의 한국 어로의 대역의 경우는, 일본어에 있어서 「する」형이, 한국어로 번역되는 경우 「~할 것이다」, 「~하겠다」로 번역되는 경우가 있어, 일본어의 「す る」형이 한국어의 「한다」보다 모델리티적이라고 하고 있다.[16] 이것은 일 본어에 있어서 「동사」자체의 의미와 뒤에 연결되어 오는 종조사와 어조 와도 밀접한 관련이 있을 것이다.

이것은 「~했다」와는 평행적으로 받아들여지지 않는 의미이다. 이러한 것들에 관해서는 「~한다/했다」의 항목에서 상세하게 서술하기로 한다.

다음에 개별동사를 고찰의 대상으로 하여, 한국어의 동사를 기준으로 살펴보기로 한다.

2) 「된다」/「됐다」와 「なる」/「なった」

한국어의 동사로는 「된다」가 많이 보인다. 「된다」의 구체적 예를 보자.

「된다」에는 「명사+된다」와 「~이/가 된다」, 「~게 된다」의 부류가 있다. 그 예를 보면 「추진된다, 예상된다, 전망된다, 주목된다, 제한된다, 우려된다」 등과 같이 한자 2자에 「된다」가 붙은 경우와 순수한 한국어인 「풀이」 등으로 「된다」가 붙는 경우와, 「받게 된다, 사라지게 된다, 지원하게 된다, 늘어나게 된다, 요구하게 된다, 일을 하게 된다, 벗어나게 된다」 등이 있다.

「된다」는 예를 들어 「12月になると完全に冬になる。」(12월이면 완전히 겨울이 된다)와 같이 사용될 때는 「に/となる」로 번역되며, 「명사+된다」는 일본어로 번역하면 「~される」가 된다. 일본어의 「수동」으로 번역되는 경우가 많다. 또, 한국어의 불완전 명사의 대표격인 「것」에 「된다」가 붙은 형인 「것이 된다」가 거의 출현하고 있지 않다는 점을 지적해 두고 싶다.[17] 일본어에 있어서는 「~ものになる、~ことになる」와 「~なるのである、~なるものである、~なることである」가 함께 출현하고 있는 것과는 구별된다.

그리고 「~게 된다」는 일본어에서는 「~ようになる」의 의미가 된다.

「된다」에 「었」이 붙은 「됐다」가 되면, 그 용법은 대체로 병행적이다.

「됐다」의 예를 보면, 「점칠 수 있게 됐다, 차지하게 됐다, 실시하게 됐다」와 「발달됐다, 유포됐었다, 검거됐다, 실시됐다, 발견됐다, 제도화됐다, 랭크됐다」와 「포로가 됐다, 모범이 됐다, 황제가 됐다」 등의 부류가 있지만, 「~ようになった」와 「~にされた」, 「~になった」로 해석할 수 있을 것이다.

일본어의 신문문장에 있어서 동사 「なる」의 표현방식을 보면[18], 「명사に+なる(なった)」 「형식명사+になる/なった」 「형용동사어간+になる/なった」 「ように(そうに)なるなった」 「~なくなる/なった(でなくなる/なっ

た)」「명사+となる/なった」「형식명사+となる/なった」「형용동사(어간)+となる/なった」「형용사(어간)+なる/なった」로 분류할 수 있다. 일본어의 경우 「형식명사+になった」와 「형식명사+になる」에는 「~ことになった」,「~ものになった」,「~ことになる」,「~ものになる」의 표현이 있다. 일본어의 「형식명사」, 예를 들어 「もの、こと、の、はず、ところ、わけ」를 수반하는 문말표현이 다수 사용되고 있는 것이 일본어의 표현상의 특징이라고 말할 수 있지만, 보도문에 「ことになる」와 「ことになった」의 문말형식이 76예, 54예씩 나타났다.

　한국어와 대역을 행해보면, 명사에 이어지는 경우, 일본어는 조사 「に」와 「と」로 구별되지만, 한국어에서는 「되다」의 앞에 오는 명사의 음운규칙 상 「가」와 「이」가 된다. 「~게 되다」는, 일본어의 경우 「형식명사」「ようだ」「そうだ」를 포함한 표현, 「형용동사」「형용사」를 포함한 표현은 한국어에서는 「~되다」로 번역되는 경우도 있지만, 「~지다」로 번역되는 것이 보다 자연스럽다. 그래서, 일본어의 동사 「なる」의 표현방식은 한국어에 있어서는 「되다」와 「지다」를 함께 대조해야 한다고 생각된다. 문장에 나타난 형식을 중심으로 생각해보면, 한국어의 수동을 나타내는 형식으로서는 「~되다, ~어지다」가 많이 사용되고 있는 것처럼 보인다.

3) 「~진다」/「~졌다」와 「なる」/「なった」

　<표5>를 보면 일본어의 「なる/なった」는 보도문과 사설에 그 출현수가 많다. 보도문에는 「なる/なった」가 평균적으로 높다. 사설에는 「なった」가 「なる」의 배 가까운 빈도수를 보이고 있다.

　<표6>에서 「~됐다」와 「~졌다」의 분포를 보면 보도문·칼럼·사설 평균적으로 「~됐다」가 「~졌다」보다 많이 출현하고 있다. 그에 비해,

「~된다」와 「~진다」는 그 양상이 다르다. 「~된다」는 세 개의 장르에
평균적으로 보인다고 말할 수 있지만, 「~진다」도 그러한 경향에는 변함
이 없다. 구체적인 예를 보자.

「ㄴ다」는, 두드러진다, 어려워진다(어렵다＋어지다), 맑아진다(맑다＋어
지다), 느껴진다(느끼다＋어지다), 이루워진다(이루다＋어지다), 전해진다(전
하다＋어지다)의 예가 보이지만, ( )의 안에 기술한 것처럼 용언 중에서
동사와 형용사에 「어지다」가 붙은 형태로 볼 수 있다. 「두드러지다」도
역시 같은 본래의 용언에 「어지다」가 붙은 형태에서 온 것이라고 생각
할 수 있다.

일본어 역을 해보면, 目立つ, 難しくなる, きれいになる, 感じられる,
なる, 伝えられる가 되고, 자동사, 「되다」의 의미, 「수동」의 의미에 걸쳐
있다. 「었」을 포함한 예를 보면, 번졌다(번지다＋었), 얇아졌다(얇다＋어지
다), 높아졌다(높다＋어지다), 이뤄졌다(이루다＋어지다), 모아졌다(모르다＋
어지다), 이어졌다(잇다＋어지다), 옮겨졌다(옮기다＋어지다), 느껴졌다(느끼
다＋어지다), 좁혀졌다(좁히다＋어지다), 밝혀졌다(밝히다＋어지다), 알려졌
다(알리다＋어지다), 전해졌다(전하다＋어지다) 등이고, 동사, 형용사에 「어
지다」가 붙은 것이 대부분이다. 「형용사」에 「어지다」가 붙은 경우는 일
본어의 「なる」로, 동사에 「어지다」가 붙은 경우는 「수동」으로 해석되지
만, 결국, 양쪽 모두 자연히 그렇게 된다라는 의미에서는 같게 받아들여
지는 것 때문일 것이다.

일본어의 보도문에는 다른 장르에 비해, 「なる・なった」와 「수동」을
나타내는 「られた・られる」가 많이 나타나는 것에 반해, 한국어의 보도
문은 특히 두드러진 특징은 보이지 않는다.

4) 「한다」/「했다」와 「する」/「した」

한국어에 있어서「~했다」는 보도문과 칼럼의 문말에 나오는 표현을 중심으로「한다」는 사설에 나오는 표현을 중심으로 보도록 하자.

「했다」의 형태로서는,「을 했다」「~게 했다」「~로 했다」「~록 했다」「~듯 했다」「~야 했다」「~도 했다」가 있지만, 일본어 역을 해 보면,「~をした」「~にした」「~べきであった」「~ようであった」가 되고, 그 의미는 다양하다. 이것은「하다」가 동사, 보조동사, 보조형용사로 그 의미가 나뉘어져 있기 때문일 것이다. 그 가운데에서「명사」에「했다」가 붙은 예가 많고,「1자+했다」「2자+했다」의 예를 보면,「2자」는 한자어가,「1자」는 순수한 한국어 쪽이 많다. 특히「말했다」가 많았다. 보도문과 칼럼에 출현하는「했다」의 종류와 분포는 비슷한 경향을 보인다.「한다」에는 우선,「~고 한다」,「~야 한다」, 그리고「뜻한다, 말한다, 달한다, 향한다」등의「1자」에「한다」가 붙은 형과「선발한다, 정리한다, 연발한다, 충당한다, 진출한다」와「당부한다, 촉구한다, 경고한다, 기대한다, 제의한다, 권고한다, 지적한다, 생각한다, 동의한다」와 같이「2자」에「한다」가 붙은 형태가 있다.「한다」를 보면,「~고 한다」는「という」,「~야 한다」는「べきである、なければならない」로 번역된다.「2자+한다」에는 두 개의 부류로 나뉘어져,「~する」로 번역되는 것과「する+조동사」를 붙여서 번역해야하는 것이다. 이것과 같은 종류의 동사로서는「바란다」도 있다. 이 부분도 일본어와 한국어술어를 대조할 때 주의해야하는 점이다.

4. 맺음말

일본어의 문말표현과 한국어의 문말표현의 요소인「た」,「~ている」와「었다」「~고있」「~어있」「ㄴ다」를 둘러싼 tense와 aspect의 문제가 있다. 「た」와 「ている」, 「る」의 체계는 한국어의 「었다」와 「고 있다」, 「ㄴ다」의 체계와 평행으로 받아들여지는 부분이나 각각의 독자적인 부분이 있다는 것이 선행연구에서 계속 밝혀지고 있다. 시간에 대한 해석 면에서 각각의 언어가 체계를 가지고 있다는 것일 것이다. 그러나, 한국어와 일본어는 유사한 점이 많은 것도 사실이다. 문장에 따라, 어휘선택과 문말표현의 양상 등이 상당히 비슷하다는 사실도 지적해 두지 않으면 안되는 점일 것이다.

이번 고찰의 결과, 한국어의 「었다」의 의미영역이 「た」의 의미영역보다 넓다라는 生越(1997)의 지적이 타당성이 있다는 것이, 자료의 분석결과, 확인되었다. 한국어에 있어서 「었」의 사용은, 일본어의 「た」와 다르기 때문일 것이다.

그것은, 한국어에 있어서 「과거」의 「었」을 사용한 범위가 「た」와 비교해서 넓다는 점, 또 한국어의 「었」의 어원이 「~어 있」에서 온 것과 관련이 있고,[19] 지금까지도 한국어의 「었」에는 이 「어 있」의 용법이 남아있는 것 등이 관련되어 있다고 생각된다. 이것은 生越(1997)이 「었」의 의미가 「た」와 「~ている」에 걸려있다고 지적한 것과 더불어 생각할 수 있을 것이다. 이 점은, 번역문에 있어서 「~ていた」가 「하고 있었다」보다 「했다」의 형태로 번역되는 경우가 많다[20]라는 지적과도 관계가 있을 것이다. 이것은 번역문의 경우뿐만이 아니라, 실제의 한국과 일본의 신문문장에 있어서 문말표현의 분포 <표1·2>를 보아도 「동사+た」와 「동사+ている」의 출현의 양상과, 「동사 + 었다」와 「동사+보조동사 + 었다」의 양상을 보아도 확인할 수 있다. 한국어에 「동사 + 보조동사 + 었다」가 적은 것은 이것을 결과상태의 존속으로 보기보다, 완료로 보기 때문일 것이다.

연구논문에 있어서도 「살펴보았다」「기술되어 왔다」「~고 하였다」

「~지 않았다」와 같은 예가 많이 출현하고 있다. 이것을 분류하면, 「~어 보았다」, 「~어 왔다」와 인용의 「~고 하였다」와 부정의 「~지 않았다」의 종류가 있다. 이러한 표현은 사실 일본어의 보조동사 용법과 같은 경우로 보기는 어렵다. 「~어 보았다」 「~어 왔다」의 경우는 보조동사인 「보았다」「왔다」의 의미가 강하게 인식되고, 인용 「~고 하였다」와 부정의 「~지 않았다」는 일본어와는 적용시키는 형식이 다르기 때문이다. 비 「었」형태에서, 많이 나타나는 「~고 있다」가 「~었」형태인 「~고 있었다」로 거의 나타나지 않는 것은, 「있었다」의 의미 쪽이 강하게 남아있기 때문이고, 일본어에 있어서 「~ていた」의 「いた」와는 다소 그 성격이 다르기 때문일 것이다.

그것은 한국어의 경우, 보도문만이 아닌 칼럼에 있어서도 「동사+었다」의 비율이 「동사의 ㄴ다」의 형식보다 빈도가 높은 점에서도 일본어의 「た」보다 「었」쪽이 보다 제한적이지 않다는 것을 알 수 있는 것이 아닐까.

「동사+た」와 「동사+었다」의 분석에서 같은 경향으로서 볼 수 있는 것은, 몇 개의 동사가 집중적으로 나타난다는 점과, 장르에 따른 문말표현의 분포가 다르다는 점이고, 다른 경향은 한국어의 「었다」가 보도문에서는 절반 이상을 차지할 정도로 빈도수가 높은 것, 칼럼에 있어서도 「동사+었다」가 높은 빈도수를 보이고 있는 것, 「する」「なる」「ある」등의 동사와 「하다」「되다」「있다」가 갖는 의미가 중복되는 부분과 중복되지 않는 부분이 있는 것, 하나의 동사의 의미가 2개, 3개에 걸쳐있는 것 등이다.

일본어의 동사의 「る」형태와 「동사+ㄴ다」는 모두 비과거를 나타내고 있다는 공통점을 갖는다. 그리고, 한국어의 경우는 「현재」의 모습을 나타낸다는 특징이 있다. 일본어의 동사 「る」형에서는, 말하는 사람의 현재의 일을 나타내지 않고, 말하는 사람의 의지 등을 포함하고 있으며, 일본어에는 동사의 「る」형과 더불어 조동사를 수반하는 표현이 빈번하게 사용되고 있다.

송(2000)에서는 일본어의 동사의 「る」형이 「ㄴ다」형보다 모델리티적이라고 번역문을 자료로 해서 언급하고 있지만, 과연 모든 동사에서 일괄적으로 그렇다고 말할 수 있는 것인지 의문점이 남는다. 반대의 경우도 있는 것은 아닐까. 예를 들어 강한 주장을 나타낼 때의 「바란다, 촉구한다, 기대한다」 등의 경우, 일본어로 번역할 때 「望む、促す、期待する」라고 하기 보다 「望みたい、促すものである、期待するのである」 등과 같이 표현하는 것이 자연스러울 것이다.

또한 일본어에 빈번히 나타나는 「(ら)れる」를 포함하고 있는 수동과 같은 의미를 한국어에 있어서는 동사의 어간에 있는 형태소를 붙인 경우와, 다른 어간을 사용해서 나타내지만, 이 수동의 의미는 한국어에 있어서는 특히 「되다, 지다」의 형에서 빈번하게 나타난다는 사실도 이 고찰을 통해 확인했다. 일본어의 「られる」・「させる」와 같은 voice를 나타내는 조동사가 한국어에서 일본어보다는 생산적이지 않은 개별동사의 형태로 표현되고 있는 것이다.

일본어의 문장에 비해 한국어의 문장이 딱딱하게 느껴지고, 변화가 없이 단조롭게 보이는 원인은 여러 가지가 있겠지만, 한국어의 경우는 어떤 특정 형태의 동사가 지나치게 치우쳐서 사용된다는 점도 그 원인의 하나일 것이다. 한국어와 일본어를 대조연구할 경우, 어휘레벨의 연구가 선행되어야 할 것이다.

▌주

1) 金田一春彦「国語動詞の一分類」『言語研究』15, 1950.
『日本語動詞のアスペクト』むぎ書房, 1976.

2) 서정수「국어 시제/상 형태의 의미 분석」,「한・일 두 나라말의 시제와 상」『국어 문법의 연구』, 한국문화사, 1990.

3) 生越直樹「朝鮮語と日本語の過去形の使い方 ― 結果状態形との関連を中心にして ―」『日本語と朝鮮語』国立国語研究所, 1997.

4) 生越直樹「朝鮮語における過去の出來事を表す表現」『日本語とアジア諸言語との対照的研究 ― テンスとアスペクト ―』, 1993.

5) 伊藤英人「現代朝鮮語動詞の過去テンス形式の用法について(1) ― 했다 形について ―」『朝鮮学報』137, 朝鮮学会, 1990.

6) 송미령「日韓両言語における時間表現の対照研究 ― 表現者の時間解釈の観点を中心に ―」한국외국어대학교 대학원 박사학위논문, 2000.

7) 卓星淑, 1988.

8) 卓星淑「文末表現に関する一考察 ― 研究論文に現れた文末表現を中心に ―」『曔園大学校論文集』16輯, 1997.

9) 卓星淑「文末表現の一考察 ― 新聞文章を対象として ―」, 1998, 65面.

10) 卓星淑「新聞文章の文末表現に関する一考察」『人文論叢』제6호, 曔園大学校人文科学研究所, 1997, 269~270面.

11) 卓星淑「文末表現に関する一考察 ― 研究論文に現れた文末表現を中心に ―」, 1997, 76면 <표1>참조.

12) 卓星淑「新聞文章の文末表現に関する一考察」『人文論叢』제6호, 曔園大学校人文科学研究所, 1997, 84면 <표7>참조.

13) 장재성『문장표현사전』, 문장연구사, 1996, 375~383면「기사문」참조.

14) 卓星淑(1997) 「文末表現の一考察 ― 研究論文に現れた文末表現を中心に ―」78면 참조.

15) 野間秀樹(1997)「朝鮮語の文の構造について」122~123면 <표>주로 분석적인 형태, 총합적인 형태의 承接順에 의한 계층분류 참조.『日本語と朝鮮語』하권 国立国語研究所

16) 송미령(2000)「日韓両言語における時間表現の対照研究 ― 表現者の時間解釈の観点を中心に ―」한국외국어대학교 대학원 박사학위논문, 25~40면.

17)「~것이 된다」의 예는, 본 논문의 2장과 5장에서 각각 신문문장과 연구논문의 문말표현 분포를 보면 거의 출현하지 않는다. 연구논문 20편에는 1예도 출

현하지 않는다. 이것은 「것」이라고 하는 형식이 「것이다」의 형태로 빈번하게 나타나는 것과 관계가 깊다고 생각된다. 「~된 것이다」의 예는 나타나고 있다.

18) 卓星淑「文末表現の一考察」, 1988, 68~70면 <표5> 세가지 장르에 있어서의 동사「なる」의 분포 참조.

19) 박영준「형태소 '-었-'의 통사적 변천」『한국어학』 8호, 한국어학회, 1998.

20) 송미령「日韓両言語における時間表現の対照研究 ― 表現者の時間解釈の観点を中心に―」한국외국어대학교 대학원 박사학위논문, 109면. 이 논문에서 송미령은「하고/해 있었다」에「있었다」의 의미가 아직 강하게 남아있기 때문에「하고/해 있었다」보다「했다」로 표현되고, 이것을 결과상태의 존속보다 완료적 상태로 취급하는 점이 일본어와 한국어의 시간해석의 차이라고 하고 있다.

■ 참고문헌

韓国語の參考文献

高永根「국어 進行相 형태의 処所論的 해석」『국어의 통사·의미론』탑출판사, 1983

金昇坤「用語의 '大過去'時制에 대한 한 考察」『国語国文学』55~57호, 国語国文学会, 太学社, 1972

김차균「국어시제 형태소의 의미」『한글』제169호, 한글학회, 1980

김차균『우리말 시제와 상 연구』, 太学社, 1993

南基心「現代国語 時制에 関한 問題」『国語国文学』55~57호, 国語国文学会, 太学社, 1972

남기심「'-았었-'의 쓰임에 대하여」『한글』제162호, 눈뫼 허웅 박사 환갑기념 특집호, 한글학회, 1978.

박영준「형태소-었-의 통사적 변천」『한국어학』8호, 한국어학회, 1998

서정수「국어시상 형태의 의미 분석 연구」『문법연구 3』, 문법연구회, 1976

서정수「한, 일 두 나라말의 시상」『한글』177호, 한글학회, 1982

서정수『국어 문법의 연구』I, 한국문화사, 1990

서정수『국어문법』(수정증보판), 한양대학교 출판부, 1996

宋美令「일본어와 한국어의『過去事象』에 관한 시간표현의 대조」『日語日文学研究』第34輯, 韓国日語日文学会, 1999

송미령「日韓両言語における時間表現の対照研究-表現者の時間解釈の観点を中心に-」, 한국외국어대학교 박사학위논문, 2000

손세모돌「연결어미 "~고자"와 "~려고"에 대하여」『한말연구』3호, 1997

油谷幸利「現代韓国語의 動詞分類-aspect를 中心으로-」『朝鮮学報』第87輯, 朝鮮学会, 1978

이관규「보조동사의 생성과 논항구조」『한국어학』3호, 한국어학회, 1986

이남순「現代国語의 時制와 相에 대한 研究」『国語研究』46, 国語研究学会, 1981

李南淳「相」『国語研究 어디까지 왔나 -主題別国語研究史-』, 서울大学校大学

院 国語研究学会編, 1987

이남순「『었었』攷」『檀国学報』第78号, 檀国学会, 1994

이남순「時制·相·敍法」月印, 1998

이종철「現代国語의 時制와 相의 研究」『国語研究』12, 国語研究学会, 1964

임호빈·홍경표·장숙인 공저『外国人のための韓国語文法』, 연세대학교출판부, 1989

장재성『문장표현사전』, 문장연구사, 1995

卓星淑, 女性の話しことば ーテレビのインタビュー番組からー「敬語表現の使われ方」研究論文『ことば』10号, 現代日本語研究会, 1989

「「れる・られる」の「非情の受身」の用法について」研究論文 お茶の水大学大学院人間文化研究科『人間文化研究年報』第13号, 1990

「日本語における判断表現ー「形式名詞+だ」の形式を中心にー」研究論文 ことば』15号, 1993

「문말표현에 관한 고찰-연구논문을 중심으로-」,경원대학교 논문집(1997a)

「文末表現に 관한 一考察」『경원대학교논문집』第16輯(1997b)「신문문장의 문말표현에 관한 일고찰」(한국어신문문장)『인문논총』제6호(1997c)

「新聞文章の文末表現の考察ー日本語と韓国語の対照研究ー」『아시아文化研究』第2輯 韓国暻園大学校亜細亜文化研究所·中国中央民族大学韓国文化研究所編, 1997

「文末表現の一考察ー韓国語の「動詞+었다」と日本語の「動詞+た」をめぐって」『인문논총』제7호, 1998

「文末表現の一考察-新聞文章を対象として」『ことば』9号 現代日本語研究会, 1998

「研究論文における文末表現の一考察」『ことば』20号, 1999

「文末表現の一考察 ー日本語の研究論文を対象としてー『일본의 언어와 문학』」제6집, 단국일본학회, 2000

「文末表現の一考察ー韓国語の研究論文を対象としてー」第10回 단국일논연구학회 발표문, 2000

「文末表現の考察ー随筆に現れた文末形式を中心にー」日語日文学会発表, 2000. 12. 16

황찬호·이계순·장석진·이길록『한일어 대조분석』서울대학교 어학연구소, 명

지출판사, 1988

日本語の参考文献

市川考『国語教育のための文章概説』第7章, 教育出版, 1988

伊藤英人「現代朝鮮語動詞の非過去テンス形式の用法について」『朝鮮学報』131
　　輯, 朝鮮学会, 1989

伊藤英人「現代朝鮮語動詞の過去テンス形式の用法について(1)－였다形につい
　　てー」, 1990

梅田博之『韓国語』東京三中堂, 1979

梅田博之「現代朝鮮語の文構造」『講座日本語学』10　外国語との対照Ⅰ, 明治書
　　院, 1982

梅田博之「韓国語と日本語ー対照研究の問題点」『日本語教育』48号, 1982

梅田博之・村崎恭子「朝鮮語」(モダリティー)『講座日本語学』11　外国語との対
　　照Ⅱ、明治書院, 1982

遠藤織枝「話しことばと書きことばーその使い分けの基準を考えるー」『日本語
　　学』vol.7, 1983

大島弥生「中国語/韓国語話者における日本語モダリティ習得に関する研究」『日
　　本語教育』83号, 1993

生越直樹「日本語漢語動詞における能動と受動ー朝鮮語hata動詞との対照ー」
　　『日本語教育』48号, 1982

生越直樹「朝鮮語「어 보다 ⊃poda 、고 보다 ko poda」と日本語「てみる」日本
　　語教育ノート13『日本語学』

生越直樹「日本語の接続助詞「て」と朝鮮語の連結語尾{a}と{ko}」」『日本語教
　　育』62号, 1987

生越直樹「朝鮮語における過去の出来事を表す表現」『日本語とアジア諸言語との
　　対照的研究』1991－1992年度　科学研究費報告書, 1993

生越直樹「韓国語였다形, 해 있다形 (하고 있다形)と日本語シタ形、シテイル形,
　　1995

生越直樹「朝鮮語と日本語の過去形の使い方 － 結果状態形との関聯を中心にして
　　ー」『日本語と外国語との対照研究Ⅳ 日本語と朝鮮語』下巻 研究論文編, 国立

国語研究所, 1997

小田三恵子「敬語と文末表現に見る若い女性のことばの変容」『ことば』20号，現代日本語研究会, 1999

岡野喜美子「話しことば教育と書きことば教育—教科書作成の理念と実際—」『講座日本語教育』第28分冊, 1987

大石初太郎『話しことば論』秀英出版, 1971

菅野裕臣「朝鮮語」(ヴォイス)『講座日本語学』10　外国語との対照Ⅰ、明治書院, 1982

金田一春彦「国語動詞の一分類」『言語研究』15, 1950

金田一春彦『日本語動詞のアスペクト』むぎ書房, 1976

江野敏郎『志賀直哉全集』第1巻後記, 岩波書店, 1973

後藤利枝「新聞社説の中心文における文末述部の形態的特徴」『ことば』20号，現代日本語研究会, 1999

小林英夫「冗語率をどうすべきであるか」新聞文章教室(3)『新聞研究』143号

佐々木泰子・川口良「日本人小学生/中学生/高校生/大学生と日本語学習者の作文の文末表現の発達過程に関する考察」『日本語教育』84号, 1994

柴田武・国広哲弥編『ことばの意味』1, 2, 3 平凡社, 1976, 1979, 1982

鈴木重幸『日本語文法・形態論』, 1972,

鈴木英夫「新聞の文体」『講座日本語8』, 明治書院

須藤松雄『志賀直哉の文学』南雲堂, 1963

田代ひとみ「中上級日本語学習者の文章表現の問題点—不自然さ、わかりにくさの原因をさぐる—」『日本語教育』85号, 1995

田野村忠温「「のだ」の機能」『日本語学』10月号, 明治書院, 1993

寺村秀夫「活用語尾、助動詞、補助動詞とアスペクト」『日本語・日本文化』　大阪外大, 1969

寺村秀夫「テンス・アスペクトのコと的側面とムード的側面」『日本語学』　1982年12月号, 明治書院, 1982

寺村秀夫『日本語のシンタクスⅠ』くろしお出版, 1982

寺村秀夫『日本語のシンタクスⅡ』くろしお出版, 1984

寺村秀夫『日本語のシンタクスⅢ』くろしお出版, 1994

時枝誠記『国語学原論』, 岩波書店, 1941

時枝誠記『日本文法口語編』岩波書店, 1950

時枝誠記『文章研究序説』明治書院, 1977

野田春美「「のだ」と終助詞の境界をめぐって」『日本語学』10月号, 明治書院, 1993

野間秀樹「<하겠다>の研究ー再び現代朝鮮語の用言のmood形式をめぐってー」
『朝鮮学報』129輯, 朝鮮学会, 1988

野間秀樹「<할 것이다>の研究ー再び現代朝鮮語の用言のmood形式をめぐってー」
『朝鮮学報』134輯, 朝鮮学会, 1990

野間秀樹「朝鮮語の文の構造について」『日本語と外国語との対照研究IV 日本語と
朝鮮語』下巻 研究論文編, 国立国語研究所, 1997

橋本進吉『国語学概論』岩波書店, 1946

橋本進吉『国文法体系論』岩波書店, 1959

波多野完治『文学心理学入門』第3編, 新潮社, 1953

浜之上　幸「現代朝鮮語動詞のアスペクト的クラス」『朝鮮学報』138輯, 朝鮮学会,
1991

浜之上　幸「現代朝鮮語の「結果相=状態パーフェクトとの対比を中心にー」『朝鮮
学報』142輯, 朝鮮学会, 1992

浜之上　幸「アスペクトとテクストの時間的構成についてー時間的局所限定性・タ
クシス性の観点からー」『朝鮮学報』144輯, 朝鮮学会, 1992

姫野昌子「日本語教育における「の」の指導」『日本語学』10月号、明治書院,
1993

益岡隆志『モダリティの文法』, くろしお出版, 1991

南不二男『現代日本語の構造』, 大修館書店, 1974

宮地裕『文論』, 明治書院, 1971

村崎恭子「對照言語學と言語教育」『講座日本語と日本語教育12』, 明治書院,
1989

村崎恭子「述語の構造-日本語・韓国語・アイヌ語ー」『日本語と外国語との対照
研究IV 日本語と朝鮮語』下巻 研究論文編,国立国語研究所, 1997

吉川武時「現代日本語動詞のアスペクト」『日本語動詞のアスペクト』むぎ書房,
1976

吉川武時『日本語文法入門』, アルク, 1989

言語学大辞典, 三省堂, 1996
国語学大辞典, 東京堂出版, 1980
国語学研究事典, 明治書院, 1977

색인

日文抄録

文末表現に関する研究

　本書は文末表現に関するもので、大きく二つの部分からなっている。Ⅰ部は文章と文末表現の様相、Ⅱ部は個別論文を集めたものである。

　Ⅰ部では、ある程度、定型化している文章と思われる新聞文章と学術論文の文章を対象に文末表現の実態を把握しようとしたものであり、Ⅱ部はⅠ部の文末表現の実態を分析しながら、日本語の文末表現の様相から特徴的に思われる形式を分析したものである。

　本書の主題は文末表現に関するものである。日本語の文末表現には多様な要素が含まれる。文を内容と話者の態度と区分するとき、話者の態度が果たしてどのような形で現れるのかを考察したいと思ったのがこの論文を書いた動機である。このような問題意識は日本語の文の構造、述語の構造について考えさせられ、同時に母国語の韓国語の文の構造、述語の構造についても考えさせる契機となった。このような動機と観点からこの論文を書いたといえる。

　Ⅰ部では日本語と韓国語と文章に現れる文末表現の特徴を見た。分析対象にしたのは新聞の文章と学術論文の文章である。文末形式の分類の際、「た(있)」系と「非た(非있)」系、その他の三つを三本柱としている。一般的に「た」系と「非た」系が並行的に現れるだろうと予測するが、分析の結果をみると必ずそうでもないということがわかる。文章における文末表現の現れ方でもそうであったし、Ⅱ部の考察においても分析の前に予想したものと必ず一致したとは言えない。これはやはり直接使用されている資料を対象として分析すべきであるという点を認識させてくれたと思っている。

　Ⅱ部では文末表現の中から個別的に考察を試みた。1章では話しことば

の文末表現における敬語の現れ方をみた。この作業はほかの作業と違って、話しことばの実態を理解させてくれたというふうに思っている。2章、3章は、新聞の文章や学術論文の文末によく登場する非情の受身表現と「形式名詞」を伴う表現について詳しく研究したい考えから取りかかったものである。非情の受身には、英語の影響とともに日本語特有の意味が含まれているが韓国語にもこのような受身表現が現れている。形式名詞を含んでいる形式は日本語の文末表現における代表的表現であるが、韓国語の場合は「것」が幅をきかせているのが現状である。韓国語の「것」の意味用法には一層深く考えなければならない問題が残っていると思っている。4章では実際の文章を対象に、「だ」と「である」、「だった」と「であった」、「だろう」と「であろう」などを含んだ「だ」系列と「である」系列の使い方、そして、同時にこれらの形式の前に接続される形式をも考慮にいれ、考察を行なっている。5章では「~었다」「~ㄴ다」「~고　있다」と「た」「ーている」「る」形を中心に考察したが、この考察から、日本語のテンス、アスペクトを表す形式と韓国語の形式との間には、相当差があるという事実を確認したと思われる。

　本研究を通し、日本語と韓国語の文末表現は、類似している面がある一方、それぞれ特徴的な面があるという事実を明らかにしたと言えよう。両言語の品詞の種類や述語の構造などはだいたい類似していると言える。しかし、共通した部分以外に両言語の間には差がある。たとえば、存在を表す「ある」や「いる」が韓国語では一つの言葉「있다」で表す。日本語の「ある」と「いる」は動詞に含まれるが、韓国語の「있다」は形容詞に含まれる。このように語彙により品詞が異なっていることばがある。これは日本語の場合は形態により品詞が決まるのに対し、韓国語の場合は形態は動詞と形容詞にそれほど差がないため、意味により品詞が決まるためと思われる。また、文章に現れる文末表現の様相をみると、その形式ごとに分

布を異にしている。韓国語の「~었다」、「~고있다」「~ㄴ다」の分布と日本語の「ーた」、「ーている」、「ーる」の分布の様相が異なっている。テンス・アスペクトを表す形式に共通した部分と個別的部分があるためであろう。日本語の受身表現を表す「られる」の意味と韓国語の受身表現の中にもずれがあり、判断表現のなかで、形式名詞を伴う表現も日本語の「の、もの、こと」などと韓国語の「것」を含む表現を比較してみると、韓国語の「것」が意味が幅広く使用されていることが分かる。

　この研究を通し、日本語の文末表現の様相が、文章の種類により、異った分布を見せていることがわかった。このような現象は、韓国語の場合にも同じくいえることである。しかし、文末表現に現れる各形式が、同じ比率で両言語に分布していることではない。これは各々の言語がもっている個別性のためであると思われる。また、個別形式の考察から日本語と韓国語の相違している部分について明らかにしている。

　各章はすでに発表された論文に修正、加筆したものである。その詳細は下記の通りである。

　Ⅰ部

　1章

「文末表現の一考察ー新聞文章を対象としてー」『ことば』9号、現代日本語研究会、1988

　2章

「新聞文章の文末表現に関する一考察」『人文論叢』第6号、曉園大学校、1997

3章

「新聞文章の文末表現の考察ー日本語と韓国語の対照研究ー」『亜細亜文化研究』第2輯, 韓国暻園大学校亜細亜文化研究所・中国中央民族大学韓国文化研究所編、1997

4章

「文末表現の一考察ー日本語の研究論文を対象としてー」『日本의 言語와 文学』제6집, 檀国日本学会, 2000

5章

「文末表現の一考察ー韓国語の研究論文を対象としてー」『日本의 言語와 文学』제8집, 檀国日本学会, 2001

6章

「研究論文における文末表現の一考察」『ことば』20号、現代日本語研究会、1999

Ⅱ部

1章

「女性の話しことばにおける敬語の使われ方ーテレビのインタビュー番組からー」『ことば』10号、現代日本語研究会、1989

2章

「「(ら)れる」の「非情の受身」用法について」『人間文化研究年報』第13号、お茶の水大学大学院人間文化研究科

3章

「日本語における判断表現-「形式名詞+だ」を中心に」『ことば』15号、
現代日本語研究会、1993

4章

「「だ」계열과「である」계열의 사용실태에 관한 고찰」
『日本文化研究』第6輯、日本学協会、2002

5章

「文末表現の一考察一韓国語の「動詞+」と日本語の「動詞+た」をめ
ぐってー」『人文論叢』第7号、暻園大学校、1998

후기

일본어에 관한 공부를 시작한 지 28년이 된다. 오랜 시간이었지만 지루하지 않은 시간들이었다는 생각이 든다. 외국어대학에 입학하여 일본이란 나라에 관해 많은 생각을 하며 기초적인 일본어공부가 시작되었고 일본어와 나와의 관계가 시작된 것이다.

학부를 졸업한 후, 지금도 외국어를 전공하는 학생들의 선망의 대상이 되고 있는 통역대학원에 입학했다. 일본어 운용능력과 함께 타 외국어에 관해서도 관심을 갖게 되고 언어에 관한 왕성한 의욕과 발전이 있었던 시기였다.

1983년 4월 일본에 첫발을 내딛었다. 이치카와 다카시(市川孝)선생님의 지도 아래 오차노미즈여자대학(お茶の水女子大学)에서의 공부가 시작되었다. 일본에서 일본어 공부가 아닌 일본어학, 일본문학 전반에 걸친 공부를 했다. 일본어, 일본의 시대별 언어와 문학, 공부와 더불어 일본생활이 4계절의 변화와 함께 어우러진 내 생애의 가장 멋진 시간이 아니었을까. 틀에 박힌 가운데 자유로운 내 자신을 정립시킨 시간들이었다.

문말표현에 관한 석사논문을 쓰면서 연구란 것이 무엇인가를 조금 알게 되었다. 또한 일본의 현대일본연구회에 참가해 여러 멤버에게 배운 점이 많다. 각종 일본어교육 연수프로그램과 학회를 통해 많은 것을 배우고 자극을 받으며 연구자로서의 길로 들어선 것 같다.

1991년 한국에 돌아와 약 10년 간 학생들과 접하면서 배운 점도 많다. 특히 학생들을 가르치기 위해 수업준비를 하면서 내 자신이 무엇을 이해하고 있는지, 애매하게 알고 있는 부분이 무엇인지가 확실해지고, 학생들의 질문 또한 내게 많은 가르침이 되었다.

석사논문을 시작으로 지금까지 써온 논문을 정리하여 박사논문으로 제출하였고, 이번에 책으로 출판하게 되었다.

이제 겨우 연구라는 것이 얼마나 힘들고 어려운 것인가 라는 사실을 온 몸으로 이해하게 된 것 같다. 한 사람의 연구자가 되도록 도와주신 외국어 대학, 오차노미즈여자대학의 은사님들, 연구회멤버와 학위논문을 쓰도록 도와주신 선배님들에게 감사의 말씀을 드린다. 경원대 일어일문학과 학생 들과 가족에게도 고맙다는 말을 하고 싶다. 앞으로도 꾸준하게 노력하는 연구자의 길을 걸을 것을 스스로 다짐해 본다.

2002년 12월 17일 눈이 조용히 내리는 날에

탁 성 숙

저자약력

탁성숙(卓星淑)

이화여자고등학교 졸업
한국외국어대학교 일본어과 졸업. 동대학 통역대학원 졸업
일본 오차노미즈여자대학(お茶の水女子大学)대학원 석·박사과정수료 문학박사(檀国大学校)
현재 경원대학교 일어일문학과 교수(일본어학전공)

■ 저서 및 논문

『일본어응용응용회화』(한국표준협회)
『일본어활용1』『일본어활용2』(공저, 한국방송대학교)
『즐거운 일본어회화초급』『즐거운 일본어회화 초급에서 중급으로』(공저, 다락원)
「新聞文章の文末表現に関する一考察」
「文末表現の一考察—随筆を対象として—」
「「だ」系列と「である」系列の使用実態に関する一考察」외 다수

일본문화연구총서 19

문말표현에 관한 연구

2002년 12월 31일 초판 발행

저 자 卓星淑
발 행 韓國日本學協會
펴낸곳 도서출판 보고사 (등록 제6-0429)
서울시 성북구 보문동7가 11번지
Tel.: 02-922-5120~1 Fax.: 02-922-6990
E-mail: kanapub3@chollian.net
HomePage: www.bogosabooks.co.kr

ⓒ BOGOSABOOKS. 2002

ISBN 89-8433-148-1 정가 15,000원

본서는 2002년도 일본 만국박람회의 보조금에 의한 출판물이다.
本書は平成14年度日本万国博覧会記念協会の補助金による出版物である。